诺 贝 尔 经 济 学 奖 经 典 文 库

风险－收益分析

理性投资的理论与实践

（第2卷）

RISK-RETURN ANALYSIS

The Theory and Practice of Rational Investing

（Volume Ⅱ）

［美］哈里 M. 马科维茨（Harry M. Markowitz） 著

黄涛 译

机 械 工 业 出 版 社

China Machine Press

图书在版编目（CIP）数据

风险-收益分析：理性投资的理论与实践（第2卷）/（美）哈里 M. 马科维茨（Harry M. Markowitz）著；黄涛译 . —北京：机械工业出版社，2018.2
（诺贝尔经济学奖经典文库）

书名原文：Risk-Return Analysis: The Theory and Practice of Rational Investing, Volume Ⅱ

ISBN 978-7-111-59067-5

I. 风… II. ① 哈… ② 黄… III. 投资—研究 IV. F830.59

中国版本图书馆 CIP 数据核字（2018）第 021011 号

本书版权登记号：图字 01-2017-3840

风险-收益分析：理性投资的理论与实践（第2卷）

出版发行：机械工业出版社（北京市西城区百万庄大街 22 号　邮政编码：100037）

责任编辑：施琳琳　　　　　　　　　　　　　　责任校对：殷　虹

印　　刷：北京文昌阁彩色印刷有限责任公司　　版　　次：2018 年 4 月第 1 版第 1 次印刷

开　　本：170mm×242mm　1/16　　　　　　印　　张：14.75

书　　号：ISBN 978-7-111-59067-5　　　　　　定　　价：95.00 元

凡购本书，如有缺页、倒页、脱页，由本社发行部调换

客服热线：（010）68995261　88361066　　　　投稿热线：（010）88379007

购书热线：（010）68326294　88379649　68995259　　读者信箱：hzjg@hzbook.com

版权所有 · 侵权必究

封底无防伪标均为盗版

本书法律顾问：北京大成律师事务所　韩光/邹晓东

理　性　颂

曾经有个理性的男子

爱着他理性的妻子

他们养育四个理性的孩子

过着理性的日子

他们有条理性的狗

不停地追逐他们理性的猫

理性的猫虽竭尽所能

却总也抓不住非理性的耗子

————哈里 M. 马科维茨

指走龙蛇洒洋洋，

浑然字成手移旁。

虔诚智慧与涕泪，

书罢焉能删半行。

————摘录自奥玛·海亚姆（Omar Khayyam）的

《鲁拜集》（*The Rubaiyat*）

英文版由爱德华·菲茨杰拉德（Edward Fitzgerald）翻译

目 录

第 1 卷[⊖]

⊖ 《风险－收益分析》（第 1 卷）已由机械工业出版社出版，书号为 978-7-111-54183-7。

第 2 卷

丛书序一

厉以宁　北京大学教授

　　机械工业出版社经过长期的策划和细致的组织工作，推出了"诺贝尔经济学奖经典文库"。该丛书预计出版经济学获奖者的专著数十种，精选历届诺贝尔经济学奖获得者的代表性成果和最新成果，计划在三四年内面世。我以为这是国内经济学界和出版界的一件大事，可喜可贺。

　　要知道，自从 20 世纪 70 年代以来，世界经济学领域内名家辈出，学术方面的争论一直不断，许多观点令经济学研究者感到耳目一新。这既是一个怀疑和思想混乱的时期，也是一个不同的经济学说激烈交锋的时期，还是一个经济学家不断探索和在理论上寻找新的答案的时期。人们习惯了的经济生活和政府用惯了的经济政策及其效果都发生了巨大的变化，经济学家普遍感到有必要探寻新路，提出新的解释，指明新的出路。经济学成为各种人文学科中最富有挑战性的领域。难怪不少刚刚步入这个领域的经济学界新人，或者感到困惑，或者感到迷茫，感到不知所措。怎样才能在经济学这样莫测高深的海洋中摆对自己的位置，了解自己应当从何处入门，以便跟上时代的步伐。机械工业出版社推出的这套"诺贝尔经济学奖经典文库"

等于提供了一个台阶，也就是说，这等于告诉初学者，20世纪70年代以来荣获诺贝尔经济学奖的各位经济学家是怎样针对经济学中的难题提出自己的学说和政策建议的，他们是如何思考、如何立论、如何探寻新路的。这就能够给后来学习经济学的年轻人以启发。路总是有人探寻的，同一时期探寻新路的人很多，为什么他们有机会进入经济学研究的前沿呢？经济学重在思考、重在探索，这就是给后学者最大的鼓励、最重要的启示。

正如其他人文科学一样，经济学研究也必须深入实际，立足于实际。每一个新的经济观点的提出，每一门新的经济学分支学科的形成，以及每一种新的研究和分析方法的倡导，都与实际有关。一个经济学家不可能脱离实际而在经济学方面有重大进展，因为经济学从来都是致用之学。这可能是经济学最大的特点。就以"诺贝尔经济学奖经典文库"所选择的诺贝尔经济学奖获得者的著作为例，有哪一本不是来自经济的实践，不是为了对经济现象、经济演变和经济走向有进一步的说明而进行的分析、论证、推理？道理是很清楚的，脱离了经济的实际，这些分析、论证、推理全都成了无根之木、无源之水。

与此同时，我们还应当懂得这样一个道理，即经济学的验证经验是滞后的，甚至可以说，古往今来凡是经济学中一些有创见的论述，既在验证方向是滞后的，而在同时代涌现的众多看法中又是超前的。验证的滞后性，表明一种创新的经济学研究思路也许要经过一段或短或长的时间间隔才能被变化后的形势和经济的走向所证实。观点或者论述的超前性，同样会被经济的实践所认可。有些论断虽然至今还没有被完全证实，但只要耐心等待，经济演变的趋势必然迟早会证明这些经济学中的假设——都会被人们接受和承认。回顾20世纪70年代以来的诺贝尔经济学奖获得者的经历和学术界对他们著作评价的变化，难道不正如此吗？

经济学同其他学科（不仅是人文学科，而且也包括自然学科）一样，实际上都是一场永无止境的接力赛跑。后人是幸运的，为什么？因为有一代又一代前人已经在学科探索的道路上作了不少努力。后人总是在前人成就的基础上更上一层楼，即使前人在前进过程中有过疏漏，有过判断的失误，那也不等于后人不能由此学习到有用的知识或得出有益的启示。

我相信，机械工业出版社隆重推出的"诺贝尔经济学奖经典文库"会使越来越多的中国人关注经济学的进展，促进中国经济学界的研究的深化，并为中国经济改革和发展做出自己的贡献。

2014 年 9 月 21 日

何　帆　中国社会科学院

　　20 世纪，尤其是 20 世纪后半叶，是经济学家人才辈出的时代。诺贝尔经济学奖（全称是瑞典中央银行纪念阿尔弗雷德·诺贝尔经济学奖）由瑞典中央银行于其成立 300 周年的时候设立，并于 1969 年首次颁奖。这一奖项被视为经济学的最高奖。截至 2014 年，共有 75 名经济学家获奖。

　　我们当然不能仅仅以诺贝尔奖论英雄。有些经济学家英年早逝，未能等到获奖的机会。诺贝尔经济学奖主要是授予一个领域的代表人物的，但有些领域热门，有些领域冷门，博弈论是发展最为迅猛的一个领域，研究博弈论的经济学家有很多高手，可惜不能都登上领奖台。有时候，诺贝尔奖的授奖决定会引起争议，比如 1974 年同时授给左派的缪尔达尔和右派的哈耶克，比如 2013 年同时授予观点相左的法玛和席勒。尽管同是得奖，得奖者的水平以及学术重要性仍存在较大的方差。但是，总体来看，可以说，这 75 位经济学家代表了 20 世纪经济学取得的重大进展。

　　经济学取得的进步是有目共睹的。经济学发展出了一套系统的分析框架，从基本的假设出发，采用严密的逻辑，推导出清晰的结论。受过严格训练的经济学家会发现和同行的学术交流变得非常方便、高效，大家很快就能够知道观点的分歧在哪里，存在的问题是什么；经济学形成了一个分工细密、门类齐全的体系。微观经济学、宏观经济学和经济计量学是经济学的旗舰，后面跟着国际经济学、发展经济学、产业组织理论等主力，以及法律经济学、实验经济学、公共选择理论等新兴或交叉学科；经济学提供了一套规范而标准化的训练，不管是在波士顿还是上海，是在巴黎还是莫斯科，甚至是在伊朗，学习经济学的学生使用的大体上是同样的教材，做的是同样的习题。从初级、中级到高级，经济学训练拾级而上，由易入难，由博转精；经济学还值得骄傲的是，它吸收了最优秀的人才，一流大学的经济系往往国际化程度最高，学生的素质也最高；在大半个世纪的时间里，经济学成为一门显学，经济学家对经济政策有重大的影响，政府部门和国际组织里有经济学家，大众媒体上经常见到活跃的经济学家，其他社会科学的学科经常会到经济学的殿堂里接受培训，然后回到自己的阵地传播经济学的火种。

但是，我们也不得不指出，经济学发展到今天，遇到了很多"瓶颈"，创新的动力明显不足。经济学百花齐放、百家争鸣的时代似乎已经过去，整齐划一的研究变得越来越单调乏味。有很多人指责经济学滥用数学，这种批评有一定的道理，但并没有击中要害。经济学使用的是一种非常独特的数学，即极值方法。消费者如何选择自己的行为？他们在预算的约束下寻找效用的最大化。企业如何选择自己的行为？它们在资源的约束下寻找利润的最大化。政府如何选择自己的行为？它们在预算的约束下寻找社会福利函数的最大化。经济学的进步，无非是将极值方法从静态发展到动态，从单个个体的最大化发展到同时考虑多个个体的最大化（博弈论），从确定条件下的极值发展到不确定下的极值，等等。其他学科，比如物理学、生物学也大量地使用数学工具，但它们所用的数学工具多种多样，变化极快，唯独经济学使用的数学方法仍然停留在原地。

经济学遇到的另一个问题是较为强烈的意识形态色彩。经济学家原本也是各执一词，争吵激烈，大家谁也说服不了谁，最后还是要"和平共处"。20世纪70年代之后，经济学不仅在研究方法上"统一"了，思想上也要"统一"，经济学界对异端思想表现得格外敏感，如果你跟主流的思想不一致，很可能会被边缘化，被发配到海角天涯，根本无法在经济学的"部落"里生存。这种力求"统一思想"的做法在很大程度上损害了经济学的自我批判、自我更新。

经济学常常被批评为社会科学中的"帝国主义者"，这不仅仅是因为经济学的研究方法经常会渗透到其他学科，更主要的是因为经济学和其他社会学科的交流并非双向而平等的，别的学科向经济学学习的多，而经济学向其他学科学习的少。经济学变得日益封闭和自满，讨论的问题"玄学"色彩越来越浓厚，往往是其他学科，甚至经济学的其他领域的学者都不知道讨论的问题到底是什么意思，于是，经济学和其他学科的交流就更加少，陷入了一个恶性循环。

科学的发展离不开现实的挑战。20世纪中叶经济学的大发展，在很大程度上是对20世纪30年代的大萧条，以及战后重建中遇到的种种问题的回应。20世纪70年代的滞胀，引起了经济学的又一次革命。如今，我们正处在全球金融危机之后的新阶段，经济增长前景不明，金融风险四处蛰伏，收入分配日益恶化，这些复杂的问题给经济学家提出了严峻的挑战，经济学或将进入一个反思、变革的新阶段，有可能迎来一次新的"范式革命"，年轻一代学者将在锐意创新的过程中脱颖而出。

创新来自继承，也来自批判。机械工业出版社拟推出"诺贝尔经济学奖经典文库"，出版获得诺贝尔奖的学者的各类著作，其中既有精妙深奥的基础理论，又有对重大现实问题的分析，还有一些是经济学家们对自己成长道路的回忆。有一些作者是大家耳熟能详的，也有一些是过去大家了解不多，甚至已经淡忘的。这将是国内最为齐全的一套诺贝尔经济学奖得主系列丛书，有助于我们对 20 世纪的经济学做出全面、深入的了解，也有助于我们站在巨人的肩头，眺望 21 世纪经济学的雄伟殿堂。

2014 年 12 月 12 日

译者序

　　在诺贝尔经济学奖得主中，哈里 M. 马科维茨教授算不上非常高产的学者，研究领域也相对单一。他的绝大部分学术工作都聚焦在投资组合理论上，而不像很多获奖同行那样四面出击、多点开花。

　　事实上，他的博士论文、他在《金融学学报》（*Journal of Finance*）上发表的开启个人学术生涯同时也开启现代金融经济学的文章，一直到他最近一两年公开发表的文章，基本上都与投资组合理论直接或间接相关。同样，他的首部专著《资产组合选择：投资的有效分散化》、他的《资产组合选择和资本市场的均值-方差分析》[⊖]，一直到本书，核心主题都是投资组合理论。

　　毫不夸张地说，马科维茨教授是投资组合理论的百科全书式人物。他开创了投资组合理论，始终是该理论发展过程中最重要的参与者，也是将该理论应用于指导现实投资最重要的实践者；他不仅系统阐述了投资组合理论"是什么"的问题，而且阐释了"为什么"（投资组合选择要同时考虑均值和方差，或遵循均值-

---

　㊀　该书中文版已由机械工业出版社出版。

方差准则）的问题，还回答了"怎么办"的问题（如怎样求出投资组合有效边界，怎样将理论应用于投资实践等）。

当然，像任何天才人物一样，马科维茨教授不可能只在一个领域做出过贡献。1989 年，美国运筹学会在授予马科维茨教授冯·诺依曼奖时，援引了他在投资组合理论、稀疏矩阵技术和 SIMSCRIPT 编程语言等三方面的工作。但诚如马科维茨教授自己所言，稀疏矩阵技术是他从事其他工作时的副产物，而 SIMSCRIPT 编程语言也是对现实问题进行模拟求解时为缩短编程时间的产物。

此外，作为方法和工具，稀疏矩阵技术和 SIMSCRIPT 编程语言同样可应用于投资组合理论的实践。例如在本卷中，读者将会看到，马科维茨教授用了大量的篇幅探讨 SIMSCRIPT 编程语言在构建金融模拟程序和决策支持系统（DSS）中的作用和优势。而金融模拟程序和决策支持系统正是投资组合理论应用于实践问题的重要一环。

从 1952 年提出至今，现代投资组合理论（MPT）已经 60 多岁了，在科学技术日新月异的今天，可谓非常"古老"了。"古老"的理论并非不重要。在过去的 60 多年时间里，大量新的、更为复杂的替代性理论出现，但投资组合理论一直屹立在那里，在投资实践中也始终占据着重要的一席之地。2014 年纽约梅隆银行的一项调查估计，美国管理资产高达数十万亿美元的捐赠基金和养老金计划，绝大多数在日常运营管理中运用投资组合理论。

"古老"的理论并非没有活力。投资组合理论一直在完善，其应用范围也不断得到拓展。在本书第 1 卷中，马科维茨教授反复批判了这个领域他所谓的"大混淆"，即混淆有效地应用均值－方差分析的充分和必要条件。"大混淆"的存在，本身即说明投资组合理论仍然极具活力，应用广泛，尽管有时可能没有被正确地应用。

"古老"的理论也并非就很简单。与后来兴起的金融理论如期权定价、连续时间金融模型等相比，投资组合理论的确更直观，所用到的数学知识也相对容易一些。但它同样牵涉甚广。例如因为有多个利益相关者，投资组合选择是社会选择的一种（本卷第10章）；由于可能不止一个投资者做决策或决策不止针对一个时期，投资组合选择又与博弈理论相关（本卷第8章）；此外，模拟分析不可避免地需要有关计算机和编程的知识。

所有这些都增加了阅读的难度（当然也增加了翻译的难度），但无疑是值得的。马科维茨教授年事已高，可能正是因此，他才要撰写这样一部4卷本的著作，将投资组合理论的方方面面做全景式的阐述和介绍。没有人比他更适合和更胜任这一工作。尽管如此，马科维茨教授也承认这是一个雄心勃勃的计划，故在第1卷中就列出了第2～4卷的计划大纲，以便"在无法实现这一目标时，其他学者能多少按照计划完成余下的写作"。

本卷的译校工作由译者在工作之余一力承担，时间紧、任务重，交稿日期一拖再拖。在此感谢机械工业出版社华章公司李文静老师的理解与关怀，感谢施琳琳编辑付出的辛勤劳动和给予的大力帮助。受水平所限，译稿难免会有这样那样的不足，恳请广大读者和专家学者批评指正，以便再版时完善（译者电子邮箱：t. huang2015@qq. com）。

黄　涛

2017 年 12 月

前　言

本卷是 4 卷本著作《风险－收益分析：理性投资的理论与实践》的第 2 卷。本书[一]的理论基础是冯·诺依曼和摩根斯坦（von Neumann and Morgenstern，1944）以及萨维奇（L. J. Savage，1954）开创的"理性选择理论"。虽然这一理论适用于一般意义上的理性选择，而不仅仅是理性投资，但大多数情况下本书所讨论的实践都是关于投资的。特别地，贯穿本书各卷的一个核心主题是：风险－收益分析特别是均值－方差分析是投资者近似冯·诺依曼和摩根斯坦或萨维奇的理性决策者（rational decision makers，RDM）行动的一种可行途径。

第 1 卷讨论概率已知的风险条件下的单时期（single-period）选择。本卷则讨论多时期（many-period）分析，并仍然假设概率是已知的。第 3 卷将讨论单时期或多时期分析，但概率是未知的，即不确定条件下选择的情形。第 4 卷将论述对金融理论和实践十分重要的内容，这些内容无法很好地融入前 3 卷的阐述中。

第 1 卷反复批判了这个领域我所谓的"大混淆"（great confusion），即混淆有效应用均值－方差分析的必

　　○　指全部 4 卷本著作，后同。——译者注

要和充分条件。正态（高斯）收益分布是一个充分但非必要的条件。如果人们（像我一样）相信不同概率分布中的理性选择需要最大化期望效用，那么均值－方差分析实用的必要充分条件，是在 MV 有效边界上精心选择的均值－方差组合将近似极大化多种凹（风险规避）效用函数的期望效用。第 1 卷的一个主要目的是通过证明事实上来自 MV 边界的（对于特定投资者而言的）"正确选择"通常会近似极大化期望效用，即便相关投资组合的收益并非正态分布时也是如此，来消除这种大混淆。

本卷的一个主要目的则是探讨当前的单时期选择与更长期目标之间的关系。具体而言，本卷论述了例如长期投资、投资者临近退休时应当采用的资产配置"平滑路径"、代际投资需求的调整，以及一般而言金融决策支持系统应该包含的决策规则等主题。特别地，本卷最后一章询问了几十年后金融决策支持系统将会是什么样子。

阅读本卷所需的数学知识

我注意到一些阅读第 1 卷的读者希望我能够提供非数学的投资建议。事实上，除了偶尔有一些技术性的注释外，阅读本卷的前提是具备与马科维茨（Markowitz, 1959）的著作中所用到的相同的数学水平。此外读者还需要知道求和符号 $\left(\sum\limits_{i=1}^{n}\right)$ 怎样运算，愿意并能够学习连乘符号 $\left(\prod\limits_{i=1}^{n}\right)$ 怎样运算（如果他还不知道连乘符号怎样运算的话）（没有学习过微积分的读者可以忽略极少用到的一阶导数）。如同在马科维茨（1959）的著作中那样，本卷包含了一系列概念，这些概念对很多人耳熟能详，但对其他人则可能是一个挑战。例如，"条件期望值"这一概念之于本卷的重要性，就像"协方差"概念之于马科维茨（1959）的著作和冯·诺依曼与摩根斯坦的"期望效用"之于本书第 1 卷的重要性一样。要理解多时期的理性选择，对条件期望值是什么"略知大概"是不够的。读者必须理解这一概念的正式定义，以及正式定义与"大概"的联系是怎样的，否则就无法弄懂任何正式的分析。在那种情况下，读者必须基于我的（或其他某个人的）权威表述，而不是自己揣测关于这个概念逻辑意味着什么。

马科维茨（1959）著作第 3 章（数学内容从这一章开始）题为"数学与读者"的首节，给出了类似"不要试图快速阅读本书"而是"尝试理解证明过程"的建议。关于建议我还要补充一点：如果首次阅读时你无法理解某个概念，不要气馁。仔细考虑这个概念，或许可以继续读下去看这个概念是怎样应用的，然后再回到这个概念的定义。

几个"困难的"证明被分成了一个或多个段落，证明过程的开头为证明（PROOF），结尾处是证明完毕（QED）。"非数学专业人士"可以跳过或略过这些证明。否则因为"证明"是正文的一部分，是对什么意味着什么且为何如此的解释，故而不应跳过或略过这些内容。

对那些已经非常熟悉诸如条件期望值、冯·诺依曼和摩根斯坦定义的"策略"，以及动态规划原理等内容的读者，我希望马科维茨（1959）的著作足以证明一本书花费笔墨使专注的新手快速掌握必要的基本原理，然后介绍值得多个理论与实践领域的思想领袖关注的新思想是有可能的。

时光一去不复返

如下真实但有误导性的故事不时出现在出版物中，包括曾经被一个非常知名的金融专栏作者发表在《华尔街日报》上。大约在1952年，当我在兰德公司工作时，我面临着是 CRFE 形式还是 TIAA 形式的股票/债券投资组合选择。我选择了一个 50-50 的组合。我的推理是，如果股票市场大幅上升，那么我就会为我完全没有参与这一市场而遗憾；反过来，如果股票市场大幅下跌，我同样会感到遗憾，而 50-50 的比例最小化了我的最大遗憾。那些评论员从这个故事中得出的结论是，即使是现代投资组合理论（modern portfolio theory，MPT）的开创者马科维茨，在选择投资组合时也不运用 MPT。

50-50 的比例是 1952 年我 25 岁时的选择，但它不会是今天我给 25 岁年轻人的建议。今天我的建议是给予股票更大的权重，或许是 100% 的股票，这取决于个体容忍投资组合价值短期波动的意愿。1952 年至今，大量的 MPT 基础设施得以建设。1952 年，尽管有马科维茨（1952a）的文章，但还没有编写出优化程序，也没有容易获得的收益序列数据［比如 Ibbotson（2004）或 Dimson，Marsh, and Staunton（2002）的数据序列］。那时也没有几十年的关于怎样使用 MPT 设备的讨论，就像我曾经和朋友、同事的讨论那样。我在本书第 1 卷的致谢中感谢了这些朋友和同事。

至于我现在怎样投资，利用当前常用资产类别的均值、方差和协方差的前瞻性估计值，我参与了我很多客户（例如本书的资助商得克萨斯州达拉斯市的第一环球公司和第 7 章中介绍的 Guided-Choice 公司）投资组合有效边界的生成和应用过程。在反复的接触中，我了解到自己偏好的近似资产类别组合，并大致上投资于这一组合。我以交易型开放式指数基金（exchange traded fund，ETF）代替股票，以债券代替固定收益证券来实现自己的选择。

我的理论观点随着时间推移也在发生变化。例如，本书第 1 卷的焦点主题，即期望效用的均值-方差近似的有效性，并没有出现在我 1952 年的论文中，而是最早出现在我 1959 年的著作中。1952 年的论文中介绍的投资组合均值和方差与证券的均值、方差和协方差之间的关系没有发生变化。这些是数学关系。但怎样应用这些关系，以及应用它们的理由，则随着时间的推移发生了改变。在我看来，1952～1959 年的改变是最大的［马科维茨（2010a）的论文对我 1959 年的观点与 1952 年时所持观点做了详细比较］。

我的观点变化的一个更直接的例子，是本卷内容与第 1 卷中所预想的不完全相同。虽然本卷的基本主题仍然是概率已知条件下多期博弈的理性投资，但当我仔细地重新检查这一主题时，发现其具体内容在某些未预料到的方向发生了变化。特别地，在第 6 章（本卷的首章）的阐述尚未展开时，我就发现传统上将"投资者"描述为独行侠，以及将投资组合选择过程描述为只有一个利益相关者，明显与事实不符。这导致本卷的探讨路径和内容安排是我最初未预想到的。

尽管如此，预想的内容仍然体现在第 2 卷中，包括动态规划原理、莫辛-萨缪尔森模型、动态规划方法"导出效用函数"的马科维茨-范戴克二次近似，以及布莱-马科维茨考虑税收的投资组合分析。

友好的争论者

我们在本卷中介绍的理论由休谟（Hume）所谓的理念之间的逻辑或数学关系构成。除非某个证明过程中有错误，否则这些关系是不存在争议的。存在争议而且确实有过争议的，是怎样将这些关系中包含的原理应用于实践问题。我从来没有为对我在这些问题上的观点的有力挑战而难堪过。我难免也会不赞同那些我高度尊敬的同行的观点。保罗·萨缪尔森（Paul Samuelson）是一个最突出的例子。其他的例子包括恰布拉（Chhabra）、埃文斯基（Evensky）、伊博森（Ibbotson）、默顿（Merton）、谢弗林（Shefrin）、斯特曼（Statman）和其他人。我的朋友知道，我从那些描绘日益增长的知识领域的友好对话中得到了极大的乐趣并且获益良多。当一个同行建议使投资者"超越马科维茨的框架"时，我并不介怀；反过来，当我提出要让投资者"超越'超越马科维茨的框架'"时，我也没期望做些什么。

正如我说过的那样，所有这些都为我的朋友所知。我只是想让作为第三方的读者明白，我对那些我认为其观点值得在本书介绍的同行怀有最高的敬意，而不管我是否赞同他们的观点。

关于作者

第 11 章中关于布莱–马科维茨 TCPA（考虑税收的投资组合分析）的小节是肯尼斯·布莱（Kenneth Blay）和我合著的。除此之外，所有内容和观点都是我自己的。在第 1 卷的致谢中，在一般性地感谢第一环球公司和特别感谢 Tony Batman 对本书的资助后，我指出，肯尼斯·布莱是我与第一环球公司在赞助和其他事务上的主要联系人……考虑到在写作本书过程中我们持久而紧密的联系，我认为将肯尼斯列为本书的联合作者是对他的恰当感谢方式。我们的联系一直持续到最近，但现在肯尼斯已经不再是第一环球公司的雇员了（我们的联系也发生了变化）。我没有费力地将本卷中绝大多数"我们"换成"我"，除了被列为是我写作的第12章外。这是因为第12章包含了构建实时决策支持系统的建议，这些建议与目前该领域的领军人物所认可的原则相冲突。我论据中的一项关键内容乃是基于个人在一种替代性方法上的经验：我一直在这个领域，开创了这一方法，该方法的表现的确比目前的处理方法要好不少。通过以第一人称单数写作，我可以用"我"来代替"马科维茨"。

致　谢

本卷的写作使我有机会重新检查自己在投资组合选择环境的多个方面，包括时间和其他方面的主张，也使我有机会写出我当前在这些问题上的观点，既包括那些我长期持有的观点，也包括写作时新形成的观点。如同在第 1 卷中一样，我希望向 Stephen A.（Tony）Batman 表达我的感激之情，是他使所有这些变得可能。我也要感谢 Mary Margaret（Midge）McDonald，她很有耐心地辨认出并输入了数不尽的草稿，其中我将大量大幅修改过的材料从一处调整至另一处；感谢 Lilli Therese Alexander，她在承担哈里·马科维茨公司其他职责的同时查找和加工了大量文献信息；感谢徐甘霖（Ganlin Xu），他阅读了本卷的完整内容，给出了有价值的意见和建议；感谢 Barbara Markowitz，她对本书表现出了持久的兴趣，并给予我无尽的鼓励。

哈里 M. 马科维茨

加利福尼亚州　圣迭戈

2016 年 3 月

第 6 章

Risk-Return Analysis

投资组合选择的环境

引言

本书（共 4 卷）阐述理性投资的理论与实践，特别是风险-收益分析如何帮助一般决策者（human decision makers，HDM）做出近似理性的投资。正如本书第 1 卷和马科维茨 1959 年的著作（Markowitz，1959）中那样，我们假设理性决策者（rational decision makers，RDM）在制度、动机和有限信息方面与一般决策者是相同的，但与一般决策者不同的是，理性决策者不会犯逻辑错误，他具有无限的瞬间计算能力和我们在第 1 章中看到的准确认知自己偏好的能力。

我们将理性决策者视为柏拉图式的完美典型，并竭力去模仿他们。这样一种途径的基本假设是如果采取正确的方法，那么模仿能够改善我们的投资过程。显然，"采取正确的方法"不意味着试图进行计算，这对理性决策者而言被假设为理所当然的，而对一般决策者来说却是不切实际的。相反，它意味着找出经济简便的方法，通过这一方法，一般决策者能够采取与理性决策者相近的行动并获得相近的结果。因此，在第 1 章确立期望效用极大化在理性决策者选择中的作用后，第 1 卷的大量内容集中于期望效用的风险-收益逼近。

第 1 卷阐述概率已知条件下的单期决策，特别是怎样在可替代的投资组合收益分布中做出选择。本卷则将这些决策置于它们的环境中。投资组合选择的环境有两个主要的方面：一方面与时间有关，另一方面则与总体机会、约束条件和投资者的目标有关。我们将"今天"的投资组合选择视为多期博弈的一个"行动"。行动的适当选择，既取决于今天的收益怎样与"明天"可能获得的机会相联系，也取决于环境的其他方面，即投资者的自由度和对"整个博弈"的目标。

第 9 章介绍的莫辛（Mossin，1968）和萨缪尔森（Samuelson，1969）博弈，考虑的是一个具有初始财富 W_0 的投资者，对其财富进行再投资，直至某个预先确定的时间终点。在这一过程中，不增加也不提取资金。投资者的效用仅取决于他的最终财富 W_T。即使有这些强限制性的假设，投资者当前的行动仍然高度依赖于效用函数 $U(W_T)$ 的普拉特（Pratt，1964）和阿罗（Arrow，1965）风险厌恶特征。效用函数 $U(\cdot)$ 形式的一个看起来微小的变化，也可能导致隐含的最优投资行为的重大变化。

当我们从高度程式化的投资者转到真实世界的投资者时，就必须考虑额外的机会、约束条件和目标。这可以通过我们的分析正式地考虑，或通过投资者从直觉上予以考虑。例如，"投资者"可能是一对夫妇，他们为退休金和其他重要支出如更大的房子或孩子上大学进行投资。那么基于多重目标，他们当前应该怎样选择投资组合，包括对账户上具有不同流动性和享受不同税收待遇的资产进行配置呢？或者，有待选择的投资组合要能够支持一家公司的养老金固定收益计划。在这一情形中，"投资者"是一家提供养老金的公司。这就提出了一个问题：寻求稳定净资产（资产减去负债）的价值，如夏普和丁（Sharpe and Tint，1991）所建议的那样，是否足够？或者需要考虑这些资金需求和公司主营业务盈利性之间的关联吗？如果需要的话，那么应在我们的模型中正式考虑这些因素，还是由模型使用者从直觉上予以考虑？

时间结构和今天的选择

一个简单的例子可以说明：

（1）"本期"收益，与

（2）随后时期的机会

的联合分布（joint distribution）是如何影响今天的投资组合选择的。考虑如下的三个时点（分别记为 0、1 和 2）的博弈，这三个时点分别为两个时间区间（或时期，记为 1 和 2）的起点和/或终点：

$$\begin{array}{c}\text{时间区间} \quad \underset{0}{\mid} \underset{}{\quad \overset{1}{\rule{3em}{0pt}}\quad} \underset{1}{\mid} \underset{}{\quad \overset{2}{\rule{3em}{0pt}}\quad} \underset{2}{\mid}\\ \text{时点}\end{array}$$

在时点 0，投资者具有初始财富 W_0，他选择时期 1 的收益 R_1 的一个概率分布。在 R_1 产生后，投资者再次将自己的财富

$$W_1 = W_0(1 + R_1)$$

进行投资（没有交易成本），获得收益 R_2。投资者最终的财富为

$$W_2 = W_0(1 + R_1)(1 + R_2)$$

投资者寻求 W_2 的一个均值－方差有效分布，这个分布使凹效用函数 $U(W_2)$ 的期望值近似极大化。

在时点 0，有两个投资组合可选择。投资者只能在二者中选一，而不能将资金同时分配到二者上。两个投资组合在时点 1（时间区间 1 的终点）的价值取决于某个事件的结果（A 或 B），如下所示。

	A	B
投资组合 1	$a+b$	$a-b$
投资组合 2	$a-b$	$a+b$

表中，a 和 b 代表美元数，$b \neq 0$。在时点 1，只有一个投资组合可选择，该投资组合有确定的回报：

$$a+b，如果 A 在时间区间 1 发生$$

$$a-b，如果 B 发生$$

因此，如果在时点 0 选择投资组合 1，那么最终财富有 50－50 的可能性等于⊖

$$W_2 = \begin{cases} (a+b)^2 \\ (a-b)^2 \end{cases}$$

而如果选择投资组合 2，那么最终财富将确定等于

$$W_2 = (a+b)(a-b) = a^2 - b^2$$

因为

$$\frac{1}{2}[(a+b)^2 + (a-b)^2] > \frac{1}{2}[2(a+b)(a-b)]$$

⊖ 尽管原书中没有指明，但从这里可以看出，在时期 1 出现结果 A 和 B 的机会均为 50%。——译者注

因而投资组合 1 有更高的 W_2 期望值。

然而，如果选择投资组合 2，那么 W_2 具有零方差。投资者在时点 0 在这两个投资组合之间的选择，取决于他对 W_2 风险和收益的权衡，后者又取决于他的效用函数 $U(W_2)$。

上述是一个假设的例子，表明了不同投资组合本年收益可能如何与下年（或随后年份）的投资机会产生不同联系。本节的余下内容将介绍实践中产生的两种这样的情形。

第 11 章介绍了马科维茨和范戴克（Markowitz and van Dijk，MvD，2003）提出的近似极大化一个投资－消费博弈期望效用值的（MvD）试探法，该博弈的预计收益分布是可变的。这一方法是在马科维茨（具有优化方面的专长）担任埃里克·范戴克（Erik van Dijk）顾问的情况下产生的，后者具有预测方面的专长。第 11 章重新描述了马科维茨和范戴克（2003）介绍的假设性例子。这个例子包含两种资产，分别为 1 种"股票"和现金，还包含了一个能够处于从极度悲观到极度乐观 5 种状态的股票预测模型。股票收益的均值和方差取决于预测模型的预计状态。模型给出了从一个预计状态到其他预计状态的转移概率，也考虑了调整投资组合时有交易成本的问题。第 11 章还对克里兹曼、米尔格伦和佩奇（Kritzman，Myrgren，and Page，2009）应用 MvD 算法调整道富银行（State Street Bank）和其他机构管理的投资组合进行了介绍。

在 MvD 的试验中，以及在克里兹曼等报告的一些试验中，可能的系统状态数足够少，从而可以计算每一状态下的最优行动。MvD 和克里兹曼等比较了最优解、MvD 试探法和其他试探法下整个博弈的期望效用。与最优策略相比，MvD 试探法表现良好，并且 MvD 试探法要远好于其他常用的试探法。因此，像最优策略一样，MvD 试探法比其他试探法更好地说明了投资组合选择的跨期环境。

在一个不同的领域，麦考利（Macaulay，1938）、费雪和维尔（Fisher and Weil，1971）各自考虑了这样一种情形：投资者希望拥有一只在 $\tilde{T}$ 年内一次性还本付息的债券，但这样的债券是不可得的。麦考利将今天所谓的"麦考利久期"定义如下

$$T_M = \sum_{i=1}^{T_{\text{MAX}}} \frac{PV_i}{V} t_i$$

其中，T_M 是麦考利久期；T_{MAX} 是直到距离现在最久远的支付的时期数（例如月份数）；t_i 是直到第 i 次支付的时期数；PV_i 是第 i 次支付额的现值；V 是这样的现值的总和。麦考利针对平坦的收益率曲线（而费雪和维尔针对倾斜的收益率曲线）证明，如果收益率曲线平行移动，那么当 $T_M = \tilde{T}$ 时债券投资组合在时期 $\tilde{T}$ 的价值确定至少为 V。

因此，即使没有人有能力预测股票，基于数学而非经验上的原因，固定收益工具仍然具有重要的跨期关系。

利益相关者与 "投资者"

涉及投资的多时期分析通常以单个人的消费–投资博弈来建模，博弈的唯一参与人被称为 "投资者"。例如，马科维茨著作（Markowitz，1959）第 11 章讨论的概率已知条件下多时期的理性决策就是这样一个例子。然而，实际的消费–投资选择通常涉及不止一个寻求效用极大化的主体。特别是所谓的个人投资者经常是一个家庭，它通常由一对代表家庭做出消费–投资决策的夫妇组成。即使未成年的孩子（包括婴儿在内）在决策过程中并不发挥作用，决策在一定程度上也是代表他们做出的。父母（或单身父亲/母亲）对于当前和今后的权衡取舍一般不同于未婚人士。

机构的投资组合选择通常也会涉及协调多方利益。例如，市政养老金固定收益计划（DB plan）投资组合的相关方包括：养老金计划投资组合遭受大规模损失时税收可能增加的纳税人、持有的债券可能违约或至少评级下调的投资者、管理运营投资组合的个人或机构，以及如果市政当局违约（部分是因为养老金计划的负担所致），养老金就会被削减的政府雇员。

再比如，一所大型私立大学捐赠基金的投资组合选择必须平衡学生、教员、管理层及捐赠人当前和未来的需求。当前和未来的利益显然与投资组合中的支出率紧密相关，但也与长期增长和短期稳定之间的替代率紧密相关。后者又暗含了应该配置于非流动资产如不动产和私募股权的限度。

一个人可能同时是多个投资组合的利益相关者。例如，上面的大学教授可能是之前段落中的纳税人，并与他的妻子一起作为其家庭退休投资组合的受托人。

冯·诺依曼和摩根斯坦（von Neumann and Morgenstern，1944）博弈理

论的解和约翰·纳什（John Nash，1950b，1951）的解分别被称为"合作"解和"非合作"解。但冯·诺依曼和摩根斯坦意义上的"合作解"并不意味着每个人为了共同利益都齐心协力。相反，例如在3人零和博弈中，它意味着两个参与人结成一个对自己有利而对第三个参与人不利的联盟。尽管事实上大额财富的潜在继承人经常进行这样的博弈，但我们寻找能够改善所有相关方利益的解。这样的解是社会选择理论的主题，该理论最早由肯尼斯·阿罗（Kenneth Arrow，1951）提出。阿罗的重要定理和后来者对定理的回应是第10章的主题。

投资者的角色

在一个典型的消费－投资模型中，"投资者"集中了几种角色。通过假设不同的角色由不同的实体充当，可以最清晰地看出这些不同角色。例如，假设一个富有的父亲为他的单亲女儿和女儿的两个孩子设立了一个可撤销的信托，并明确了来自信托的收益用于支持女儿的生活，女儿去世后剩余的资金在两个外孙子（女）之间分割。信托交由信托公司管理，后者指定一名信托经理负责具体打理。在这一情形中，谁是投资者，谁是利益相关者，谁又是决策者？

如果我们将投资者定义为有权变更信托的法定所有人，那么父亲是投资者，因为信托是可撤销的。投资组合选择决策中的利益相关者包括父亲、女儿、女儿的两个孩子、信托经理、信托公司，以及信托公司所有的利益相关者。他们中的每一个人都会因为信托投资组合损失惨重而受损。在这一情形中，决策者是负责挑选投资组合证券的信托经理、能够更换信托经理的信托公司管理层，以及能够从信托公司撤回信托的委托人。如果他们每个人都是理性决策者，那么他们每个人都会寻求或支持采取使各自整个博弈效用期望值极大化的行动。

分散化的需求和机会：认识到的和未认识到的

投资组合理论的核心关注点是分散化的好处和相关风险在资源有效配置中的作用。现代投资组合理论（modern portfolio theory，MPT）一般用于家庭和机构的金融资产如捐赠基金和养老金的配置。然而，也存在本质上是投资组合选择情形的其他风险－收益问题。一些时候它们被认为是投资组合选择问题，另一些时候则不被认为是如此。

在农业方面，里德和图（Reid and Tew，1987）证明农作物选择问题天然适用于一般投资组合选择框架。萨姆·萨维奇（Sam Savage，2009）证明了油井钻探项目的选址也是一个经典的投资组合选择问题。贾格帕（Jagpal，1999）将风险因素加入市场营销分析文献中，传统上这些文献都忽略了风险。公司财务方面的教材，如布雷利、迈尔斯和艾伦的作品（Brealey，Myers，and Allen，2008）、比尔曼和斯密特的作品（Bierman and Smidt，2007），通常与资本预算和项目选择联系起来讨论现代投资组合理论和资本资产定价模型（capital asset pricing model，CAPM）。

然而，如下两个投资组合选择情形的例子就不被认为是这样的：瓦伦塔斯、莱文和克拉克在其著作《食品加工业务与规模化》（*Food Processing Operations and Scale-Up*）（Valentas，Levine，and Clark，1991）中，阐释了为在工业层面加工食品而建设大型设施的经济学。作者主要关注的是投资净现值和特定生产线收益的计算。作者的分析本身是不错的，但忽视了这些现值中的不确定性以及它们之间的关联。

托勒和辛诺特的著作《化学工程设计：原理、操作以及厂房和流程设计经济学》（*Chemical Engineering Design：Principles，Practice and Economics of Plant and Process Design*）（Towler and Sinnott，2013）的第 9 章（标题为"项目的经济评估"），包含了题为"项目投资组合选择"的小节，可是没有提及分散化和相关性。

在前述的两个例子中，选择某种投资组合，都需要基于分散化的好处并权衡投资组合的风险和收益，但环境是企业及其利益相关者的需要，而不是（例如）自身具有多种需求的家庭的需要。

议程：分析、评价和决策支持系统

投资组合理论源于两个传统：

（1）风险和不确定性下的理性行为理论

（2）运筹学（OR）

第一个传统为我们确定了作为投资者或代表投资者应寻求的目标。第二个传统提供了实现这些目标，或至少使投资选择朝着实现这些目标的方向变动的方法。两个传统都起着至关重要的作用。不能达成的目标是没有意义的，而高效地实现错误的目标则更糟糕。

运筹学运用最优化模型或模拟模型，或者将二者结合起来寻求更好的决策。通常最优化技术就能找出高度简化（或许太简化了）的实际问题的准确答案，而模拟技术对关于世界的更加精细模型的试探解进行检验。特别地，简化模型的最优解，是能够在更复杂的模拟模型中进行检验的试探解的一种。

本卷给出了有关最优化和模拟分析的原理、方法与建议，特别是第 7 章给出了怎样设计、执行和记录一个重要模拟分析的建议，该建议的核心是模拟编程的 EAS-E（实体、属性、集合和事件）视图。尽管这种关于待模拟系统的视图是各种 SIMSCRIPT 程序语言（在第 7 章介绍）的一部分，但也可独立于它们使用。特别地，第 7 章利用 JLMSim 股票市场模拟程序阐述了 EAS-E 的概念。JLMSim 股票市场模拟程序是运用 EAS-E 世界观设计的，用 C++语言编写的。

第 7 章也讨论了马科维茨（Markowitz，1991）提出的"生命周期博弈"模拟程序。这一模拟程序能够模拟金融规划过程，投资组合选择是这个过程的一部分。该模型的最终目的是协助发展出更好的金融规划程序，包括作为金融规划"博弈"中一种"行动"的投资组合选择过程在内。在接下来的章节，一个反复出现的主题关注的是为获得能够产生有意义结果的生命周期博弈模拟程序所需解决的问题。

第 7 章最后以 GuidedChoice（GC）DSS 为例讨论了金融决策支持系统（DSS）。一个 DSS 有一个边界，计算机的优化程序、模拟程序、探试程序和必要的簿记在边界内，一般决策者在边界外。后者可能包括金融顾问和"客户"。边界使内外两侧可以进行交流。生命周期博弈模拟程序的主要目标是将理性的金融 DSS 的边界移动到超出投资组合选择的范围，以更一般地将金融规划包括在内。将对 DSS 发展的讨论放在第 7 章，是因为我们建议在 DSS 和模拟程序的规划、执行和记录中，运用 EAS-E 视图。我们从用于设计和记录 GC DSS 数据库的 EAS 表中广泛选取内容，来说明这一点。

本卷余下的大量内容集中于最优化技术，包括精确的和近似的技术。特别地，第 8 章分析了：①冯·诺依曼和摩根斯坦的著作《博弈论与经济行为》

（*Theory of Games and Economic Behavior*）（von Neumann and Morgen-
stern，1944）中的概念，包括整个博弈的效用的概念；②贝尔曼（Bellman，
1957）的动态规划（DP）原理。后者表明多时期博弈的期望效用极大化问题
的求解，可以简化为一系列单期期望效用极大化问题的求解。这进而用到条
件期望值的基本定理。第 8 章详细探讨了条件概率和条件期望值，包括对它
们作为信息的解释以及它们与多期博弈动态规划解的关系。

第 9 章介绍了莫辛（Mossin，1968）和萨缪尔森（Samuelson，1969）
模型，以及运用动态规划方法求得的其最优解。模型的解意味着随着单一参
与者临近退休，他并不会变得更谨慎。这导致了大量有关以下问题的讨论：
①这对于长期投资意味着什么？②怎样修正模型以使得可行的"滑行路径"
是最优的？莫辛－萨缪尔森工作的副产品也将在第 9 章讨论。

鉴于投资组合有多个利益相关者，第 10 章考虑了投资组合选择的社会选
择层面。该章回顾了阿罗（Arrow，1951）的"不可能定理"及古德曼和马
科维茨（Goodman and Markowitz，1952）、希尔德雷思（Hildreth，1953）、
卢斯和雷法（Luce and Raiffa，1957）等对该定理的回应。该章还提出了我
们自己的社会选择规则。

第 11 章"评价和近似"讨论了理性决策者被假设能够胜任的最优化计算与
一般决策者及其计算机的有限能力之间的差别。[1]特别地，该章还包括：①对马
科维茨（Markowitz，1959）在这一领域建议的评论；②近似求解动态博弈
的马科维茨和范戴克算法；③布莱和马科维茨考虑税收的投资组合分析
（tax-cognizant portfolio analysis，TCPA）；④我们关于"桶"试探法的
观点。

第 12 章介绍了专家关于计算的前景的看法，以及马科维茨关于怎样最佳
地利用未来的计算能力构建金融（或其他）决策支持系统的观点。

在本卷中，我们不讨论随机线性规划（stochastic linear programming，
SLP）模型，原因见第 8 章注释 4。基于如下原因，我们也不讨论连续时间
模型：

（1）连续时间方法所要求的数学水平远远超出了本卷假定读者掌握的
水平；[2]

（2）不像连续时间模型通常假设的那样，证券价格不随时间连续变化，
市场不是完全流动的，并且投资者不能够连续地调整所持有的投资组合。这

一点对于实践非常重要。[3]

（3）为得到宝贵的显式解，通常需要一些额外的反事实假设。例如，布莱克和斯科尔斯（Black and Scholes，1973）的期权定价模型假设标的股票价格或指数的对数是一个布朗运动。而马科维茨和乌兹曼（Markowitz and Usmen，1996）表明，在标准普尔 500 指数（S&P 500）的对数每日波动的情形中，一个贝叶斯主义者将会改变信念，反对布莱克－斯科尔斯假设，支持其为具有 $4\sim 5$ 个自由度的学生 t 分布，后者的可能性大约是前者的 10^{70} 倍。

使用杠杆并假设标的收益分布是几何布朗运动的金融产品，金融危机期间其价格经常暴跌。

运筹学专家构建的用于满足某种实际需要的每一个模型，都会涉及如下假设：现实十分复杂，它的哪些方面需要在模型中体现，怎样将一些"未看见的力量"如收益产生过程纳入模型中。不管对真实世界做出什么假设，都需要对首要的假设（包含各种纳入因素和假设条件的"模型"）进行检验。最初这样的检验可能是通过回溯测试或蒙特卡罗方法实现，但最终的检验要靠实践中的经验。模型构建者应准备好基于这些经验对模型进行修正。显式可优化的模型在如下意义上是不可靠的，即模型的微小变化可能导致模型从已求解状态变成未求解状态。"未求解"可指从"很容易再次求解"到"无法求解"之间的任何情形。这两个极端之间的情形是，"凭借这个解可以获得博士学位"。

实际建模者不会仅依赖像显式可求解的模型那样不可靠的方法论。然而，必须承认，连续时间模型可能启发了能够在更加精细的离散事件模型中进行检验的试探法。关于默顿及其追随者对连续时间模型的研究工作的全面考察，参见默顿的著作（Merton，1990）。

在市场动力学和投资组合选择的分析中，关于模拟法相对可解析求解模型的优点，我们的观点并非独一无二的［参见 Levy，Levy，and Soloman（2000）的概述］，但它们与今天普遍接受的方法相去甚远。例如，一个博士生运用超级计算机进行一项运算，尽管花费了数十个小时，结果仍不收敛，为此他向马科维茨咨询意见。该项运算是求解方程，这些方程考虑了对所提出问题极为重要的某些非流动性特征，经济学文献通常忽视了这些特征。马科维茨指出，如果这位博士生用模拟法而非寻求方程的数值解，那么他的模型能够更加现实——考虑了那些看起来对问题至关重要的因素，而不是只略微超出现有文献。并且，他只需花费所花费时间的一小部分进行计算机运算，就能够集中地探究问题，获得与他寻求的数值解几乎同样精确的解。最后，如果他以数值解来回答特定的问题，或用变化的参数来显示权衡曲线，那么数值解只有直观的意义。应用模拟法的一个更为可信的模型能够回答相同的问题，并产生相同的权衡曲线。

这位博士生说他考虑一下。大约一两个星期后，他报告说他同课堂上的一位资深教授进行了交流，教授同意如果运用模拟法，可以使模型更加现实和更有价值。但根据教授的观点，这样做的问题是所得到的结果可能永远无法发表。由于该博士生打算在这个不发表就发臭（publish-or-perish）的行当中寻找一份工作，他继续从事寻求方程数值解的研究（最终运算结果收敛了，他也获得了博士学位，并找到了一份工作）。

创造性的论文并非没有发表。它们最终都发表了，而且有着广泛影响、赢得各种奖项以及经常被引用。正如马克斯·普朗克（Max Planck）的名言所说："科学进步源自一个个葬礼。"长江后浪推前浪，那些捍卫旧思想的人终将被那些准备好转向新思想的人所取代（当然，此处表达的观点究竟是大势所趋，还是像一些人所认为的那样是死胡同，尚需拭目以待）。

第 7 章
Risk-Return Analysis

动态系统建模

引言

如在第 6 章中指出的，运筹学（OR）方法要用于协助决策，需要包含模拟程序和优化程序。例如，在本卷中，我们将看到 6 个金融模拟程序的应用，它们是：

（1）GuidedChoice（GC）公司的决策支持系统（DSS）。它包含了模拟分析，用于估计所服务的投资者决策的可能结果。

（2）第 6 章的注释 3 提到了金和马科维茨（Kim and Markowitz，1989）的模拟程序。它是一个市场模拟程序，包含两种类型的投资者：投资组合调整者和投资组合保险者。这个模拟程序和利用其进行分析的目的是协助解决马科维茨和费希尔·布莱克（Fischer Black）之间的争议。马科维茨和布莱克认为采取两种不同的策略，将会产生不同的市场份额。[注]

（3）第 11 章介绍的马科维茨和范戴克算法。它用于近似具有大型"状态空间"的多期博弈的动态规划解。这一算法同时运用了模拟和搜索技术。

（4）同样在第 11 章介绍的布莱和马科维茨考虑税收的投资组合分析（TCPA）。它运用"TSim"模拟程序将得自某个机构不考虑税收的模拟程序

[注] 即得到不同的市场投资组合。——译者注

的证券或资产类收益流转变为一个投资者税后消费的现值。

（5）本章用以说明模拟程序概念的例子，取自雅各布斯、利维和马科维茨（Jacobs，Levy，and Markowitz，2004）的 JLMSim。这一模拟程序包含了周期性地对投资组合进行再优化的投资者。投资者的再优化行为生成了他们发送给交易员的交易指令，因而价格是内生的，决定于再优化和交易行为。

（6）马科维茨（1991）提出的"生命周期博弈"模拟程序（将在本章稍后一些予以介绍）。它的目标在于协助投资者做出一般性的金融规划，投资组合选择不过是其中的一部分。

很明显，金融运筹的个人和团队对模拟程序和优化程序都应擅长。

本章接下来的内容首先阐述一般意义上的模拟分析的定义，介绍用于模拟分析已有超过半个世纪历史的 EAS-E 世界观，然后按照第 6 章最后一节拟定的提纲展开分析。

定义

模拟模型（simulation model）是指逻辑关系与这些关系是怎样编程相独立的模型。特别地，两个程序（可能是用两种不同的程序语言编写的）执行相同的模型，在给定的输入下应该产生相同的输出。

模拟程序（simulator，or simulation program）是执行模拟模型的计算机程序。它通常有数个或者多个参数。对于任何特定的模拟运行（simulation run），这些参数都必须予以指定。例如，作为本章主要例子的市场模拟程序，允许其使用者指定将在特定模拟运行中展现的各类投资者的数量。

同一模拟程序两次模拟运行彼此不同的方式有两种。

（1）在两次运行中，所有输入参数都是相同的，但一个或多个随机数发生器使用的初始随机数种子（random number seeds）不同。这样的两次运行被视为从同一特定模型或一般模型的特例中的不同随机取样。

与蒙特卡罗分析相反，回溯测试（backtests）使用历史数据而非随机生成的输入数。仅当使用的历史数据不同时，同一特定模型的两次回溯测试结果才会不同。

（2）如果随机种子或历史数据不变但参数改变，则被视为同一一般模型的不同情形。

模拟分析（simulation analysis）通常基于大量的模拟运行，其中一些模拟运行（用于蒙特卡罗分析）随机地重复一般模型的某个特定特例。其他模拟运行（用于蒙特卡罗分析或回溯测试）则探索其他特例。这些特例通常被选择用来验证一个或多个假设，或测试结论对某些参数变化的敏感性，或寻找对某个问题而言的最优参数设定。

金融模拟程序可以划分为表示单人博弈或多人博弈两类。上一节列出的6个模拟分析中，应用（1）、（3）和（4）中的模拟程序是表示单人博弈的，而应用（2）、（5）和（6）中的模拟程序是表示多人博弈的。在3个单人博弈和多人生命周期博弈模拟程序中，证券或资产类的收益与投资者的行为无关。而在另两个多人模拟分析中，收益是参与者互动的结果。

EAS-E 世界观

动态系统的 EAS-E 视图最早由马科维茨、豪斯纳和卡尔在著作《SIM-SCRIPT：模拟编程语言》（*SIMSCRIPT：A Simbulation Programming Language*）（Markowitz，Hausner，and Karr，1963）中提出。我们将初始的SIMSCRIPT 语言称为 SIMSCRIPT（Ⅰ），以与后续的版本 SIMSCRIPT I.5、Ⅱ、Ⅱ.5 和 Ⅲ 相区别。SIMSCRIPT 语言的各种版本将在本章后面部分讨论。

SIMSCRIPT（Ⅰ）语言与当时的"标准"编程语言最明显的区别，是EAS-E视图在 SIMSCRIPT（Ⅰ）语言中起着核心作用，但 SIMSCRIPT（Ⅰ）与传统编程语言在目标上的差别要更为根本。传统的编程语言力图告诉计算机应该采取什么行动。特别地，汇编语言使程序员在执行基本的机器操作时能够指定将要使用的特定寄存器和存储单元。更高级的语言，例如 FOR-TRAN，需要程序员根据变量和数组来思考和编码，而让程序"编译器"来确定这些变量和数组存储在哪里以及怎样访问。

SIMSCRIPT（Ⅰ）是用 FORTRAN Ⅱ 编写的预处理程序，因而使用与后者相同的变量和数组，但 SIMSCRIPT（Ⅰ）程序员不应基于变量和数组来思考。相反，他们应该基于他们想要描绘的世界来思考：什么样的实体类型应该在模拟中出现，什么样的属性和集合关系可以在任何时候刻画这些实体的状态，什么类型的事件会改变实体的状态，又是哪些因素导致了这些事件的发生。至于这些模型设定怎样以变量、数组和 FORTRAN Ⅱ 程序来表示，由 SIMSCRIPT（Ⅰ）预处理程序确定。

因此，SIMSCRIPT（Ⅰ）和之后每一个版本 SIMSCRIPT 的主要目标不是成为一种编程语言，而是在本质上成为一种"可执行的建模语言"。它力图使建模者能够便捷地明确将要模拟的世界、将要执行的对这个世界的分析，以及怎样展示这些分析的结论，从而力图使建模者便捷地掌握例如所有版本 SIMSCRIPT 中处理实体和集合的命令，所有版本 SIMSCRIPT 中生成 WYS-IWYG（所见即所得）报告的工具，以及 SIMSCRIPT Ⅱ.5 和 Ⅲ 的 2D 和 3D 绘图工具。

在商业领域，SIMSCRIPT 用于构建各种真实世界动态系统的模拟程序已经有几十年历史了。马科维茨（Markowitz，1979）的文章提供了有关的例子，CACI 的网站提供了例子和鉴定书。特别地，CACI 的网站指出"SIMSCRIPT Ⅲ™……在世界范围内（得到应用），包括美国军方、联邦航空局（FAA）、美国宇航局（NASA）、北大西洋公约组织（NATO）、洛克希德·马丁公司（Lockheed Martin）、美国联合攻击战斗机项目（Joint Strike Fighter，JSF）、加拿大国家铁路公司（Canadian National Railways）、法国电信（Telecom France）、巴西国家太空研究所（Space Research Institute Brazil），等等"。专栏 7-1 中展示了安娜·马里杨斯基（Ana Marjanski，CA-CI 高级模拟实验室技术部负责人）应我们提供一个能够引用的例子的请求而发送给我们的电子邮件。这封电子邮件描述了一个"被美国、北约和超过 20 个国家广泛用于决策分析、应急/管理计划评估、试验、应急准备培训、指挥部演习支持，以及创造适用于跨国民用和军事机构团体的联合协调环境"的 SIMSCRIPT 模拟程序（专栏 7-1 中的粗体字在电子邮件中也有）。

专栏 7-1　联合战区级模拟程序

联合战区级模拟程序（joint theater level simulation，JTLS）是一个基于网络的、交互式战争博弈和作战计划（OPLAN）分析系统。**JTLS 的核心模型是用 SIMSCRIPT 语言编写的。**JTLS 被美国、北约和超过 20 个国家广泛用于决策分析、应急/管理计划评价、试验、应急准备培训、指挥部演习支持，以及创造适用于跨国民用和军事机构团体的联合协调环境。

JTLS 的用户可获得关于有效信息分享、互操作性和协调的问题与重要性的深刻见解，以应对需要地区或者全球共同努力的自然灾害或军事冲突。

该模拟程序已与大多数共用作战图和多个 C41SR 系统相连接。它曾经被提供给美国海洋科学部（US OSD）作为基于效果的财政规划（effects-based fiscal planning，EBFP）的决策支持装备。JTLS 是一个容易配置的、灵活的系统，它能够用于 1 个人进行 1 项分析的情形，也能够为演习决策环境下超过 200 个以上的用户同时使用。

JTLS 在 1983 年开始开发，直到 2015 年仍在稳定地发展和完善。在整整 30 年的时间里，它伴随着计算机技术的进步而成长。**之所以如此，部分原因可能是运用 SIMSCRIPT 编程语言能够容易地定义明确界定的模型架构。**JTSL 由位于弗吉尼亚州萨福克市的美国联合参谋部（US Joint Staff/J7）配置管理。模拟程序的开发、维护和分销由加利福尼亚州德尔雷奥克斯市的 ROLANDS&ASSOCIATES 公司负责。获取 JTLS 或获得有关 JTLS 的信息，可与 R. 杰伊·罗兰博士联系（President@ROLANDS. com），或浏览 www. rolands. com 上有关该系统的详情。

即使没有使用 SIMSCRIPT，动态系统的 EAS-E 视图仍然是有价值的。例如，JLMSim 是根据 EAS-E 视图构思的，但是是用 C++ 语言编写的。如下一节简要介绍的，EAS-E 视图有助于人们组织其有关模拟程序的思维，而不管使用的是哪种编程语言。

建模过程

在编写用于一个或多个模拟分析的模拟程序的初始阶段，为使具备某些功能的程序合乎需要，通常会构想出一个模糊的概念。当模拟程序的主要实体，以及主要实体的部分属性和集合关系由一个初步的 EAS（实体、属性和集合）表（如后面将要展示的）来决定和记录时，并且模拟世界的主要事件也得到描述时，概念的细节就成形了。然后做进一步的思考和讨论，对细节进行补充。EAS 状态和事件要在开始编写代码之前得到较好描述，这一点是至关重要的。

设计模拟程序的相同 EAS 和事件描述表，加上模拟程序开发过程中所做的增补和修改，能够用于记录程序。相较于一般的语言或图形描述，这使感兴趣的读者能更确切地了解模拟程序的内容。

使模拟程序的细节具体化的过程，总是模拟程序服务于某种需要这一更广泛过程的一部分。在本章第一节列出的 6 个模拟程序的应用中：

- （1）是 GC 决策支持系统的一部分。
- （2）是对费希尔·布莱克（Fischer Black）的论断的回应，马科维茨试图检验该论断的准确性。
- （3）是求解大型动态规划问题的试探法的一部分。
- （4）是考虑税收的投资组合分析方法的一部分。
- （5）的编程是为了说明资本市场分析怎样能够超越经典 CAPM 的界限。
- （6）的提出是为了构建下一代金融决策支持系统。

鉴于从为促进学术讨论而编程的 KM 模型到专栏 7-1 中开发的协助世界范围运营的例子都有，很难一般性地概括模拟程序产生的环境。然而，几乎可以肯定地说，理解模拟程序建模过程，对一般运筹学模型和特定金融模型中的生产者和消费者都是有用的。

EAS 例子

表 7-1 展示了雅各布斯、利维和马科维茨（Jacobs，Levy，and Markowitz，2004）的 JLMSim 股票市场模拟程序的 EAS 结构的一部分。如前面所指出的，该模拟程序是根据 EAS-E 视图构思的和用C++语言编写的。在简要描述 JLMSim 的目标后，我们利用表 7-1 中的具体内容来说明 EAS 状态描述符和这些描述符的记录方式。

表 7-1 JLMSim 1.0 的 EAS 描述（节录）[①]

实体类型	属性	拥有的集合	元素或数据类型
TheSystem			
	SimTime		实数
	RFLendRatePerDay		实数
	BrokerRatePerDay		实数
	Liquidation_trader_nr		整数
		Securities	证券
		KeptTradingDays	日
		KeptMonths	月
		Statisticians	统计员

（续）

实体类型	属性	拥有的集合	元素或数据类型
		InvestorsTemplates	投资者模板
Security			
	LastTradePrice		实数
	Price		实数
	StartOfDayPrice		实数
	StartOfMonthPrice		实数
	VolumeSoFarToday		整数
		Buy_orders	指令
		Sell_orders	指令
Security_X_Day			
	DailyReturn		实数
	DailyVolume		整数
	DailyClosePrice		实数
Security_X_Month			
	MonthlyReturn		实数
	MonthlyVolume		整数
	MonthlyClosePrice		实数
Statistician			
	EstMethodForMeans		计数数
	EstMethodForCovs		计数数
Statistician_X_Security			
	AnnualizedMean		实数
Statistician_X_Security_X_Security			
	AnnualizedCov		实数
PortfolioAnalyst			
	Statistician_Nr		整数
		EfficientSet	有效段
EfficientSegment			
	HighE		实数
	HighV		实数
	LowE		实数
	LowV		实数
	HighPortfolio		角点投资组合
	LowPortfolio		角点投资组合

（续）

实体类型	属性	拥有的集合	元素或数据类型
CornerPortfolio			
	Cp_nr		整数
	E		实数
	V		实数
Corner_Portfolio_ X_Security			
	X		实数
InvestorTemplate			
	Nr_investors		整数
	Portfolio_analyst_nr		整数
	Trader_template_nr		整数
	Mean_log10_init_wealth		实数
	Sigma_log10_init_wealth		实数
	K		实数
	Reoptimization_frequency		计数数
		Investors	投资者
InvestorTemplate_ X_Security			
	Total_bought_today		整数
	Nr_of_buyers		整数
	Seq_nr_of_ largest_buyer		整数
	Purchase_of_largest_buyer		整数
	Total_sold_today		整数
	Nr_of_sellers		整数
	Seq_nr_of_ largest_seller		整数
	Sale_of_largest_seller		整数
Investor			
	Seq_nr		整数
	Investor_template_nr		整数
	StartingWealth		实数
	Deposits_received		实数
	Withdrawals_paid		实数
	Withdrawals_owed		实数
	Collateral_for_short_positions		实数
	CurrentWealth		实数
Investor_X_Security			
	X_units		实数

（续）

实体类型	属性	拥有的集合	元素或数据类型
Trader_template			
	Buy_Alpha		实数
	Buy_Beta		实数
	Buy_Alpha_inc		实数
	Buy_Beta_inc		实数
	Buy_First_time_wait		实数
	Buy_Following_time_wait		实数
	Buy_Last_time_wait		实数
	Buy_Max_nr_price_changes		整数
	Sell_Alpha		实数
	Sell_Beta		实数
	Sell_Alpha_inc		实数
	Sell_Beta_inc		实数
	Sell_First_time_wait		实数
	Sell_Following_time_wait		实数
	Sell_Last_time_wait		实数
	Sell_Max_nr_price_changes		整数
Trader			
	Trader_template_nr		整数
	Investor_being_served		投资者编号
Trader_X_Security			
	Buy_or_sell_amount		整数
	Amount_on_order		整数
		Orders_against_amount	指令单
Order_slip			
	Buy_or_sell		计数
	Trader_placing_order		交易员编号
	Security_ordered		整数
	Limit_price		实数
	Amount_to_do		整数
	Order_status		计数

①表7-1显示了JLMSim中描述的部分实体类型。对于每一种实体类型,表中列出了刻画该类型个体特征的部分属性,以及该类型每一个体"拥有的"(与每一个体相联系的)部分集合。最后一列指出了属性的数据类型和列出的集合元素的实体类型。

JLMSim 的直接目标是能够从假设的投资者和交易员的行为中产生观察到的宏观经济现象。其长期目标是应用这样一个模型，回答有关投资、交易和市场结构的政策问题。在构建 JLMSim 的过程中，作者发现，他们认为是可行的交易策略，实际上会导致今天所谓的"闪电崩盘"（fast crash）。作者还发现，他们认为是可行的期望收益估计程序，可能导致极其不稳定的市场。于是他们用模拟结果更加可行的交易和估计规则取代了这些初始假设。

JLMSim 的作者不认为他们的工作是有关详尽市场模拟程序的最终定论，而是对这样一种方法能力的证明和进一步研究的一个可能起点。世界太复杂了，哪种市场模拟程序可以用作放之四海而皆准的模拟程序，难以回答。JLMSim 是作为概念验证项目提供的，它是复杂的市场模型是怎样构思和编程的一个例子。特别地，那些相信投资者遵循特定的理性或非理性行为模式的人面临如下挑战，即将这些规则编码到一个 JLMSim 式的模拟程序中，并查看那些已经观察到的宏观市场行为是否发生。我们希望最终有某个机构，例如美联储或者财政部金融研究办公室，能够开发出强大并满足它们需要的模型，就像专栏 7-1 中的联合战区级模拟程序满足其用户的需要那样。

表 7-1 的第一列展示了"实体类型"，例如 Security（证券）、Statistician（统计员）、PortfolioAnalyst（投资组合分析师）、Investor（投资者）、Trader（交易员）和 Order_slip（指令单）。给定的实体类型的例子被称为"实体"或"个体"。第二列包含了第一列列出的实体类型的"属性"名称。属性的例子包括证券的 LastTradePrice（最后成交价）、StartOfDayPrice（开盘价）和 VolumeSoFarToday（今天开盘以来的成交量）。表 7-1 的第三列列示了特定实体类型的个体所"拥有"的集合，也即与这些个体相联系的集合。例如，每种证券都"拥有"名为 Buy_orders 和 Sell_orders 的集合。表的最后一列则指出了集合元素的实体类型或属性的"数据类型"。例如，在 JLMSim 中，价格（如 LastTradePrice）被存储为"实数"（事实上是浮点数）；VolumeSoFarToday 则是一个整数；证券拥有的 Buy_orders 和 Sell_orders 集的元素是实体类型 Order_slip 的个体。

用"拥有"来描述与给定类型的实体相联系的集合是行之有效的，除非要描述的系统包含了法律意义上的"所有者"。一个极端的例子是，系统包含了名为 Partnership 的实体类型，该实体类型拥有（在 EAS 的意义上）名为 Owners（法律意义上的）的集合。在我们的讨论中，根据上下文，A 拥有 B

的含义应该是清晰的。

EAS 描述总是有一个名为 "TheSystem" 的实体类型，用以表示整个系统。实体类型 The System 能够有不同的属性和拥有集合。各种版本的 SIM-SCRIPT 都不允许 The System 从属于集合。在 JLMSim 中，The System 的属性包括 RFLendRatePerDay（当前无风险日利率）和 SimTime（当前模拟时间）。它拥有（当然，在 EAS 的意义上）诸如特定模拟运行中所有证券的集合、所有投资者的集合、所有统计员的集合等之类的集合。

由固定数量的"状态变量"构成的动态模型，可以被视为 EAS 描述只包含 The System 和它的属性的 EAS-E 模型。

如表 7-1 所表明的，将 SIMSCRIPT 编程手册中的 "Compound Entities"（复合实体）和数学家所谓的 "Cartesian products"（笛卡尔积）包含在内，通常是有益的。例如，JLMSim 的实体类型中包含了一个 Statistician_X_Security 组合，它具有属性 AnnualizedMean，即由特定统计员估计的证券年化期望收益，而协方差估计值是 Statistician_X_Security_X_Security 的一个属性。

属性的图形描述

图 7-1a～图 7-1d［来源于马科维茨（1979）的文章］描绘了属性的性质。在图 7-1a 中，左边区域的 X 表示实体类型 Worker（工人）的实体，而右边区域的 X 则表示实体类型 Department（部门）的实体。从工人到部门的箭头表示属性 ASSIGNED. TO。如果一个工人不属于任何部门，例如总经理和他的工作人员，那么我们就用一个指向 U 的箭头来表示，意思是（所属部门是）"未定义的"。由于可能有多个箭头指向同一部门，属性可能表示一种类型的实体与另一种类型的实体之间的多对一关系。作为特例，一个箭头可能恰好从一种类型的实体指向另一种类型的任一给定的实体，表示两种实体类型之间存在一一对应的关系。属性也可能从一种实体类型的实体指向相同实体类型的实体，例如图 7-1b 中的配偶（spouse）。未婚人士指向 U。在一夫一妻制社会，它是全部人口的一个子集中的一一对应关系。

在图 7-1c 中，表示属性 AGE（PERSON）（理解为"人的年龄"）的箭头从一个人指向一个整数。如同在马科维茨（1979）的文章"逻辑和数学实

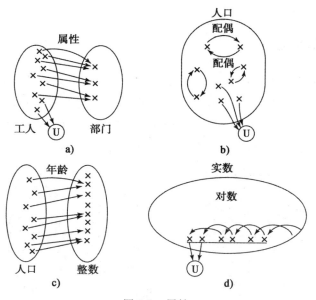

图 7-1　属性

体"小节中所讨论的那样，"整数"可以看成是一种实体类型，其个体包括
1，2，3，…。

图 7-1d 与图 7-1a～图 7-1c 是类似的，但每个箭头都从一个实数指向另一
个实数，将一个数与它的对数相联系。这样一种数学实体与数学实体之间的
关系，通常称为函数（function）。不过，取决于所涉及的具体数学对象，它
也可以被称作序列（sequence）、映射（mapping）、变换（transformation）
或算子（operator）。图 7-1d 中描绘的关系与图 7-1a～图 7-1c 中描绘的关系
的主要区别，是图 7-1d 中的箭头不随时间变化，而图 7-1a～图 7-1c 中的箭头
则随着工人调换部门、结婚和年龄增长而变化。

如图 7-1a～图 7-1d 所描述的，属性的值要么是一个实体（个体），要么
不存在（未定义）。值实体（the value entity）的类型可能是预先定义的，如
Integer（整数），也可能是用户定义的，如 Person（人口）。在一定程度上，
究竟何者是前定的，何者是用户定义的，取决于用以实现 EAS-E 模型的编程
语言。例如，一个模拟程序可能包含一种实体类型 Date（日期），它的属性
是 Day（日）、Month（月）和 Year（年）。如果它在编程语言中没有被预先
定义，那就可以由模型构建者来定义。

集合的图形描述

集合是由实体组成的集体。在图 7-2a 中，集合的名称为 Queue，它的拥有者是机组，元素是作业。图中，集合的元素在拥有者所指向的长方形中。图 7-2b 以另一种方式显示了相同的信息。集合的拥有者（通过属性 F. QUEUE）指向集合中的首个元素，然后集合的每一个元素都通过属性 S. QUEUE 指向各自在集合中的后继者。

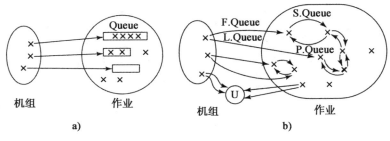

图 7-2 集合

集合表示一对多的关系，而属性则表示多对一和一对一的关系 ［关于怎样在 EAS 视图和陈品山（Peter Chen）的实体关系（entity relationship，ER）视图之间转换，参见 Markowitz, Malhotra, and Pazel，1983］。

由于一个给定的实体可能有多种属性，拥有多个集合，并且属于多个集合，因此除了最简单的系统外，尝试像图 7-1 和图 7-2 那样用图形描绘一个系统的所有实体、属性和集合关系，只会导致一团糟。然而，表 7-1 却举例说明了怎样干净利落地描述复杂系统的 EAS 结构。

进一步的说明

如表 7-1 所示，EAS 表展示了模拟模型状态描述的全景。为避免过于杂乱，它省略了如下状态描述符。

（1）集合的组织方式。EAS 集合要么是先进先出的（first in, first out, FIFO），要么是后进先出的（last in, first out，LIFO），要么是排序的（ranked，根据元素实体的一个或多个属性进行排序）。

例如，证券的 Buy_orders 和 Sell_orders 集合的元素，是按照 Order_slip

的 Limit_price 属性排序的。特别地，Order_slip 的 Limit_price（限价）在 Buy_orders 集的高价端是证券当前的买入报价，而在 Sell_orders 集的低价端则是证券的卖出报价。像任何集合一样，特定证券的 Buy_orders 和/或 Sell_orders 集合可能是空集。

（2）实体的存续性。模拟实体要么是暂时性的，要么是永久性的。

在永久性实体的情形中，该类型的所有个体都是在模拟运行开始时创建的，并存续于整个运行期间。尽管这些个体的属性值、所拥有的集合的元素，以及它们自身的集合元素身份可能会改变，但这些个体却是持续存在的。相反，暂时性实体在模拟运行的过程中创建和删除。例如，在 JLMSim 中，Securities 是永久性实体，而 Order_slips 是暂时性实体。

如在本章后面所讨论的和在第 12 章中将要详细分析的，SIMSCRIPT Ⅱ 旨在将数据库实体（database entities）和主存实体（main-storage entities）包括进来。在一个容许数据库实体和主存实体的系统中编写的程序，需要对存储在数据库中的实体和暂时性以及所谓的永久性但在程序终止运行时消失的主存实体进行区分。

其他的说明，包括实际的和拟议的，将在本章"问题和选项"之后的小节中讨论。

对时间进行描述

在动态模型中，时间通常有如下三种表现方式：[1]

A. 连续

B1. 同步离散

B2. 异步离散

A. 在连续时间模型中，不仅时间被表示为一个连续变量，而且系统的状态通常是连续变化的。连续时间模型的例子包括：①牛顿的太阳系模型；②股票价格变化是布朗运动的连续函数的金融模型。第一个例子是受常微分方程（ordinary differential equations，ODE）或偏微分方程（partial differential equations，PDE）约束的系统的例子。ODE 和 PDE 广泛应用于经典物理学，但很少应用于例如工厂和投资决策的运筹学模型，如果曾经应用过的话。第二个例子是根据"随机微分方程"（stochastic differential equations，

SDE）而演变的系统。SDE 广泛应用于金融工具的设计和定价，以及探索高度程式化的金融世界。第 6 章的注释 2 和注释 3 介绍了不在本卷中讨论 SDE 的主要原因。

B. 在离散时间模型中，状态的变化是有时间间隔的。从时点 $t = t_0$ 时的初始条件开始，状态分别在时点 $t_1 = t_0 + \Delta t_1$，$t_2 = t_1 + \Delta t_2$，…发生变化，其中 $\Delta t_i \geqslant 0$（$i = 1, 2, \cdots$）。在第 1 卷的单时期模型中，在时点 t_i 和 t_{i+1} 之间发生的状态变化，可能是由在两个时点之间发生的某个随机或确定性过程所引起，这一点并没有在模型中明确考虑。

在同步离散时间模型（B1）中，时间增量是相等的

$$0 < \Delta t_1 = \Delta t_2 = \cdots$$

在异步离散时间模型（B2）中，时间增量是不等的，它可能取决于参与者的决策或随机变量，而只要满足 $\Delta t_i \geqslant 0$ 即可。在一些应用中，同步模型是自然而然的，但在另一些应用中，异步模拟更为方便。例如，状态每月、每季或每年更新的投资决策的蒙特卡罗评估，是同步模拟的一个例子，而 JLMSim（其 EAS 状态结构已在前文描述过，其事件将在后面介绍）则是一个异步模拟程序。

同步模拟程序和异步模拟程序的主要区别在于时间是怎样增加的。实际上，同步模拟程序由一个大的循环构成，循环程序的头部（head）使时间增加 Δt，主体（body）实施行动，而尾部（end）则检验一个指定的模拟结束时间或条件是否达到。如果没有达到，它就将控制权发送回循环的顶部。

而在异步模拟中，定时程序（timing routine）记录了一系列将要发生的事件，这些事件按照发生的紧迫程度排序。定时程序的主循环识别最紧迫的事件及其事件类型，然后将控制权转移给适用的指令，在 SIMSCRIPT 中即为事件程序（event routine）。事件程序可能改变系统的状态和/或制定未来事件的时间表，这或许需要子程序的协助，或许条件依存于既有的状态。当事件程序执行完其行动时，它就将控制权返回给定时程序，后者选择接下来最紧迫的事件。这一过程一直重复下去，直到模拟结束事件（end-of-simulation event）是最紧迫的事件为止。

同时性

在同步模拟中，通常并非所有状态变量都同时更新。例如，一个同步的单

人消费－投资模型可能每月更新一次证券价格，然后基于这些新的价格调整或重新优化投资者的投资组合。在这个例子中，尽管时间维持在某个时点 $t=t_i$ 不变，但在事件期间采取的行动事实上并不是同时的：价格最先更新，然后是调整或重新优化投资组合。就好像时点 $t=t_i$ 并非单一的瞬间，而是一系列瞬间。许多同时的行动可能在一个瞬间实施，如所有证券价格的更新，然后一批不同的行动在下一个瞬间同时实施。一批行动是同时的，是说一个行动的更新，不取决于其他行动更新后的值，也即这些行动可以按照任意的顺序更新。反过来，必须按照特定顺序执行的两个行动不是同时的，无论模拟时钟是怎样的。

异步模拟也可能包含具有许多同步更新的周期性事件。一个例子是模拟的制造企业或零售企业中的交接班，其中很多都包含了结束一个班次紧接着开始另一个班次的行动。[2]

内生事件和内生现象

SIMSCRIPT 对内生（endogenous）和外生（exogenous）事件（也称为"内部"和"外部"事件）进行了区分。外生事件的发生是由模拟运行之外的因素所触发的。特别地，外生事件的一个或多个输入文件，按照事件发生的顺序，包括：

（1）事件的名称；

（2）特定事件发生的时间；

（3）或许还包括具有指定名称的事件程序将要读取的数据；

（4）终止符，通常是一个星号（＊），但也可以更改。

当特定外生事件的发生比任何其他（外生或内生）事件的发生更为紧迫时，SIMSCRIPT 定时程序就会调用在外生事件输入流中指定的事件程序。

内生事件的发生是通过执行 CAUSE 或 SCHEDULE 命令确定的（在 SIMSCRIPT II 及之后的版本中，CAUSE 与 SCHEDULE 命令是相同的）。在执行 START SIMULATION 命令之前，就可以将内生事件的发生排上日程，这样当模拟运行开始时，模拟系统已经"在运行"。

必须区分内生一词使用的两种意义，例如在下面两个陈述中：

（1）在 JLMSim 中，事件 review_order（将在后文介绍）是内生地触发的；

（2）在 JLMSim 中，证券的收益分布是内生的，它是模拟的参与人投资和交易规则的结果，而非假定为先验的。

一个模拟程序可能使所有事件的发生在第一种意义上都是内生的，但却无法使价格的形成在第二种意义上是内生的。特别地，对于一种给定的证券，其每一次价格变化都能确定下一次价格变化的时间，但价格变化的幅度则可能从一个给定的分布中随机生成。

JLMSim 事件

JLMSim 是一个异步模拟程序。它包含一个用 C＋＋编写的定时程序，后者建立在从大型排序集中高效存取（数据）的程序之基础上，可从网站 EAS-E. org 获取（在写作本章时）。JLMSim 程序本身可从 www. jacobslevy. com 获取（在写作本章时）。

表 7-2 列出了 JLMSim 主要的事件程序。表的第一列列出了事件名称，第二列描述了它们的一些行动。如在表中所指出的，当代表特定投资者的重新优化事件（reoptimize event）发生时，相关的事件程序随机生成一个存款额或取款额，然后投资者的投资组合分析师运用某个统计员的估计值计算一个理想的投资组合。接下来投资者要决定在多大程度上从当前投资组合转向其理想的投资组合，并相应地向其交易员发出交易指令。对给定的投资者，每一个重新优化事件都确定了下一个重新优化事件发生的时间。

表 7-2　JLMSim 事件

事　件	
初始化	根据 JLMSim 用户的指示创建并初始化状态
重新优化	对特定的投资者，随机生成存款额和取款额。使投资者的投资组合分析师利用统计员提供的估计值来计算投资者的"理想"投资组合。投资者计算在多大程度上他应该从当前投资组合转向理想的投资组合，并向交易员发出交易指令。如果另一方有匹配的订单，交易员就执行指令，并将订单未成交的余额记录在账簿上。如果交易执行，那么另一方的交易员就可以采取进一步的行动
Review_order	改变限价，或者撤销交易指令。如果改变了限价，那么就可能发生与重新优化事件期间发出交易指令时所发生的类似的行动
End_of_day	更新每日或每月的统计数据。有杠杆或空头头寸的账户按市值计价。违反保证金要求的账户被委托给"清算交易员"

注：在异步模拟中，事件改变状态，并引发未来的事件。表中列出了 JLMSim 中的主要事件类型，并介绍了它们采取的部分行动。

交易员针对这些交易指令的初始行动，是作为重新优化事件而非单独的发出交易指令事件的一部分而发生的。因此，这是在模拟时钟停止时执行必定相继（successive）的行动（先优化然后发出交易指令）的一个例子。

正如已经指出的，JLMSim 中的价和量是内生的（即它们在系统内由相互影响的行为人的行动所决定），而非被假定为先验的。特别地，如果重新优化事件产生的交易指令之一，至少能够从"活页账簿"[⊖]中，即卖出时从证券的 Buy_orders 集中，或买入时从证券的 Sell_orders 集中得到部分满足，那么一项交易就会以现有指令单的限价（limit price）发生，交易量为一方希望买入而另一方希望卖出的数量中的较小者。如果新的交易指令没有全部完成，那么未完成的余额就会被记录在账簿中，并且一个 Review_order 事件将会发生。当 Review_order 事件发生时，它会考虑放松 Order_slip 的 Limit_price 属性的可能性。关于模拟交易员怎样确定买卖价格的详细情形，参见雅各布斯、利维和马科维茨（Jacobs，Levy，and Markowitz，2004）的文章。

JLMSim 还包含了一个 End_of_day 事件。再一次，当模拟程序采取一系列同时和非同时的行动时，例如①积累每日或每月的统计数据；②对有杠杆的账户和空头头寸按市值计价；③当投资者不满足保证金要求时经纪人催缴保证金，时间是静止的。

简洁性、复杂性和现实性

由于在当时面临着个人电脑所施加的时间约束，JLMSim 的作者们将投资者的人数限制在几千人。如果 JLMSim 是在今天的"个人超级电脑"上运行，那么就能够处理有数百万投资者的情形。但即便有数百万模拟投资者和相应增加的市场其他组成部分，我们仍然应该认为这样的 JLMSim 运行是详尽的（detailed），而非现实的（realistic）。例如，JLMSim 交易不支付佣金。这是模型中的一个缺陷，尽管相对容易弥补。

更为重要的简化是在 JLMSim 中，证券的背后并没有公司的存在。因此，JLMSim 没有公司的消息，例如收益和分红报告。唯一的消息是价格，

它们由交易员在执行因投资者周期性地重新优化投资组合而产生的具有随机存款额和提款额的交易指令时内生地确定。无疑，一个"现实"的市场模型应该能模拟真实的公司。但与现实相比，任何公司模型肯定都是高度简化的。

最后，JLMSim 中的投资者只是周期性地重新优化投资组合，他们没有显示出任何我们在本卷其他各处所分析的结构。因此，尽管 JLMSim 比那些假设证券遵循指定随机过程的模型要远为复杂，但它仍然不过是真实世界不完备的影子。

对于一些目的，高度程式化的模型是最佳的。对于其他目的，则需要更为复杂的模型。例如，在之前已经指出，JLMSim 的目标是寻找（理性或非理性的）行为人行为的一个组合，该组合隐含着观察到的收益行为。结果发现某些（初看起来似乎是可行的）交易规则会使市场变得不稳定，这并不需要蓄意的市场操纵。在我们看来，任何对包含粗心大意的交易员和/或市场操纵者的市场非常感兴趣的学者、交易员或市场监管机构，都应该有一个供其支配的类似于 JLMSim 的高级模拟程序。

与需要详尽的模型来仔细思考的情形相对，另一个极端是简单的推演即足够的情形。例如，如果政府将价格设定在市场均衡以下，就不需要用一个复杂的模型来预测会出现短缺，因而要有某种形式的配给，并且短期和长期中短缺的大致规模，可通过短期与长期需求和供给弹性的估计值估计得到。对于这样的情形，相对简单的供给和需求分析要好于详尽的模拟分析。至于用于某个既定目标的模型应该具备什么样的特征，我们只须重复爱因斯坦的建议：模型应"尽可能地简单，但不能过于简单"。

SIMSCRIPT 的优势

JLMSim 是基于 EAS-E 视图构思的，然后用 C++编写的。如果它是用 SIMSCRIPT 编写的，那么基于之前的比较，它的大小会是现在规模的一小部分（大概在 $1/2 \sim 1/5$ 的范围内），并且相应地只需花费更少的时间去编码和调试。特别地，SIMSCRIPT 包含了一些命令，这些命令是为了创设和删除暂时性实体，将（暂时性或永久性）实体归入集合中或将其从集合中清除，计算实时描述模拟系统的各种统计数据，积累随着时间推移有关模拟系统表现的统计数据，以及对那些满足指定条件的集合元素执行代码块而定制的。

例如，假设某个实体类型拥有一个名为 QUEUE 的集合。SIMSCRIPT Ⅱ、Ⅱ.5 或 Ⅲ 在描述这一实体类型时可能包含如下的指令：

ACCUMULATE MQ＝the mean，

SDQ＝the STD. DEV，and

MaxQ＝the maximum of N. QUEUE.

SIMSCRIPT 不区分大小写，上述语句可全部写成小写字母，或全部写成大写字母，或小写字母与大写字母的任意组合。单词 the 是可选项，出现三次是为了增强可读性（SIMSCRIPT 的目标之一是实现自文档化）。N. QUEUE 是集合 QUEUE 的元素个数，它被自动定义为集合 QUEUE 的拥有者的一个属性。MQ、SDQ 和 MaxQ 是由程序员选择的名称，它们（因为出现在 Accumulate 语句中而）被自动定义为具有属性 N. QUEUE 的实体类型的其他属性。前述语句的含义，是自模拟运行开始后或这些统计量被最后重置后，使 MQ 和 SDQ 等于时间加权的（time-weighted）均值和标准差，使 MaxQ 等于 N. QUEUE 的极大值。Accumulate 语句也能够包含极小值、和、平方和等统计量。在这个例子中，N. QUEUE 占据的位置也可以是某个（暂时性、永久性、系统或复合）实体属性的任意函数。TALLY 语句针对那些适于简单平均而非时间加权平均的属性（如逛商店的平均时间）给出了类似的选项。

SIMSCRIPT Ⅱ.5 和 Ⅲ 是 SIMSCRIPT Ⅱ 的扩展版，因而 SIMSCRIPT Ⅱ 的所有特征也为 SIMSCRIPT Ⅱ.5 和 Ⅲ 所有。上述例子描述了 SIMSCRIPT Ⅱ（及之后版本）的如下特征：

- SIMSCRIPT Ⅱ 自动定义多个有用的变量，例如 QUEUE 的拥有者的属性 N. QUEUE。这要求 SIMSCRIPT 给变量命名。而 SIMSCRIPT Ⅱ 程序员则被建议不要将变量命名为字母 . 名称或名称 . 字母，例如 N. QUEUE 或者 SimTime. V。这样可以避免与 SIMSCRIPT Ⅱ 自动生成的名称相冲突。

- SIMSCRIPT Ⅱ 包含可选词，如 the。如果程序员希望增强程序可读性，就可以包含 the；如果他希望程序简洁一些，就可以将其省略。

- 与今天很多程序语言相同，SIMSCRIPT Ⅱ 不区分字母的大小写。这样如果程序员通常写为 SimTime. V，但偶然写成了 SimTime. v，或者像英语那样每一个语句的首字母大写，或者将起特定作用的单词大写，例如前面例子中的 ACCUMULATE 那样，就不会导致程序出错。

◆ 与很多程序语言不同，SIMSCRIPT 并不以分号来结束语句，就像分号不用于结束英语句子那样。SIMSCRIPT Ⅱ允许（但不要求）有终端时期（terminal periods）。

◆ 每当正在执行的程序更新特定的属性时，ACCUMULATE 和 TALLY 语句就对统计数据进行更新。这节省了大量的代码。第 12 章介绍了一个 COMPUTE 语句的例子，它计算某个时点关于系统各方面的类似统计数据。该章还介绍了找寻具有指定特征的实体的 FIND 语句。

SIMSCRIPT 还具有生成各种概率分布的随机变量的功能，以及生成（前面已经指出的）WYSIWYG 报告的工具。SIMSCRIPT Ⅱ.5 和Ⅲ能够使连续时间和离散事件模拟相结合，并具有二维或三维的图形工具。当与模拟功能相结合时，这些图形工具自然而然地变成动态的。

GuidedChoice 公司和生命周期博弈

马科维茨（1991）提出了一个"生命周期博弈"（game-of-life）模拟程序。除了包含一个家庭的投资机会和投资决策外，它还包含这个家庭的健康和住房、教育规划和成就、社会保障、保险等。在理想的情况下，生命周期博弈模拟程序能够充当家庭金融规划的向导。投资组合选择属于家庭金融规划但只是家庭金融规划的一部分。就如一辆汽车的各个子系统（引擎、变速器、制动器等）是相互作用的，住宅及其装饰的选择、教育、职业选择、工作机会、退休时间、生育数（计划的或计划外的）、健康、自然灾害等各种类型的家庭决策和事件也是如此。特别地，它们都影响"金融资产"的供给和需求。[3]

20 世纪 90 年代末，GuidedChoice 公司的首席执行官谢利·格雷波特（Sherrie Grabot）向马科维茨解释说，GuidedChoice（GC）是一家 401（k）计划咨询服务企业，其业务模式与行业中其他企业，如比尔·夏普（Bill Sharpe）的 Financial Engines 所采用的业务模式不同。马科维茨给了格雷波特一份其 1991 年的论文（Markowitz, 1991），同意在圣选戈组建一个设计和生产团队，为 GC 提供咨询服务。从帮助投资者为退休储蓄这一直接目标出发，GC 没有尝试构建一个完整的生命周期博弈模型，而是将其定位为一个理想的模型——北极星，来指导公司的模型构建。

结果是，由 Ming Yee Wang、Gan Lin Xu 和马科维茨组成的设计团队，在格雷波特的指导下，设计并指导了一组相互关联的程序的编制，这组程序构成了 GC 的决策支持系统（DSS），包括：

（1）对资产类的期望收益、方差和协方差做出前瞻性估计；

（2）在资产类层面生成一个均值–方差有效边界；

（3）获悉新客户［即公司 401（k）计划的发起人］的计划详情，例如计划的参与者可能投资的证券和与参与者的供款相匹配的计划条款；

（4）为每一个均值–方差有效的资产类投资组合分配一个计划允许投资的投资组合；

（5）从计划参与者和代表参与者的计划记录者处获取信息，这些信息对于第（6）点中的模拟分析是必需的。

（6）告知参与者退休后可能消费水平的概率分布的模拟分析结果，模拟分析考虑了参与者的储蓄率、所选择的投资组合、社会保障付款、配偶的收入（如果客户明确提出的话）、公司的匹配政策等；

（7）指示计划记录者执行 GC 的建议，如果参与者这样选择的话；

（8）向计划参与者和计划发起人报告账户状况。

起初，步骤 6 评估的政策包括：①参与者当前的资产配置和储蓄率；②GC 在这些领域的"初始建议"。参与者可以在同一会话或在接下来的一次或多次会话中改变这些输入。

GC 的第一个产品是 GuidedSavings，它对参与者直到退休时的储蓄和投资计划进行评估。第二个产品是 GuidedSpending，它对参与者的储蓄、投资、年金化和消费策略进行评估，评估或许在退休前开始并持续整个退休期间。更多内容，参见马科维茨（2015）的文章。

GC 决策支持系统（DSS）数据库

GC 决策支持系统是基于 EAS-E 视角设计，并利用甲骨文公司（Oracle）的数据库系统实现的。表 7-3 节录自用于设计、实施和记录 GC 决策支

持系统数据库的 EAS 表。表 7-3 的第一列包含了一个三字符的代码
（"ENT""ATT""SET"或"COM"），表示该行包含的是一个实体类型、
一个属性或一个集合的名称，或者是一个注释行。表 7-3 的第二列表示实体
类型，例如 Person、Account、Portfolio、Position、Dependent 或 Planned_
disbursement。第三列为刚才所列出实体类型的实体的属性名称。属性的例
子包括一个人的 Birth_date、Gender、Marital_status。第四列列出了特定实
体类型的个体所"拥有"的集合，也即与特定实体类型的个体相联系的集
合。例如，每一个 Person 实体都拥有名为 Dependents、Portfolios 和 Planned
_disbursements 的集合。第五列表明属性的数据类型或集合元素的实体类
型。例如，实体类型 Person 的属性 Birth_date 以日期格式表示，而集合 De-
pendents 的 元 素 的 实 体 类 型 为 Dependent。 第 六 列 的 标 签 为 精 度
（Precision）。它表明，例如，32 个字符被分配给一个状态（State）的名称。
表 7-3 的最后一列为注释和交叉引用。例如，在注释／交叉引用标题下与实
体类型 Authorization_memo 交叉的实体类型名单，表明实体类型 Authoriza-
tion_memo 的个体通过 The_SYSTEM 和实体类型 Person 的实体来引用。这
样的交叉引用通常并非 EAS 表的一部分，但它们在以最少的资源相对较快
地实施这一复杂系统时被证明非常有用。

正如我们在 JLMSim 的例子中所看到的，EAS 描述总是有一个名为 The
System 的实体类型，用以表示整个系统。表 7-3 表明，GC 系统拥有各种
"顶层"实体类型集。其他实体类型的实体通过这些顶层的实体来访问。从
［401（k）计划的］Sponsors、Record_keepers、Securities 等到 Transaction_
log_book、Event_log_book 和 Error_log_book 中的条目，这一切都包括在顶
层实体类型中。The System 的属性包括联邦政府对可能投入 401（k）计划
的金额和百分比的限制（注释中列出的金额过时了，但数据库中的金额自然
是最新的）。

在这个节录自完整 GC EAS 表的表中，唯一的复合实体是 Person_X_
Comp_type 组合［Comp_type 是诸如全时工资和加班工资之类的"报酬类
型"（compensation type）的缩写］。完整的 GC EAS 记录包含更多的复合实
体，就像表 7-1 那样。

表 7-3 GuidedChoice 的数据库 EAS①

注释	实体类型	属性	拥有的集合	数据/元素类型	精度(*)	注释/交叉引用(*) 所有"整数"为 32 位(bit) 所有"数字"为 12 位(保留 3 位小数)
ENT	The_SYSTEM					
SET			Sponsors	Sponsor		
SET			Record_keepers	Record_keeper		
SET			GC_AC_frontiers	GC_AC_frontier		
SET			Trust_families	Trust_family		
SET			Security_types	Security_type		
SET			Securities	Security		
SET			Asset_classes	Asset_class		
SET			Partcpnt_auth_memos	Authorization_memo		Authorization memos of participants
SET			DB_users	DB_user		Other than participants
SET			Stdd_comp_types	Compensation_type		
SET			Stdd_plan_texts	Plan_text		
SET			Transaction_log_book	Transaction_log_entry		
SET			Event_log_book	Event_log_entry		
SET			Error_log_book	Error_log_entry		
SET			States	State		
ATT		Fed_limit_pretax_dlrs		Number		Currently $ 10 500
ATT		Fed_limit_pretax_pct		Number		Currently 25%
ATT		Fed_limit_total_dlrs		Number		Currently $ 30 000
ATT		Fed_limit_total_pct		Number		Currently 25%
SET			Fed_tax_brackets	Inc_tax_bracket		

（续）

注释	实体类型	属性	拥有的集合	数据/元素类型	精度（*）	注释/交叉引用（*） 所有"整数"为 32 位(bit) 所有"数字"为 12 位(保留 3 位小数)
ENT	State					SYSTEM
ATT		State_id		ID		
ATT		State_name		Text	32	
ATT		State_code		Char	2	
SET			Inc_tax_brackets	Inc_tax_bracket		
ENT	Inc_tax_bracket					SYSTEM，State
ATT		Inc_tax_bracket_id		ID		
ATT		Taxing_government		ID		State_id or −1 for federal govemment
ATT		From_income		Number		
ATT		To_income		Number		
ATT		Marginal_rate_pct		Number		
ENT	Authorization_memo					SYSTEM，Person
ATT		Authorization_memo_id		ID		
ATT		Participant		Person_id		Person
ATT		Access_pin		Char	12	
ATT		Personal_question		Text	128	
ATT		Secret_answer		Text	128	
ATT		Pin_change_allowed		Char	1	
ATT		Pin_change_date		Date		<= Today
ENT	Person					‖ Person，Authorization_memo，GC_case，Session

		ID		
ATT	Person_id	ID		> Transaction_log_entry, Event_log_entry
ATT	First_name	Text	32	> Error_log_entry, Expenses_worksheet
ATT	Last_name	Text	32	
ATT	Middle_initial	Char	1	
ATT	Birth_date	Date		< Today
ATT	Gender	Char	1	. = MF
ATT	Contact_info	Contact_info_id		
ATT	Country_of_legal_residence	Text	32	
ATT	Marital_status	Char	1	YN
ATT	Why_in_DB	Char	1	. = PSB(Partcpnt, Spouse, both)
ATT	Other_income	Number		Not in Account's Person_comps
ATT	Total_income	Number		
ATT	Retirement_age	Integer		
ATT	Ret_income_goal_DorP	Char	1	D|P
ATT	AT_ret_income_goal	Number		
ATT	Spouse	Person_id		Person
ATT	Expenses_worksheet	Expenses_worksheet_id		
ATT	Nr_dependents	Integer	2	
SET	Sign_ons	Authorization_memo		> = 1 source doc says this is set?
SET	Dependents	Dependent		? should this be hooked onto marriage?
SET	GC_accounts	Account		
SET	Portfolios	Portfolio		
SET	Positions	Position		. = positions is all of Person's portfolios

（续）

注释	实体类型	属性	拥有的集合	数据/元素类型	精度（*）	注释/交叉引用（*） 所有"整数"为 32 位（bit）/ 所有"数字"为 12 位（保留 3 位小数）
SET			Pensions	Pension		
SET			Planned_disbursements	Planned_disbursement		
SET			Non_GC_plans	Non_GC_plan		Plans of Person rprsntng spouse go here
ENT	Dependent					‖ Planned_disbursement
ATT		Dependent_id		ID		
ATT		Participant		Person_id		
ATT		Dependent_name		Text	32	
ATT		Dependent_birthdate		Date		>＝Today
ATT		Dependent_gender		Char	1	．＝M｜F
ENT	Planned_disbursement					Person
ATT		Planned_disbursement_id		ID		
ATT		Participant		Person_id		
ATT		Dependent		Dependent_id		．＝0 if not for college
ATT		Disbursement_period		Char		．＝M｜Q｜S｜Y
ATT		Disbursement_amt		Number		
ATT		Inflation_adjust_amt		Char	1	YN
ATT		Start_date		Date		
ATT		End_date		Date		>＝Start_date
ATT		Disbursement_type		Integer	128	
ATT		Disbursement_name		Text		

ENT	Account			Plan, Person ‖ Pension, Session
ATT	Account_id	ID		>Transaction_log_entry
ATT	Participant	Person_id		
ATT	Plan	Plan_id		
ATT	Sponsor	Sponsor_id		
ATT	Contact_info	Contact_info_id		
ATT	Tax_state	Text	32	1 of 2 ! = " "
ATT	Spouse	Spouse_id		
ATT	Employee_status	Enum		1 Active 2 Hardship 3 Terminated
ATT	Eligibility_date	Date		
ATT	Eligibility_match	Char	1	YN
ATT	Eligibility_pension	Char	1	YN
ATT	Years_service	Integer		
ATT	Highly_compensated	Char	1	YN
ATT	Hire_date	Date		<=Today
ATT	GC_advice_accepted	Char	1	YN
ATT	Start_advice_date	Date		
ATT	End_advice_date	Date		
ATT	Eligibility_profit_share	Char	1	YN
ATT	Phone_access	Char	1	YN
ATT	Annual_salary	Number		
ATT	Pretax_earnings	Number		
ATT	Posttax_earnings	Number		
ATT	Last_use	Date		<=Today

（续）

注释	实体类型	属性	拥有的集合	数据/元素类型	精度(*)	注释/交叉引用(*) 所有"整数"为32位(bit) 所有"数字"为12位(保留3位小数)
ATT		RK_update_date		Date		
ATT		Accepted_case		GC_case_id		
ATT		Date_case_accepted		Date		
ATT		Base_case		GC_case_id		
ATT		Initial_advice		GC_case_id		
ATT		Modified_advice		GC_case_id		
ATT		Next_case		GC_case_id		
ATT		Last_session		Session_id		
ATT		OK_rcvd_prime_bnf_NE_spouse		Char	1	YN OK received for prime beneficiary not spouse
SET			Beneficiaries	Beneficiary		
SET			Portfolios	Portfolio		
SET			Person_Comp_types	Person_Comp_type		
ATT		Contrib_spec_PorD		Char	1	P|D If Plan permits either P(%) or D($)
SET			Current_contribs	Contrib_instruction		
SET			BT_contrib_allocs	Contrib_allocation		
SET			AT_contrib_allocs	Contrib_allocation		
SET			PS_contrib_allocs	Contrib_allocation		
SET			Archived_cases	GC_case		
ENT	Portfolio					Person, Account || Contrib_instruction
ATT		Portfolio_id		ID		

Kind	Group	Name	Type	Length	Notes
ATT		Participant	Person_id		NULL if not owned by GC_Account
ATT		Account	Account_id		Enum in EJB, Entity in Administrator
ATT		Tax_type	Investment_tax_type_id		
ATT		Portfolio_name	Text	128	
ATT		Accum_AT_contrib	Number		
ATT		Monthly_planned_contrib_dlrs	Number		
ATT		Inflation_adjust_contrib	Char	1	YN
SET	Positions		Position		
SET	AC_exposures		Exposure		Person, Portfolio || Kept_investment
ENT	Position				
ATT		Position_id	ID		
ATT		Security	Security_id		
ATT		Portfolio	Portfolio_id		
ATT		Person	Person_id		
ATT		Security_type	Security_type_id	32	Must be on security type list
ATT		Tax_type	Enum		
ATT		Quantity	Number		Shares or face value
ATT		Valuation_method	Enum		Mkt price, user price, user total
ATT		User_supplied_price	Number		
ATT		Date_of_user_info	Date		
ATT		Total_value	Number		
ATT		Restricted_for_participant	Char	1	YN Company requirement
ATT		Date_unrestricted	Date		

（续）

注释	实体类型	属性	拥有的集合	数据/元素类型	精度 (*)	注释/交叉引用(*) 所有"整数"为32位(bit) 所有"数字"为12位(保留3位小数)
ATT		Total_cost_basis		Number		
ENT	Person_Comp_type					Person，Compensation type Combo
ATT		Person_Comp_type_id		ID		
ATT		Account		Account_id		
ATT		Compensation_type		Compensation_type_id		
ATT		Compensation_type_name		Text	128	
ATT		Pay_periods_per_year		Integer		
ATT		Amount_per_day_period		Number		
ENT	Compensation_type					SYSTEM，Plan，Eligible_comp_type ‖
ATT		Compensation_type_id		ID		＞Person_Comp_type，Contrib_instruction
ATT		Plan		Plan_id		
ATT		Compensation_type_name		Text	32	
ENT	Eligible_comp_type					Plan(2) ‖ PCH_ECT，Contrib_instruction
ATT		Eligible_comp_type_id		ID		＞Savings_rate_spec
ATT		Plan		Plan_id		
ATT		Eligible_comp_type_name		Text	32	
SET			Compensation_types	Compensation_type		Overlapping sets

① 节录自 GuidedChoice 公司数据库的 EAS 表。

表 7-3 的绝大部分内容应该是不言自明的。在某种程度上，它们反映了投资组合选择决策的环境，包括各种收入档次的联邦和州所得税税率（后者因州而异）、参与者能够将多少收入投资于他的 401（k）计划的法规和公司政策、公司的匹配政策、参与者的出生日期和计划退休年龄，或许还有参与者的配偶、参与者的家属和对他们的计划支付、参与者的其他账户如在以前雇主处参加的401（k)计划，等等。

数据库中的其他数据用于向参与者和计划发起人报告状态信息，以及用于 DSS 本身的运行。例如，数据库必须记住在特定时点检查一组账户，以进行可能的投资组合调整并收取 GC 公司的服务费。

决策支持系统的事件是更新、报告系统状态或调用系统以采取行动的时间点。例如，参与者在某个非预定的时刻调用系统是一个外生事件，而周期性地调整投资组合则是内生事件的一个例子。因此，GC DSS 完整的 EAS-E 总结会更详细地说明上一节中列出的第（1）～（8）点。

模拟程序与决策支持系统（DSS）建模

模拟程序的目的在于提出政策，它与执行这些政策的 DSS 的一个重要区别，是一般与特殊的区别。例如，GuidedChoice DSS 记录它所指导的每一位投资者的姓名、地址和电话号码，而 JLMSim 对其模拟的投资者则不这样做。

另一个重要区别与是否需要做出世界是如何运作的假设有关。例如，加工车间模拟程序必须对作业到达时间的过程建模。在加工车间 DSS 中，作业到达了，这或许预测到了，或许没有。类似地，在构建消费－投资模拟模型时，一个主要问题是怎样对收益的分布建模。再一次，在一个实时的 DSS 中，收益产生了，这或许预测到了，或许没有。

然而，构建模拟程序和构建 DSS 数据库之间也有共同之处，即建模过程：决定要分析什么样的实体类型，需要什么样的属性和集合关系来描述它们的状态，在模拟程序中要引发或在 DSS 中要安排什么样的内生事件，以及什么样的外生事件会对系统产生影响。此外，模拟程序中的很多实体类型也（或将会）包含在 DSS 中，并且在理想的情况下，在模拟程序中检验的决策规则，也将（实质上是"原封不动地"）转移到 DSS 中。在我们看来，使用同一种语言，有利于对模拟程序和 DSS 进行说明和编程，这是不言自明的。

问题和选项

本章余下小节针对一个有限的读者群，如考虑以某种面向 EAS-E 的方式编程的模拟程序或 DSS 构建者，或对借鉴 SIMSCRIPT 感兴趣或是想要弄清 SIMSCRIPT 从他们那里借鉴了什么的计算机语言开发者。我们首先阐述 SIMSCRIPT 语言家族成员的一些细节。IBM 研究部开发的一个版本也包含在这个家族中，我们称之为 IBM EAS-E。其他的主题包括进程视图（process view）、子系统、多态性（polymorphism）与强数据类型（strong data typing）、附属实体和继承性。我们讨论这些主题当前是怎样（在 SIMSCRIPT Ⅲ 和 IBM EAS-E 中）处理的，以及在某些情况下我们怎样确信它们能够得到更好的处理。下面先简要介绍 SIMSCRIPT 的各种版本。

不同版本的 SIMSCRIPT

SIMSCRIPT（Ⅰ）是一个 FORTRAN Ⅱ 预处理程序，它是在兰德公司开发的，并经由 SHARE 公司进入公众领域。SIMSCRIPT Ⅰ.5 可以被描述为 SIMSCRIPT（Ⅰ）的流畅版，它去掉了由于是 FORTRAN Ⅱ 预处理程序而受到的一些语言限制。SIMSCRIPT Ⅰ.5 是在 CACI 公司开发的，在时间上与兰德公司开发 SIMSCRIPT Ⅱ 是同步的。SIMSCRIPT Ⅱ 编译器运用了编译过程的 EAS 视图。特别地，SIMSCRIPT Ⅱ 是［在 SIMSCRIPT（Ⅰ）编写的语言"内核"被引导至 SIMSCRIPT Ⅱ 编写的同一内核之后］用 SIM-SCRIPT Ⅱ 编程的。相同的基本理念也被用于以 SIMSCRIPT Ⅰ.5 编写 SIM-SCRIPT Ⅰ.5。

如马科维茨（1979）的文章中描述的，SIMSCRIPT Ⅱ 将从 7 个层级来实现和记录。具体而言：

- ◆ 第 1 层是简单的"教学语言"。
- ◆ 第 2 层是成熟的编程语言，其性能可与 FORTRAN Ⅱ 媲美。
- ◆ 第 3 层是更为高级的通用编程语言。

◆ 第 4 层引入实体、属性和集合，并引入命令来处理它们。

◆ 第 5 层给出 SIMSCRIPT Ⅱ 的模拟功能。

◆ 第 6 层将引入数据库实体和集合。

◆ 第 7 层是向系统程序员提供程序语言编写语言（language writing language，LWL），SIMSCRIPT Ⅱ 即是用其构建的。

SIMSCRIPT Ⅱ 的基本方案，包括其 LWL，是由马科维茨设计的，当时豪斯纳和卡尔（Hausner and Karr）完成了 SIMSCRIPT（Ⅰ）预处理程序和程序设计手册。在 SIMSCRIPT（Ⅰ）完成，经由 SHARE 公司发布，并被兰德公司物流部应用于至少一个大型的物流模拟项目后，兰德公司开始构建 SIMSCRIPT Ⅱ。伯尼·豪斯纳（Bernie Hausner）编写了 SIMSCRIPT Ⅱ 编译器的内核。换言之，他将 SIMSCRIPT Ⅱ 编译器推进到使 SIMSCRIPT Ⅱ 能对自身进行编译。之后他聘用理查德·维拉努埃瓦（Richard Villanueva）继续向编译器和库程序添加计划好的 SIMSCRIPT Ⅱ 功能。马科维茨则聘用了菲尔·基维亚特（Phil Kiviat）来编写 SIMSCRIPT Ⅱ 程序设计手册（Kiviat，Villanueva and Markowitz，1968）。在卡尔和马科维茨离开兰德公司创建 CACI、提供 SIMSCRIPT（Ⅰ）的课程、做模拟咨询，以及随后将 SIMSCRIPT（Ⅰ）改造为 CACI 的 SIMSCRIPT Ⅰ.5 之后，以马科维茨为顾问，基维亚特和维拉努埃瓦完成了直到第 5 层的 SIMSCRIPT Ⅱ。

1968 年 3 月 15 日，分别持有 CACI 公司 47.5% 和 5% 的股份的赫布·卡尔（Herb Karr）和詹姆士·伯克森（James Berkson），将持有 47.5% 的股份的马科维茨开除，如此解决了当创始人之间不一致时怎样做出重大决策的问题。这使得马科维茨不再拥有对 CACI 公司专利产品内容的控制权。马科维茨也没有再持有 CACI 公司的股份：他在与卡尔决裂后卖出了大部分所持有的股份，其中一部分是在 CACI 公司首次公开募股（IPO）时卖出的，一部分是在二级市场上卖出的，其余股份则是在他加入 IBM 研究部后应 IBM 的律师要求抛售的。尽管如此，它依然对 SIMSCRIPT 的一切有着强烈的父亲般的感情。

SIMSCRIPT Ⅱ.5 是 SIMSCRIPT Ⅱ 的 CACI 专利版，它是在卡尔和马科维茨决裂后开发的。SIMSCRIPT Ⅱ.5 包含了兰德公司 SIMSCRIPT Ⅱ（RAND SIMSCRIPT Ⅱ，即直到第 5 层的 SIMSCRIPT Ⅱ）的所有内容，还包括诸如二维或三维图形输出、混合的连续和离散事件模拟，以及后面将要讨论的进程视图之类的简洁功能。除非特别指出，"SIMSCRIPT Ⅱ"即是指 RAND SIMSCRIPT Ⅱ。SIMSCRIPT Ⅱ 具有的任何功能，同样也为 SIMSCRIPT Ⅱ.5 所拥有。

SIMSCRIPT Ⅲ 在 SIMSCRIPT Ⅱ.5 的基础上增加了后面将要讨论到的功能，例如子系统、多态性和继承性。因此 SIMSCRIPT Ⅱ.5 的任何功能，同样是 SIMSCRIPT Ⅲ 的功能。史蒂夫·赖斯（Steve Rice）是在 SIMSCRIPT Ⅱ.5 的基础上增加 SIMSCRIPT Ⅲ 功能的项目负责人和主要设计者。史蒂夫·贝利（Steve Bailey）对增加的内容进行了编程，马科维茨担任顾问，所有工作都是在安娜·马里杨斯基的指导下进行的。参见赖斯、马科维茨、马里杨斯基和贝利（Rice，Markowitz，Marjanski，and Bailey，2005）的文章。

任何时候提到 SIMSCRIPT，只要没有明确是哪个版本的 SIMSCRIPT，就是指所有版本的 SIMSCRIPT。

在被卡尔和伯克森开除后，马科维茨（在加州大学洛杉矶分校，UCLA）任教并提供咨询服务，规划研究公司（Planning Research Corporation，PRC）是他的首批客户之一。在 PRC 工作几个月后，马科维茨被告知 PRC 用 COBOL 语言编写的内部信息系统已经过时并且难以更新。马科维茨建议用当时流行的 PL/I 来编写具有调用处理数据库实体、属性和集合的子程序功能的新的信息系统。新的信息系统名为 SIMSCRIPT$_{PDQ}$，它像预测的那样有很好的灵活性，被用作 PRC 的内部信息系统多年，在马科维茨离开圣塔莫尼卡（Santa Monica）前往纽约运营一个可转债对冲基金很久之后依然如此。近期探究 SIMSCRIPT$_{PDQ}$ 在 PRC 服役了多久的努力，因 PRC 最终与利顿工业公司（Litton Industries）合并，并且 PRC Litton 最终又被诺斯罗普·格鲁门公司（Northrop Grumman）兼并而受挫。很明显，SIMSCRIPT$_{PDQ}$ 的任何机构印记都已经消失了。

IBM EAS-E 是 RAND SIMSCRIPT Ⅱ 去掉第 5 层以及加上马科维茨、马尔霍特拉和帕泽尔（Markowitz，Malhotra，and Pazel，1983）实现的第 6 层而得到的。IBM EAS-E 第 6 层的实现大约是在 IBM 从 IMS 向 R 系统转换（包括软件开发、手册编写和员工培训）结束时完成的。IBM 管理层并不打算被说服在当时可预见的未来再次转换系统。

进程视图

拉塞尔（Russell，1975）将进程视图引入 CACI 的 SIMSCRIPT Ⅱ.5 中。与子程序一样，进程由一系列的步骤组成。与子程序不同的是，进程程序能够在执行相继步骤之间包含模拟延时，这或者是因为进程程序遇到了 WAIT 命令，后者指示模拟程序在执行下一个语句之前等待一个特定长度的模拟时间，或者是因为进程遇到了 SUSPEND 命令，在这种情形中，进程不再运行，直到被其他某个程序激活。

为更好地理解进程视图和事件视图（event view）之间的关系，我们必须更详细地考虑定时程序怎样记录将要发生的事件。撇开某些效率导向的实施细节，当异步模拟中未来事件的发生由 CAUSE 或 SCHEDULE 命令设定时，一个事件通知（event notice）实体（在实质上）就被置入一个名为日程表的集合中。当这个特定事件的发生在日程表上最迫近时，定时程序就从日程表中移除事件通知，并将其转给适当的事件程序。事件程序能够对事件通知做任何它能对其他 ID 已知的暂时性实体所做的事情。具体而言，它能够"删除"（从模拟程序中删除）特定的事件通知。这是例行的，因此，SIM-SCRIPT Ⅱ 自动删除事件通知，除非它收到指令"SAVING THE EVENT NOTICE"（保存事件通知）。在后一种情形中，事件程序能够利用给定的事件通知，立即安排相应事件再次发生的时间，或者保存事件通知，以备将来使用。

SIMSCRIPT Ⅱ 的 CANCEL 命令从日程表中移除一个指定的将发生事件通知，但不删除它。再一次，这一事件通知可以被删除、立即重新使用，或保存以便晚些时候使用。

进程控制是利用事件视图的将发生事件机制（the coming event mechanisms）来实施的。每一个进程实例都有一个关联的将发生事件通知。WAIT 命令将特定进程实例的将发生事件通知放入日程表，就像 CAUSE 或 SCHEDULE 命令那样。SUSPEND 命令通过将控制权返回给定时程序，而无须将进程程序的将发生事件通知放入日程表，暂停进程程序的执行。另外，如同 CANCEL 命令，INTERRUPT 命令清除 WAITing 进程。ACTIVATE 命令将 SUSPENDed 或 INTERRUPTed 进程放回日程表中，这再一次与新的

CAUSE 或 SCHEDULE 命令相同（CAUSE 命令有两个版本：一个版本是创设一个新的将发生事件通知，并将其放入日程表中；另一个版本则是将一个指定的已存在的将发生事件通知放入日程表中）。

因此，进程视图及其 WAIT、SUSPEND、INTERRUPT 和 ACTIVATE 命令，在描述动态系统的事件视图之上增加了一层。SIMSCRIPT Ⅱ.5 和Ⅲ保留了事件程序和命令来 CAUSE 和 CANCEL 事件，同时也提供了进程程序。CACI 推荐使用进程视图。马科维茨仍然利用事件视图编程，这或许是由于习惯使然，因为他从没有运用进程视图编写过大的项目。由于 JLM-Sim 是利用专门的定时程序用 C++语言实现的，因而按照编写事件程序而非增加一个进程层来思考是最容易的（至少对马科维茨来说是如此）。

附属实体

IBM EAS-E 的经验表明，如下性质对数据库实体和面向 EAS-E 的模拟程序编程都是有用的。从概念上看，如果实体 E_1 具有属性 A，后者的值为实体 E_2

$$E_2 = A(E_1)$$

则 E_2 可能是 E_1 的一部分，或者为 E_1 所引用。从建模的角度，两者的差异是，当从模拟程序中删除 E_1 时，如果 E_2 是 E_1 的一部分，那么 E_2 也被删除了；如果 E_2 是被 E_1 引用，那么就不会被删除。类似地，E_1 拥有的集合的实体可能是内部的（或附属的），随着其拥有者（E_1）的消失而消失；也可能是外部的，只是被 E_1 引用，不随 E_1 消失而消失。

现在，当一个暂时性实体 T 在 SIMSCRIPT 程序中被删除时，是否也删除指向 T 或由 T 所拥有的任何内部实体，取决于程序员。如果编译器知道哪些属性值和集合是内部的，那么这种内部信息就能够被自动清除。我们认为相比 Java 语言的"垃圾收集"（garbage collection）程序删除无任何人引用的对象，这是一个更好的解决方案，因为没有引用某个外部实体可能是一个应予以警告而非不加质疑地"修复"的程序错误。

SIMSCRIPT Ⅲ 的功能

SIMSCRIPT Ⅲ在 SIMSCRIPT Ⅱ.5 的基础上增加了一些受欢迎的现代

计算机编程功能，例如子系统和多态性。它还增加了继承性，以一种马科维茨发现是令人不安的方式。本节的各子小节讨论 SIMSCRIPT Ⅲ 的某些功能是否合意。

多态性、引用变量和强数据类型

直到 SIMSCRIPT Ⅱ.5 的所有版本 SIMSCRIPT 在引用暂时性实体的属性（如一项作业的截止期）时，都是通过如下的表达式：

$$Due. date(J)$$

$$Due. date(JOB)$$

其中 J 和 JOB 是包含作业信息在内存中地址的整数变量。SIMSCRIPT 编译器检查 J 和 JOB 是不是整数变量，但不检查它们是否指向作业。当 J 或 JOB 对作业属性的引用指向内存中某个不相关位置，特别是当数据被写入一个不相关位置时，这可能导致一个很难发现的程序错误。

在 SIMSCRIPT Ⅲ 中，J 是用户定义的作业引用变量（reference variable）。这被称为强数据类型。与 SIMSCRIPT Ⅱ 相同，SIMSCRIPT Ⅲ 自动定义一个名为 "JOB" 的全局变量，当具有该名称的暂时性实体类型被声明时。与 SIMSCRIPT Ⅱ 不同的是，SIMSCRIPT Ⅲ 自动将 JOB 定义为一个作业引用变量，而非一个整数。

多态性一般是指一个词语的两种或多种使用方式。两种或多种实体类项具有相同名称的属性即是多态性的一个例子。例如，一个模拟程序或 DSS 可能包含 Passenger、Suitcase 和 Observation 等实体类型（最后一个是观察给定航线上之前的航空交通情况）。每一种实体类型可能都有一个名为 "Weight" 的属性，第一个和第二个 Weight 属性是物理重量，第三个 Weight 属性是用于某种加权平均的权重。前两个可能被存储为整数（磅），第三个则被存储为浮点数。这些属性的值能够位于记录（代表各实体类型的个体）中不同位置。当所指的是如 Weight (I) 中的 "Weight" 时，如果自变量 "I" 已被定义为 Passenger、Suitcase 或一个 Observation 引用变量，那么就不会引起什么问题，因为编译器将会知道属性的位置和数据类型。

永久性实体的属性被存储为一维数组。例如，如果 Machine. Group 是一个永久性实体，它拥有一个名为 QUEUE 的集合，那么在如下语句中：

$$N. QUEUE(MG)$$

MG 一定是一个在以下范围内的整数

$$1 \leqslant MG \leqslant N. MACHINE. GROUP \tag{7-1}$$

其中 N. MACHINE. GROUP 是一个变量（当被告知 MACHINE. GROUP 是一个永久性实体时由 SIMSCRIPT Ⅱ 自动定义），它等于当前模拟运行中的机组数量。SIMSCRIPT Ⅲ 并没有考虑到 MG 被声明为 MACHINE. GROUP 引用变量的情形，但这一补充是有必要的。这样不仅编译器能够检查一个属性，例如 N. QUEUE，事实上是否为 MG 引用的实体类型的属性，而且正在执行的程序能够检查当一个值被赋予 MG 时式（7-1）是否满足。

子系统和数据隐藏

SIMSCRIPT（Ⅰ）和 Ⅱ 的设计者没有想到 SIMSCRIPT 会被应用于大量的模型。这些模型由不同地方的团队开发，有着数千行的前导码（PREAMBLE，包含模型的全局定义）和数十万行的事件或进程程序及其子程序。对"子系统"的明确需求已有一段时间，最终 SIMSCRIPT Ⅲ 引入了子系统。每一个子系统都有自己的公开和非公开前导码。前者声明可用于主系统或其他子系统的全局信息，后者仅为子系统内部的程序所知。SIMSCRIPT Ⅲ 模拟程序总是有一个"主"系统，它能够选择导入一个或多个子系统。

子系统一个有用但不包含在 SIMSCRIPT Ⅲ 中的功能，是（选择性地）允许子系统的例子具有自己的将发生事件的日程表。对子系统而言，这些事件中的一些是公开的，另一些则是非公开的。只有最迫近发生的公开事件需要排进主系统的日程表。这一功能可以促进不同子系统更好地运行于不同的（"并行的"）处理器。

继承性

用于状态描述的 EAS 视图最早出现在马科维茨、豪斯纳和卡尔（Markowitz，Hausner，and Karr，1963）的文章中，而当前流行的面向对象的视图［object-oriented（OO）view］则是基于 SIMULA 语言，后者最先由达尔和尼加德（Dahl and Nygaard，1966）发布。OO 视图可以被描述为增强版的 EA 视图。特别地，OO"对象"对应于 EAS"实体"，OO"性质"对应于 EAS"属性"，OO"类"对应于 EAS"实体类型"。进一步的细节随着 OO 实现的不同而不同。特别地，我们将考虑两种这样的实现，即

（1）C++，微软公司的第一种 OO 语言，也是 JLMSim 用以编程的语言；

（2）OO 视图的 SIMSCRIPT Ⅲ 版本。

集合的概念并非 OO 视图所固有的，不像它是 EAS-E 视图所固有的那样。微软基础类库（Microsoft's foundation classes，MFC）为 C++ 程序员使用某些种类的集合提供了帮助。以一种方式存储的接口集（interfacing sets）MFC 规则，与那些以另一种方式存储的接口集 MFC 规则不同。并且，相较于如下的 SIMSCRIPT 命令

File J in QUEUE（MG）

所有这些 MFC 接口规则都很烦琐。就像字面意思说的一样，上述命令指示电脑将作业 J 排进机组 MG 的队列中。这一命令也用于将作业归到 LIFO、FIFO 或排序集中，而无论所涉及的实体是"永久性的"、暂时性的，还是数据库实体。改变 QUEUE 的集合准则，需要在程序前言中变更集合说明，并重新编译程序。

继承性是在 OO 语言中发挥重要作用的功能。它并非 SIMSCRIPT Ⅱ.5 及之前各版本的 SIMSCRIPT 的正式组成部分，而是在 SIMSCRIPT Ⅲ 中才引入的。例如，在 SIMSCRIPT Ⅲ 中，现在人们可以声明：

每个人都是哺乳动物。

在这种情况下，所有人都继承了（也即他们具备）哺乳动物的所有属性。由于 SIMSCRIPT Ⅲ 是面向 EAS 的语言，因而人们也继承了哺乳动物作为集合拥有者和集合成员所具有的功能。在这方面，结果就像是将哺乳动物的属性和集合定义复制粘贴到人类的相应定义中一样。

在理想的情况下，SIMSCRIPT Ⅲ 原本应将继承性功能加到 SIMSCRIPT Ⅱ 的暂时性和永久性实体上，并利用 SIMSCRIPT Ⅱ 的同义词功能使"对象"和"实体"成为同义词。但实际上，SIMSCRIPT Ⅲ 的设计者决定不对既有的暂时性或永久性实体功能进行调整。因此，SIMSCRIPT Ⅲ 中的"对象"具有继承性，而"实体"不具有继承性。

马科维茨不赞同 SIMSCRIPT Ⅲ 将世界上的事物分成实体和对象两部分。从 SIMSCRIPT（Ⅰ）开始的 SIMSCRIPT 操作的全部目的，是提供一条从有待模拟的眼中世界到执行程序的无缝路径。当一个人注视着与自己有关的事物时，例如书柜、书架和书，他是无法看出作为实体的事物与作为对象的事

物之间的区别的。事物就是事物，仅此而已。

将 OO 式的编程加入 SIMSCRIPT 中是商业上的考量，是为了容纳那些习惯于 OO 视角的新用户或潜在用户。怎样将 OO 协议与 EAS 协议无缝融合，并非显而易见，因此为了完成任务，SIMSCRIPT Ⅲ 允许程序员利用来自 OO 视图或 EAS 视图的 SIMSCRIPT Ⅱ 的许多工具（包括集合在内）。在当时，马科维茨同意这样做，因为 SIMSCRIPT Ⅲ 引入了非常理想的功能，如子系统和强数据类型，并且人们总是能够基于 EAS 视角而非 OO 视角来编程。这是一个可行的临时性解决方案，但并不理想。

第 12 章中待续

本卷最后一章，即第 12 章，给出了"下一个 62 年"的建议，包括开发一种基于 SIMSCRIPT Ⅱ 的语言（或许可称为 SIMSCRIPT M）。这种语言包含数据库实体，并能够利用现代电脑的并行性。

第 8 章

Risk-Return Analysis

博弈论与动态规划

引言

第 7 章探讨了模拟程序在金融分析中的应用，本章则首次涉及优化方法。具体而言，在本章我们寻求普遍成立的关系式，第 9 章介绍一个高度简化但具有历史重要性的模型的最优解，第 11 章探讨怎样近似和评价超出我们优化能力之外的模型。这些我们在第 11 章近似求解的模型仍然是对真实世界的极大简化。接下来的小节想象了一个"更加现实的模型"可能会包含什么。

PRWSim（一个可能的真实世界模拟程序）

为设想一个我们可以将理性决策（rational decision-making，RDM）家庭置于其中的"更加现实的模型"，不妨考虑一下一个可能的真实世界模拟程序（PRWSim）是什么样的。从 JLMSim 模型开始，首先向模型中加入各行各业的企业，这些企业发布所有类型的公司消息，然后同时在需求侧和生产侧加入一系列重要新产品，再加入宏观经济上的考量如美联储的政策及其影响。在生命周期的各个阶段，以生命周期博弈家庭替代 JLMSim 中的典型投资者。再加入第 6 章描述的其他种类的投资者，包括各种机构投资者和利用股票交易程序的投资人，这些程序不为他人所知，以及加入新闻媒体如《华尔街日报》和电视评论员，还要包含骗子、恶棍和政治风险，如相信（或宣称自己相信）获取利润是罪恶的政治家。最后但绝非最不重要的，是要将HDM 金融顾问和他们的决策支持系统包含在内。如果需要的话，RDM 家庭可以访问这些决策支持系统。

将或许由父亲、母亲、四个孩子和宠物组成的 RDM 家庭加入这个场景中。回忆一下，RDM 被假定为在逻辑上或计算上不犯任何错误，并且十分清楚地了解自身的偏好，但他只掌握那些同样为类似处境的 HDM 可获得的信息。例如，假设一个 RDM 正在玩扑克牌。由于本卷假设概率是已知的，因此假设该 RDM 知道其他玩家遵循的下注规则。他还知道自己的牌、所下的注（"加注""跟注"或"弃牌"），以及其他每一个玩家抓的牌数。但 RDM 不知道其他玩家手中的牌（如果玩家弃牌了，则在此之前不知道他们手中的牌）。利用自身的逻辑和计算能力，RDM 必须在给定自己所拥有的信息下推断其他玩家手中各种可能集合的条件概率。类似地，家庭小零售店 RDM 并不掌握有关公司和行业的特殊信息。他们需要根据例如对一般大众是可知的信息来决定是自己选择投资组合还是寻求外部建议。在后一种情形中，他们还要决定寻求哪个顾问的建议。

当然，与可能的真实世界博弈相比，扑克游戏的可能状态数是微不足道的。尽管如此，扑克游戏中仍然有适用于所有这类博弈的有用概念和关系。我们将在本章余下内容中考查这些概念和关系。

博弈论中的概念

如冯·诺依曼和摩根斯坦（1944）所定义的，博弈（game）一词是指一组规则。要将博弈和博弈特定的弈局（a play of the game）区分开来。例如，定义"国际象棋"博弈的规则包含了设置棋盘、谁先走棋、在特定情形中什么样的走棋是允许的、棋手走一步棋花费的时间可以是多久，以及类似的规定。在这个严格的意义上，允许棋手通过电子邮件来决定第二天的棋步的规则，定义了一个与只允许棋手花上若干分钟来完成特定棋步数的规则所定义的不同的博弈。

在日常语言中，通常并不区分作为一组规则的博弈和该博弈特定的弈局。比如一个人问：下一盘棋如何？但冯·诺依曼和摩根斯坦（vNM）需要对二者进行区分，他们选择博弈这个词来表示一组规则，以与一个特定的弈局相区分。当这种区分十分重要时，我们就对二者进行区分。但当根据上下文博弈的含义是清晰的时候，我们经常发现忽略这种区分是无妨的并且特别方便，并且我们说例如一个特定事件"结束博弈"（ends the game），而不说或许让人感到莫名其妙的"结束弈局"（ends the play），或者冗长的"结束博弈的特定弈局"（ends the particular play of the game）。

一个多期博弈由每个参与人的一系列行动（moves）构成。vNM 假设这些行动是序贯做出的，即便在很自然地认为它们是同时发生时也是如此。例如，在一个"剪刀、石头、布"的两人博弈中，每一个参与人都选择三个选项中的一个，两个参与人的决策是同时显示的。但一个人可以认为这些行动是序贯发生的，因为博弈的规则可能明确指出，第二个参与人可获得的行动信息，并不必须包含第一个参与人已经做出的决策。我们的正式分析将遵循行动是序贯做出的这一传统。

vNM 将策略定义为指定博弈参与人任何时候的行动选择是其当时可行机会和可得信息的函数的一组规则。因此，一个完全信息的确定性两人零和博弈（即没有随机因素，每个参与人之前的行动对另一个参与人都是已知的，并且一个参与人的损失是另一个参与人的收益的博弈），可由一个单一的（或许是非常大型的）支付矩阵（payoff matrix）$\Pi = (\pi_{ij})$ 来描述。矩阵 Π 第 i 行第 j 列的元素说明了当参与人 1 选择了其第 i 个可能策略而参与人 2 选择了其第 j 个可能策略时，参与人 1 从参与人 2 那里得到的正或负收益。

当完全信息两人博弈的结果既依赖于参与人的策略选择又依赖于随机因素时，支付矩阵显示的是每个参与人的期望收益或损失。这假定每一个可能的结果都是零和的。当每个参与人都极大化一个非线性效用函数的期望值时，情况就发生变化。例如，如果博弈是投掷一次硬币以得到 100 美元，每个参与人都有一个严格凹的效用函数，那么两个参与人从博弈中得到的期望收益都是负的，并且如果可以选择的话会拒绝参与博弈。一般而言，如果博弈不是零和的，或者博弈有 $n > 2$ 个参与人，那么每个参与人都有自己的支付数组。支付数组表明了第 I 个参与人的期望效用 $EU^I(i_1, i_2, \cdots, i_n)$，它是每一个参与人所选择策略的函数。

冯·诺依曼和摩根斯坦对博弈的标准型（normal form）和扩展型（extensive form）进行了区分。[1] 他们所谓的扩展型，我们称之为展开型（extended form）。例如国际象棋博弈的一个特定弈局，其展开型通常被描述为：

白方	黑方
P-KP4	P-KP4
N-KB3	N-KB3
...	...

标准型用到这样一个事实，即可供白方选择的策略数 N_W 很大但有限，并且可供黑方选择的（或许是不同的）策略数 N_B 也是有限的（只有有限种可能的棋局，以及如果相同的局面出现 3 次就宣布为平局的事实，确保了博弈在有限次行动后结束，从而确保只有有限个可能的策略）。如果两个理性的对手进行标准型国际象棋博弈，白方将从 1 到 N_W 中选择一个号码，黑方将从 1 到 N_B 中选择一个号码。他们将策略号码交给裁判，然后裁判参考支付矩阵（Ⅱ）宣布白方获胜或黑方获胜或平局。如我们将在有关怎样利用动态规划原理求解这样一个博弈的讨论中所表明的，每一个 RDM 在博弈开始之前即知道博弈的结果，因而他们不会参与国际象棋博弈。

非"博弈论"博弈

我们考虑的一些博弈，或者金融文献中的博弈，至少有两个方面不同于 vNM 所考虑的博弈。一个不同之处有关参与人数固定还是可变。vNM 讨论两人博弈、三人博弈、n 人博弈，甚至简单的一人博弈，而不讨论有参与人进入或退出的博弈，例如就像今天一些互联网游戏中所发生的那样。我们将在第 9 章讨论的简单的典型消费－投资博弈是一人博弈。而生命周期模拟程序允许人口出生和死亡，因而博弈的参与人数是变化的。

金融文献中的一些博弈与 vNM 博弈的第二个不同之处，是前者可能并非有时限的。诸如国际象棋之类的博弈，有一个最大的行动数，是有时限的，但很多典型的金融博弈是无时限的。一些博弈一直进行下去，并寻求极大化未来期望效用的现值。另一些博弈几乎必然在有限的行动数后结束，但其发生却没有时间上限。这样的一个例子是伯努利（Bernoulli，1738，1954）的"圣彼得堡悖论"博弈，它在重复的硬币投掷中首次出现背面时结束。

在多数情况下，我们的分析限于有时限的博弈，这是因为一个博弈在预计太阳将要内爆时自动结束，实际上与一个无穷的博弈是相同的，并且，相比无限数学，对有限数学进行严密的解释通常要容易得多。

（注意：虽然我们说"有时限"，但实际上我们的意思是"有最大行动数限制"。例如，如果像芝诺悖论中的箭一样，第一次行动发生于$t=1/2$，第二次行动发生于$t=3/4$，第三次行动发生于$t=7/8$，…，则该博弈是有时限的，但却没有最大行动数限制。特别地，它没有最后一次行动，而在我们的大多数分析中都假定存在最后一次行动。）

随机策略

vNM 允许存在混合策略。在混合策略中，参与人随机地选择纯策略。例如，在两个人的"石头、剪刀、布"博弈中，通过随机地选择行动，一个参与人可以确保自己以 50－50 的概率取胜。这样避免了如下的可能性，即试图猜测对手下一步行动时，自己的下一步行动反被对手猜到。

大型机构投资者很少对其投资组合保密，但经常对打算进行的投资组合调整保密。他们希望由此避免抢先交易（front-running），即交易员在机构调整的方向上坐盘（take positions）。虽然博弈的一般理论，包括随机策略在内，也许对大型机构交易双方的交易员都有实用价值，但（除了在本章快要结束时简要提及的纳什均衡外）包含随机策略的一般性博弈理论超出了本卷的范围。特别地，我们通常假设，尽管一个 RDM 个体或家庭可能生活在一个复杂的世界，但在这个复杂的世界里没有人会采取对这个 RDM 有不利影响的行动，因为人们预期到这个特定 RDM 的策略。

多期博弈的效用

本书第 1 卷第 1 章将单期情形的期望效用准则定义为就像人们对一个概率情形的每一个可能结果赋值（称为该结果的效用），然后在结果的各种概率分布中进行选择以极大化效用期望值那样。多期风险情形的期望效用准则的定义是一样的，除了参与人 I 的效用 U^I 可能依赖于博弈的整个轨迹，即博弈历经的状态系列 $s_1, s_2, \cdots, s_T$ 外。也即

$$U^I = U^I(s_1, s_2, \cdots, s_T) \tag{8-1a}$$

轨迹的状态 $s_1, s_2, \cdots, s_T$ 可以被认为是由一个同步或异步离散事件模拟程序的一次运行所生成的状态描述（当然，可以用实体、属性和集合来描述）。

马科维茨（1959）著作的第 11 章指出，该书第 10 章（以及第 1 卷第 1 章）含意着单期情形期望效用准则合意性的 3 个公理，同样适用于轨迹的概率分布。这样一个论断实际上是不需要的，因为标准型中的 vNM 策略概念，将任何多期博弈都转化为一个单期的博弈。不管那种方式，我们都能得出结论，含意着从结果概率分布中进行选择以极大化 EU 的一组公理，如本书第 1 章所定义的，同样适用于在轨迹概率分布中进行选择。

特别地，与第 1 卷中相同，一个结果是 RDM 寻求其好的概率分布的事物。或者反过来说，任何特定效用分析（这里与第 1 章中相同）的基本假设，是相应情形已得到分析，以便它是 RDM 所寻求的结果的好的概率分布。

在下一节对动态规划的讨论中，我们假设状态 $s_t(t=1,\cdots,T)$ 包含了计算博弈第 I 个参与人效用 U^I 的充分信息。通常，博弈轨迹的一个小的子集，就足以计算每一个参与人的效用。例如，第 9 章介绍的莫辛（Mossin，1968）和萨缪尔森（Samuelson，1969）分析的单人多期投资模型中，博弈的效用仅仅是最终财富的函数。在这个例子中，在模拟博弈的每一个时点，只需要记住参与人的当前财富。更一般地，单人多期消费－投资博弈参与人的效用，通常被假定为一个消费支出系列加上作为遗产的最终财富的函数

$$U = U(C_1, C_2, \cdots, C_T, W_T) \tag{8-1b}$$

（在单人博弈的分析中我们省略参与人 I 的上标。）通常假定效用函数是贴现后的现值

$$U = \sum_{t=1}^{T} \frac{u(C_t)}{(1+d)^t} + v(W_T) / (1+d)^T \tag{8-2}$$

其中，d 为贴现因子；$u(C_t)$ 为时期 t 消费水平 C_t 的效用；$v(W_T)$ 为遗产 W_T 的效用。在这种情况下，为了计算最终效用，一个人只需要记住部分和

$$U = \sum_{t=1}^{t} \frac{u(C_i)}{(1+d)^i}$$

式（8-2）是效用函数的简便形式，而并非效用函数的必然形式，并且式（8-2）通常是不现实的。例如，马科维茨（1959）著作的第 13 章提出了一个可能的效用函数（$T=3$）

$$U = \log C_1 + 0.9\log C_2 + 0.81\log C_3$$
$$- 0.5\log[\max(1, C_1/C_2)] - 0.45\log[\max(1, C_2/C_3)] \tag{8-3}$$

如果 C 总是随着时间上升，那么式（8-3）中的 U 是消费的对数的贴现值。但如果 C_t 小于 C_{t-1}，那么 U 反映了相对于使消费保持恒定或上升，减少消

费带来的不适。

　　GuidedChoice（GC）公司运用了一个多少有点类似的效用函数，作为其 GuidedSpending 产品的一部分。回想一下第 7 章中，GuidedSpending 可能在退休之前开始启动，并一直持续到退休期间。GuidedSpending 要求参与人提供两种消费水平，$C_U > C_L$。这两种消费水平被用于蒙特卡罗模拟，以估计任意给定的消费－投资策略可能结果的概率分布。在模拟时间的任意时点，一个试探性的当前消费 C，由考虑了参与人可能比预期活得更久的保险精算确定。如果 C 超过了 C_U，则将两者的差 $C - C_U$ 储蓄起来。如果 C 小于 C_L，则将 $C_L - C$ 花掉，如果可以的话。如果参与人既拒绝提供 C_U 也拒绝提供 C_L，或拒绝提供目标遗产水平 B，那么缺省值将被作为参与人可能的退休财富的函数计算得到。

　　为计算一个特定消费和遗产轨迹的效用 U，GuidedSpending 将平均消费水平 A 和消费的最大年下降额 D 相结合，形成一个得分 S

$$S = A - \alpha D \tag{8-4}$$

这里的想法与式（8-3）背后的想法是类似的：消费的下降令人不快，即便较低的消费水平仍然被认为是足够的。然后 GuidedSpending 计算一个"标准得分" NS，使得如果 $A = C_U$，$D = 0$，那么 $U = 1$；如果 $A = C_L$，$D = 0$，那么 $U = 0$。分配给消费流的效用 U 是 NS 的一个函数

$$U = f(NS) \tag{8-5}$$

其中，f 是一条平滑的曲线，$U = 1$ 是它的渐近上界，并且 U 以递增的速率下降，特别是当 NS 降到 0 以下时。再加上一个反映 W_T 和 B 的项，就可得到最终得分。

　　对于一个类似于 GC 公司 GuidedSpending 产品使用的取决于 A、D 和 W_T 的效用函数，保留以下几项就足够了：

　　（1）当前财富 W_T；

　　（2）部分和 $U = \sum_{i=1}^{t} C_i$；

　　（3）到目前为止最大的（按绝对值计算）消费下降额；

　　（4）当前的消费水平 C_t，如果 $C_{t+1} < C_t$。

　　总之，对于类似于式（8-1b）的效用函数，保留当前财富 W_t 和到目前为止的消费水平 $C_1, \cdots, C_t$ 即足够。

　　在接下来的内容，我们假设终点时的系统状态 s_T 包含了足够的信息来计

算每一个博弈参与人的效用。因此，不失一般性，我们假设

$$U^I = U^I(s_T) \tag{8-6}$$

要强调的是，这并没有假设效用仅为最终财富的函数，如在莫辛－萨缪尔森博弈中那样，相反它可以是博弈轨迹的任意函数。

动态规划

在有时限博弈的情形中，动态规划（dynamic programming，DP）方法从最后一个时期 $t=T$ 开始，然后倒推到第一期 $t=1^2$。这样做就将 T 期的展开型博弈简化为一系列的单期博弈。如我们在本章后面讨论的，DP 逆推式（last-to-first）的计算方法，在作为计算程序时用途有限，因为通常只有最简单的博弈能够用这种方法显式求解。然而，它在概念上极为重要。特别是，它表明了第 1 卷讨论的单期分析与本卷论述的多期分析之间的关系。

对于完全信息的确定性博弈，可用井字棋游戏（the game of tic-tac-toe）来说明 DP 的基本思想。在本章后面的内容中，我们将放弃这些假设。

解井字棋游戏

我们假设大多数读者知道，井字棋游戏是在一个如图 8-1 中所示的3×3的格子棋盘（grid）上玩的。图 8-1 显示了第四次行动后游戏的一个可能状态。游戏（在 $t=0$ 时）从一个空格开始。第一个参与人在 9 个空方格的任何一个中画上"X"。这是第一次行动，在下面的时间轴中它被标记为行动 1。行动 1 将系统从初始状态 s_0 转换成下一个状态 s_1。紧接着，另一个参与人在 8 个仍然空着的方格的任意一个中画"○"。这是行动 2，它将状态 s_1 转换成状态 s_2。再接着，参与人 X 在 7 个仍未被占据的方格的任意一个中画上"X"，依此类推。直到下列情况之一发生，游戏结束：

（1）参与人 X 在一行、一列或两条 3 方格对角线的任意一条中画上了 3 个 X，则参与人 X 获胜；

（2）参与人 ○ 先于参与人 X 做了同样的事情（当然，是画上 3 个 ○），则参与人 ○ 获胜；

（3）9 个方格都被填上，但没有任何一个参与人获胜。

图 8-1　4 次行动后的井字棋游戏

$t=0$	1	2	3	4	5	6	7	8	9
行动	1	2	3	4	5	6	7	8	9
参与人	X	○	X	○	X	○	X	○	X

分别给结果（1）、（2）和（3）赋予得分＋1、－1 和 0。参与人 X 试图使得分最大化，而参与人○则试图使得分最小化。因此，参与人 X 的博弈效用是其博弈的得分，参与人○的效用是其得分的相反数（在一个确定性博弈中，选择仅由结果的序数排列而非基数效用确定）。

每一个参与人的最优策略，以及每一个参与人都采取最优策略时的博弈得分，可按照如下方式计算。在动态规划方法下，首先分析博弈结束时（时点 $t=9$）的可能状态。这些可能的状态由各种棋局组成，在其中一个参与人获胜或另一个参与人获胜，或所有的格子都填上了但没有人获胜。如果在博弈的第 9 次行动之前已经有人获胜，那么在 $t=9$ 时仍有一些方格是空的。因此，可以把填有 X、○的格子和空格组成的 3×3 棋局划分为 4 个集合，即

A. 参与人 X 获胜；

B. 参与人○获胜；

C. 棋盘被填满但没有人获胜；

D. 棋局不可能是 s_9，这或者是因为博弈仍在进行，或者是因为该棋局不可能出现，比如因为它有错误个数的 X 和○。

对子集 A 中的每一个棋局存储 "1"，对子集 B 中的每一个棋局存储 "－1"，对子集 C 中的每一个棋局存储 "0"，并删除（或者做上适当的标记）子集 D 中的每一个棋局。

接下来在时点 $t=8$ 处理所有最多有 8 个非空格的棋局。再一次将这些棋局划分为 4 个子集，分别标记为 A、B、C 和 D。同样，子集 A 包含了 X 获胜的完整博弈，子集 B 包含了○获胜的完整博弈，以及子集 D 包含的是在

$t=8$ 时不可能出现的棋局。

子集 C 包含了剩下的棋局，即那些在 $t=8$ 时能够出现，但尚没有参与人获胜的棋局。具体而言，它们恰好包含一个空格，因为在 $t=8$ 时有多于一个空格的棋局必定已经有一个胜者。如时间轴提示我们的，在 $t=8$ 时轮到参与人 X 采取行动 9，即在唯一的空格中画上一个 X。这样就产生了一个没有空格的棋局。在之前的一步（$t=9$）中，所有这样的棋局都被赋予一个得分。它也是 $t=8$ 时子集 C 中每一个棋局的得分，因为如果出现了这一棋局，那么它必然是博弈的得分。

接下来处理 $t=7$ 时最多有 7 个非空格的棋局。这一步将更充分地展示在这个例子中和类似的在一般动态规划运算中通常会发生什么。与之前一样，将有至少两个空格的棋局划分为四个子集，划分的依据是：A. X 获胜；B. ○获胜；D. 该棋局在 $t=7$ 时不可能出现。C. 博弈仍在进行中，并且轮到○来采取行动。在最后一种情形中，参与人○采取博弈的第 8 次行动，在两个空方格之一中画○。理性决策的（RDM）参与人○决定在哪个空格中画○的方法如下：

对于子集 C 中的每一个棋局，以及棋局两个空格中的每一个，试探性地在一个空格中画○。这样得到了一个只有一个空格的棋局。所有这样的博弈的值已经确定。对于 $t=7$ 时子集 C 中的特定棋局，理性决策的参与人○将会（在两个可行的行动中）选择使博弈得分极小的行动（对于参与人○而言这是最优的）。这个极小值就是 $t=7$ 时该特定棋局的得分，因为它必然是博弈的得分。

类似地，对于参与人 X，当 $t=6$ 时：

对于一个博弈结果尚未确定的可能棋局，在三个空格中的每一个，试探性地画上 X。这得到了一个 $t=7$ 时的棋局，它的得分已经确定了。选择使博弈得分（也是参与人 X 的效用）极大的行动。这个极大得分将是博弈的最终得分，如果在剩余博弈中每一个参与人都选择对自己而言最优行动的话。

现在阐述一般情形，不仅针对井字棋游戏 $t\leqslant5$ 时的行动，而且针对任意完全信息的确定性博弈。在这样的博弈中，考虑 $T-1$ 时每一个可能的状态 s_{T-1}，启动动态规划运算。$T-1$ 是博弈仍在进行时能够做决策的最后可能时点（在 $t = T$ 时，不需要做什么决策）。一般来说，即便不是在井字棋游戏中，此时参与人将要采取的行动仍可能是当前系统状态 s_{T-1} 的一个函数。然而，在井字棋游戏中，如同一般情形，有可能没有"参与人采取行动"，因为博弈已经结束。要采取行动的参与人（如果有的话）依次考虑他在该状态下所能采取的每一个行动，并选择这样一个行动，由该行动导致的下一个（和最终）状态 s_T，使所说的要采取行动的参与人具有最高的效用。不失一般性，我们可以假设这个效用仅为最终状态 s_T 的函数。

在两人零和博弈之外的博弈中，选择最佳行动时遇到结点，必须由某个明确的、所有参与人预先知道的规则来破解。这是因为在一个 n 人博弈中，对要采取行动的参与人同样好的两个行动，可能并非对所有参与人都同样好或坏，包括对两人非零和博弈中的另一个参与人也是如此。为在这样一个博弈中执行动态规划运算，每一个参与人都必须知道其他参与人在每一个随后可能出现的状态下会怎样行动。

除了找出在给定的倒数第二个状态 s_{T-1} 下的最佳行动外，动态规划运算还确定了每个参与人 I 依附于该状态的效用 $U^I(s_{T-1})$。如果达到了状态 s_{T-1}，并且采取行动的参与人做出了其最优的最后行动，那么它将是参与人 I 的博弈效用。这允许动态规划运算向后迭代一期至 $t = T-2$，并重复在 $t = T-1$ 时用到的过程，但现在是以 $U^I_{T-1}(s_{T-1})$ 为可称之为导出博弈的导出效用函数。在每一个时点 t，采取行动的参与人都通过恰当选择状态 s_t 下可选择的行动，最大化一个单期效用函数 $U^I_{t+1}(s_{t+1})$。

我们将会看到，在那些每一个参与人都知道当前状态但下一个状态是随机的博弈中，动态规划运算也像刚才讨论的那样进行，除了使用期望效用而非已知的确定性效用外。在不完全信息博弈中，理性决策者（RDM）在所拥有的信息条件下最大化其期望效用。为给出正式的定义，并证明这些有关动态规划的结论，我们需要讨论条件期望值。

$U^I_{t+1}(s_{t+1})$ 是我们从动态规划中寻求的核心概念。它是在 $t+1$ 时状态 s_{t+1} 以及每个参与人都在 $t+1$ 及之后采取最优行动（当然，是对他自己而言）的条件下，参与人 I 的整个博弈的期望效用值。$U^I_{t+1}(s_{t+1})$ 即是导出效用函数。给定状态 s_t 下的可能选择，采取行动的参与人在时点 t 状态 s_t 下选择它的行动，以最大化这一单期导出效用函数的期望值，也即最大化 $EU^I_{t+1}(s_{t+1})$。

条件期望值：一个例子

动态规划原理是有关条件期望值的简单但强大的定理的一个应用。本节用一个例子介绍条件期望值的概念和相应的定理。下一节将讨论一般情形，但限制在有限样本空间。换言之，我们所考虑的随机变量只能取有限个不同的值。类似于第 6 章不处理连续时间模型的理由 1，讨论一般样本空间所需要的数学水平也远超出本书所假定的水平。特别是，对于有限样本空间，条件概率和条件期望值的定义一点也不基础；对于非有限样本空间，它们对那些没有深入现代数学殿堂内部的人则完全是难以理解的。现代数学以康托（Cantor）对可数和不可数无限集的区分为开端。

表 8-1 展示了一个样本空间，它表示投掷一对骰子的各种可能结果。第一列表示状态 i（从 1 到 $N=36$）。第二列表示第 i 个状态发生的概率 p_i。在当前的例子中，所有的 p_i 都等于 $1/N$。其余的列表示定义在这个样本空间上的随机变量。

表 8-1 样本空间及其随机变量

样本点序号	概率	骰子 1	骰子 2	和	条件期望和	条件期望收益（1）	条件期望收益（2）	条件期望收益（3）
1	1/36	1	1	2	4.5	−1.000 0	−0.270 7	−0.125 2
2	1/36	1	2	3	4.5	−1.000 0	−0.270 7	−0.125 2
3	1/36	1	3	4	4.5	−0.333 3	−0.270 7	−0.125 2
4	1/36	1	4	5	4.5	−0.200 0	−0.270 7	−0.125 2
5	1/36	1	5	6	4.5	−0.090 9	−0.270 7	−0.125 2
6	1/36	1	6	7	4.5	1.000 0	−0.270 7	−0.125 2
7	1/36	2	1	3	5.5	−1.000 0	−0.119 0	−0.125 2
8	1/36	2	2	4	5.5	−0.333 3	−0.119 0	−0.125 2
9	1/36	2	3	5	5.5	−0.200 0	−0.119 0	−0.125 2
10	1/36	2	4	6	5.5	−0.090 9	−0.119 0	−0.125 2
11	1/36	2	5	7	5.5	1.000 0	−0.119 0	−0.125 2
12	1/36	2	6	8	5.5	−0.090 9	−0.119 0	−0.125 2
13	1/36	3	1	4	6.5	−0.333 3	0.014 1	−0.125 2
14	1/36	3	2	5	6.5	−0.200 0	0.014 1	−0.125 2
15	1/36	3	3	6	6.5	−0.090 9	0.014 1	−0.125 2
16	1/36	3	4	7	6.5	1.000 0	0.014 1	−0.125 2

（续）

样本点序号	概率	骰子 1	骰子 2	和	条件期望和	条件期望收益（1）	条件期望收益（2）	条件期望收益（3）
17	1/36	3	5	8	6.5	−0.090 9	0.014 1	−0.125 2
18	1/36	3	6	9	6.5	−0.200 0	0.014 1	−0.125 2
19	1/36	4	1	5	7.5	−0.200 0	0.014 1	0.097 0
20	1/36	4	2	6	7.5	−0.090 9	0.014 1	0.097 0
21	1/36	4	3	7	7.5	1.000 0	0.014 1	0.097 0
22	1/36	4	4	8	7.5	−0.090 9	0.014 1	0.097 0
23	1/36	4	5	9	7.5	−0.200 0	0.014 1	0.097 0
24	1/36	4	6	10	7.5	−0.333 3	0.014 1	0.097 0
25	1/36	5	1	6	8.5	−0.090 9	0.214 1	0.097 0
26	1/36	5	2	7	8.5	1.000 0	0.214 1	0.097 0
27	1/36	5	3	8	8.5	−0.090 9	0.214 1	0.097 0
28	1/36	5	4	9	8.5	−0.200 0	0.214 1	0.097 0
29	1/36	5	5	10	8.5	−0.333 3	0.214 1	0.097 0
30	1/36	5	6	11	8.5	1.000 0	0.214 1	0.097 0
31	1/36	6	1	7	9.5	1.000 0	0.062 6	0.097 0
32	1/36	6	2	8	9.5	−0.090 9	0.062 6	0.097 0
33	1/36	6	3	9	9.5	−0.200 0	0.062 6	0.097 0
34	1/36	6	4	10	9.5	−0.333 3	0.062 6	0.097 0
35	1/36	6	5	11	9.5	1.000 0	0.062 6	0.097 0
36	1/36	6	6	12	9.5	−1.000 0	0.062 6	0.097 0

假设一次投掷一个骰子。第一个随机变量，在表中第三列，是骰子 1（第一个投掷的骰子）的值 D_1。下一列表示骰子 2 的值 D_2。再接下来的一列显示两个骰子值的和。

表 8-1 将样本空间的 36 个样本点划分为 6 个子集，由空白行来分开。我们将之称为样本空间的一个分割。正如任何分割一样，这个分割的子集是互斥的（没有样本点在两个或更多集合中）和穷尽的（样本空间的每一点都在某个子集中）。我们将分割所形成的集合标记为 $P_1, P_2, \cdots, P_K$，此处 $K = 6$。

在当前的例子中，分割的每一个集合包含的都是骰子 1 的值相同的样本点。例如，P_3 中的所有样本点的骰子 1 的值都等于 3。表 8-1 显示，如果一个随机抽取的样本点 i 在 P_3 中（用符号表示为 $i \in P_3$），那么两个骰子值的和 S 必定为 4、5、6、7、8 或 9。给定 $i \in P_3$ 的条件概率分布，可通过删除除骰子 1 等于 3 之外的所有行，然后重新调整第二列中的概率使它们的和等于 1 而得到。因此，给定 P_3 中的样本点，该样本点取各种值的概率为

$$\text{Prob}(i \,|\, i \in P_3) = 1/6 \tag{8-7}$$

表 8-1 的第六列为给定 i 属于一个特定的分割时 S 的条件期望值。我们将其表示为

$$E(S \,|\, i \in P_k)$$

读作"给定 i 属于 P_k，S 的期望值"。它根据表 8-1 第五列的和 $S(i)$ 运用条件概率计算得到。于是

$$E(S \,|\, i \in P_k) = \sum_{i \in P_k} \text{Prob}(i \,|\, i \in P_k) \times S(i) \tag{8-8}$$

在本例中，由于 $i \in P_3$ 等同于 $D_1 = 3$，我们也可以将 $E(S \,|\, i \in P_3)$ 写成 $E(S \,|\, D_1 = 3)$。

注意 $E(S \,|\, i \in P_k)$ 是定义于这个有 36 个样本点的样本空间的随机变量。换言之，样本空间 36 个样本点中的每一个，都被分配了一个值 $E(S \,|\, i \in P_k)$。一个给定分割中所有样本点的值都是相同的。例如，P_1 中所有样本点都有

$$E(S \,|\, i \in P_1) = E(S \,|\, D_1 = 1) = 4.5 \tag{8-9}$$

表 8-2 给出了一个新的样本空间，其样本点的个数与表 8-1 中的分割数（$K=6$）相同。分配给表 8-2 中样本点 k 的概率与表 8-1 中 $i \in P_k$ 的概率，也即当 $i \in P_k$ 时概率 p_i 之和

$$\text{Prob}(i \in P_k) = \sum_{i \in P_k} p_i \tag{8-10}$$

相同。表 8-2 中第三列的随机变量等于条件期望和 $E(S \,|\, i \in P_k)$，表 8-1 中所有属于 P_k 的 i 都具有该值。

表 8-2　相关的样本空间

样本点序号	概　　率	条件期望和
1	1/6	4.5
2	1/6	5.5
3	1/6	6.5
4	1/6	7.5
5	1/6	8.5
6	1/6	9.5

接下来我们需要的关系式是

$$E(S) = \sum_k E(S \mid i \in P_k) \times \text{Prob}(i \in P_k) \qquad (8\text{-}11)$$

或者，更简洁地写成

$$E(S) = E(E(S \mid i \in P_k)) \qquad (8\text{-}12)$$

用语言表述就是，初始 36 个样本点的样本空间中 S 的期望值，与初始 36 个样本点的样本空间或它所隐含的 6 个样本点的样本空间中随机变量 $E(S \mid i \in P_k)$ 的期望值是相同的。读者可以运用本例中的数字对此进行验证。在下一节，我们将证明式（8-12）对任意分割和定义于任意有限样本空间上的随机变量都是成立的。

一般情形

设随机变量 $r(i)$ 在一个有限样本空间的 N 个样本点上的取值为 v_1，$v_2, \cdots, v_N$。N 个样本点的概率为 $p_1, p_2, \cdots, p_N$，则 $r(i)$ 的期望值为

$$E(r) = \sum_{i=1}^{N} p_i v_i$$

设 P 是样本空间的一个分割，它将样本空间分割为 K 个互斥和穷尽的集合 $P_1, P_2, \cdots, P_K$。随机选择的 i 在 P_K 中的概率 $\text{Prob}(P_k)$ 由式（8-10）给出。给定 $i \in P_k$，i 的概率为

$$\text{Prob}(i \mid i \in P_k) = \begin{cases} p_i / \text{Prob}(i \in P_k) & \text{如果 } i \in P_k \\ 0 & \text{如果 } i \notin P_k \end{cases} \qquad (8\text{-}13)$$

如前面所描述的，除了那些 i 在 P_k 中的行外，删掉其余所有行，然后调整剩下的 p_i 使它们的和等于 1，就得到式（8-13）的第一行。与前一节中的例子相同，给定相关的样本点 i 在分割 P_k 中，随机变量 $r(i)$ 的条件期望值通过条件概率计算。利用当前的符号，即

$$E(r(i) \mid i \in P_k) = \sum \text{Prob}(i \mid i \in P_k) \times v_i \qquad (8\text{-}14)$$

式（8-14）可以是仅对 $i \in P_k$ 求和，也可以是对从 1 到 N 的所有 i 求和，因为当 i 不在 P_k 中时，$\sum \text{Prob}(i \mid i \in P_k) = 0$。

再一次，像前一节中的例子那样，我们可以定义一个新的有 K 个样本点的样本空间，每个样本点都对应分析中的一个分割，$\text{Prob}(i \in P_k)$（$k = 1$，$2, \cdots, K$）是分配给这 K 个样本点的概率，$E(r \mid i \in P_k)$（$k = 1, 2, \cdots, K$）为定义在该样本空间上的随机变量的值。

现在，我们着手证明如下定理：

定理：式（8-11）及其解释式（8-12）都是成立的。

证明

除变量的名称外，式（8-15）第一行的左侧与式（8-12）的右侧相同，并且式（8-15）最后一行的右侧与式（8-12）的左侧相同。中间的步骤表明这两者是相等的。具体而言，第一行的右侧是将期望值的定义应用于随机变量 $E(r \mid i \in P_k)$；第二行的右侧是将式（8-10）、式（8-13）和式（8-14）代入第一行的右侧而得到的。将第二行分母和分子中的项（$\sum_{i \in P_k} p_i$）约去，就得到第三行。倒数第二行是通过将上一行中的项按不同的顺序相加得到。最后一行运用了期望值的定义。

$$
\begin{aligned}
E(E(r \mid i \in P_k)) &= \sum_{k=1}^{K} \mathrm{Prob}(i \in P_k) \times E(r \mid i \in P_k) \\
&= \sum_{k=1}^{K} \Big(\sum_{i \in P_k} p_i \Big) \times \Big(\sum_{i \in P_k} p_i v_i \Big) \Big/ \Big(\sum_{i \in P_k} p_i \Big) \\
&= \sum_{k=1}^{K} \sum_{i \in P_k} p_i v_i = \sum_{i=1}^{N} p_i v_i = E(r)
\end{aligned}
\tag{8-15}
$$

证明完毕

分割、信息与动态规划（DP）选择：一个例子

想象一个友好的两人"双骰子"博弈，以此决定两个参与人中哪一个支付啤酒钱。博弈以投掷一次硬币来决定谁是"掷骰者"谁是"打赌者"开始。掷骰者投掷一对骰子。照例，如果这对骰子的和为 7 或 11，那么掷骰者首次投掷即获胜；如果和为 2、3 或 12，那么掷骰者就输了。如果首次投掷骰子的和为其他数，则其他值——4、5、6、8、9 或 10 现在是掷骰者的点数。掷骰者继续投掷骰子，直到后续的投掷出现等于 7 或者掷骰者点数的和为止。在前一种情形中，打赌者获胜，掷骰者支付啤酒钱；如果在投出 7 之前先投出了掷骰者的点数，那么掷骰者获胜，由打赌者购买啤酒。

上述博弈是无时限的。例如，假设掷骰者的点数为 8。由于在任何一次投掷中得到 7 的概率为 6/36，得到 8 的概率为 5/36，因此在任何一次既定的

投掷中既不出现 7 也不出现 8 的概率为 25/36。投掷 100 次骰子，既不出现 7 也不出现 8 的概率为 $(25/36)^{100} \cong 1.5 \times 10^{-16}$。这相当于在售出了

$$（1000 万）\times（10 亿）$$

张彩票的抽奖中拥有"1.5 张"彩票。如果不假设博弈无限进行下去，而是假设在 100 次投掷后仍然没有人获胜两人就平摊账单，对每个参与人的期望结果也不会有什么影响。

我们将两个参与人分别称为参与人 A 和 B。假设如果 A 获胜就分配分数 $S=+1$，B 获胜分配分数 $S=-1$，并将 100 次接连的投掷后仍然没有参与人获胜这种比例微不足道的情形视为实际上不可能发生而忽略掉。不失一般性，我们可以假设所有的博弈都有 102 个时点，记为从 -1 到 100。$t=-1$ 时的状态为"掷骰者有待确定"。$t=0$ 时的状态为"参与人 A 是掷骰者并且点数有待建立"，或者"参与人 B 是掷骰者并且点数有待建立"。当 $t>0$ 时，状态可能为下列中的任何一个：

> 博弈结束，参与人 A 获胜；
>
> 博弈结束，参与人 B 获胜；
>
> 参与人 A 是掷骰者，点数为 4；
>
> 参与人 A 为掷骰者，点数为 5；

等等。对参与人 B，情形是相同的。

表 8-3 计算了掷骰者的期望收益。第一列显示了首次投掷产生的骰子的和。第二列显示了首次投掷产生这个和在 36 个结果中的机会数，它等于这个和在表 8-1 中第五列出现的次数。第三列为在首次投掷的和等于第一列中数字条件下的期望收益。在首次投掷的和等于 2、3、7、11 或 12 的情形中，第三列的 +1 或 -1 直接根据双骰子游戏的规则得到。我们一会儿再回头说明第三列中的其他值。第四列是第一列中和的概率（等于第二列中的机会数除以 36）与第三列中的条件期望值的乘积。式（8-12）确保这些乘积的和 -0.014 为掷骰者博弈的期望收益。

表 8-3　双骰子博弈的概率

首 次 投 掷	36×概率	收　益	收益×概率
2	1	−1.00	−0.028
3	2	−1.00	−0.056
4	3	−0.33	−0.028
5	4	−0.20	−0.022
6	5	−0.09	−0.013

（续）

首 次 投 掷	36×概率	收　益	收益×概率
7	6	+1.00	+0.167
8	5	−0.09	−0.013
9	4	−0.20	−0.022
10	3	−0.33	−0.028
11	2	+1.00	+0.056
12	1	−1.00	−0.028
和	36		−0.014

为弄清当首次投掷没有产生获胜者时表 8-3 第三列中的数据怎样计算得到，考虑点数为 4 时的收益。它等于

$$(+1) \times \frac{3}{3+6} + (-1) \times \frac{6}{3+6} = -0.33$$

请读者证实，如果博弈在接下来的首次投掷后结束，这就是期望得分，也即给定 4 点或 7 点出现，（+1）乘以 4 点出现次数的比例加上（−1）乘以 7 点出现次数的比例。但如果接下来的首次投掷不能确定得分，获胜者由接下来的第二次投掷确定，或接下来的第三次、第四次投掷确定，那么它仍然是期望得分，除了 100 次接连投掷仍然不能确定胜负的比例微不足道而被忽略的情形外。再一次根据式（8-12）可知，−0.33 是掷骰者的期望收益，而无论结果何时确定。

即使博弈持续了整个 100 次接连的投掷，它仍是第 1 卷定义的单期博弈，因为除参与博弈的初始决策外，它不涉及其他的决策。在拉斯维加斯，当点数已经建立时，掷骰者被允许增加赌注。但 RDM 掷骰者将不会接受这一选项（假定参与人希望在享受拉斯维加斯氛围的同时每小时输尽可能少的钱），因为即便是最有利的点数，期望损失也比整个博弈的期望损失要大。

现在，让我们引入其他一些增加赌注的机会。拉斯维加斯的赌场不会提供这些机会，因为它们可能有利于掷骰者，但在我们的友好博弈中允许它们存在，因为每个参与人都有相同的机会成为"打赌者"。具体而言，我们让掷骰者在给定信息下按自己的意愿将开胃菜加到赌注中，其成本与啤酒相当。

假设"掷骰者"不是掷两个骰子，而是被发给了两张牌，牌 1 来自一副"红牌"，牌 2 来自一副"蓝牌"。两张牌的概率与表 8-1 中骰子 1 和骰子 2 的概率相同。表 8-1 中标签为"条件期望收益（1）"的倒数第三列，如同表 8-3 中第三列，表示这对牌（或骰子）的和给定时的条件期望收益。下一列的标

签为"条件期望收益（2）"，它表示给定牌 1 取不同值时博弈收益的条件期望值。例如，可以看出，如果牌 1 等于 1，那么期望收益（如果赌注没有增加）为 -0.27；如果牌 1 等于 5，那么期望收益为 0.21。表 8-1 的最后一列是当掷骰者仅被告知"第一张牌的值较小"，如等于 1、2 或 3，或者仅被告知"第一张牌的值较大"，如等于 4、5 或 6 时的条件期望收益（如果赌注没有增加）。如前面所阐明的，这些条件期望收益是通过将式（8-12）运用于恰当的样本空间分割而计算得到的。

我们可以想象一个广义的双骰子博弈的不同版本，它们取决于掷骰者能够增加赌注时所拥有的信息。我们分析这样一个版本，其中掷骰者在被告知第一张牌的值是大还是小之后才拥有增加赌注的唯一机会。在这一情形中，RDM 掷骰者具有关于系统当前状态的有限信息。但尽管如此，他能够计算出依赖于这一信息和所采取行动的条件期望结果。

至于是否应该增加赌注，这取决于掷骰者和打赌者的效用函数。到目前为止，博弈已经有两种结果，我们可以将这两种结果描述为"赢得 D 美元"或"输掉 D 美元"。因为效用函数的原点和刻度单位是任意的，如在第 1 章所阐释的，我们可以给每个参与人都赋予效用，赢得 D 美元就赋予效用 $+1$，输掉 D 美元则赋予效用 -1。

在我们的讨论中，暗含了另一种可能性：不参与博弈。我们隐含地假设这样做的效用是负值，因为参与人确实参与了博弈（由于博弈是对称的，如果参与博弈，每个参与人都必定有 $50-50$ 的机会获胜或输掉博弈）。当我们加入掷骰者将赌注加倍这种可能性时，需要考虑 5 种可能的情形：赢得 D 美元、赢得 2D 美元、输掉 D 美元、输掉 2D 美元、不参与博弈。我们将它们的效用分别表示为

$$U^I(D), U^I(-D), U^I(2D), U^I(-2D), U^I(0), I = A \text{ 或 } B$$

再一次，我们忽略博弈完整进行下去而没有任何人获胜这种微乎其微的可能性。注意这里 $U^I(D)$ 并非第 I 个参与人享受免费啤酒的效用，而是参与博弈以及享受啤酒的效用。类似地，$U^I(-2D)$ 是参与博弈以及为双方的啤酒和开胃菜支付总共 $2D$ 美元的效用。

如果我们遵循 vNM 的传统，排除同时行动，那么我们就有一个嵌入 4 个时点 $t=0, 1, 2, 3$ 的三行动博弈（将这与本章前面的井字棋时间轴进行比较）。在行动 1 中，参与人 A 决定是否参与博弈。作为其结果，$t=1$ 时的

状态为：

　　（1）参与人 A 参与博弈，轮到参与人 B 做决策；

　　（2）博弈不存在。

在后一种情形中，"博弈不存在"也是 $t=2$ 和 $t=3$ 时的状态。如果参与人 A 决定参与博弈，那么行动 2 就是参与人 B 决定自己是否也参与博弈。如果他拒绝参与博弈，那么 $t=2$ 和 $t=3$ 时的状态均为"博弈不存在"。然而，如果参与人 B 决定参与博弈，那么在到 $t=2$ 之前，会发生一些事件，并且要决定第三步行动。尽管这些时点在例如博弈的计算机模拟中是离散的，但它们并非参与人必须选择行动的时点，因而不是博弈描述中的时点。特别地，在当前讨论的博弈中，投掷一枚硬币来确定"掷骰者"，然后抽取第一张纸牌，告知"掷骰者"它的值是大还是小。基于这一信息，作为博弈的行动 3，掷骰者决定是否增加赌注。如果增加赌注或不增加赌注同样好，掷骰者就通过某个明确的规则，如"不增加赌注"来做出决定，这样他对行动 3 的选择就是 $t=2$ 时状态的一个特定函数。

　　一旦掷骰者在 $t=2$ 时做出决策，那么在到 $t=3$ 和博弈结束之前，更多的事件可能发生：第一张牌亮牌了，第二张牌也抓取了。如果首对牌没有确定获胜者，就抓取多对牌，直到获胜者得以确定（我们假设抓取不超过 100 对牌）。在那个时候，$t=3$ 并且博弈结束。博弈的结果要么是"博弈不存在"，要么是某个参与人赢得价值 D 美元或 $2D$ 美元的消费品。

　　如之前指出的，为求解这个博弈，每一个参与人都必须知道其他参与人的效用函数。如果博弈只有两个结果，那么这一点自动成立。如果博弈是确定性的完全信息博弈，并且每个参与人都知道其他参与人怎样给各种结果排序（和破解结点），那么也不需要这一条件。否则，就需要知道对手的效用函数，以便每个参与人都了解其他参与人在各种可能的情形下将会采取什么行动。

　　由于这个博弈的 $t=3$，动态规划运算从依次考虑 $t=2$ 时可能出现的每一个状态 s_t 开始。对某个 s_2，博弈的状态是博弈不存在，因而无须做出任何决策。如果 $t=2$ 时博弈仍在进行，那么给定状态 s_2 下所拥有的信息，掷骰者计算他能够采取的两个行动的条件期望效用。他将选择期望效用较高的行动，从而在给定他所拥有的信息条件下最大化博弈的条件期望效用，并通过对手预先知道的某个规则破解结点。这一行动确定了 $t=2$ 时能够出现的每个状态下两个参与人整个博弈的期望效用。它们是两个参与人在 $t=1$ 时的"导出"

效用函数 $U_2^I(s_2)$，就好像博弈是一个单期博弈，$U_2^I(s_2)$ 是这个博弈的支付一样。这个导出的单期博弈的结果之一，是确定 $t=1$ 时每一个可能状态下参与人 I 的整个博弈的期望效用 $U_1^I(s_1)$。这进而可以用于确定 $t=1$ 时参与人 B 的最优首次行动，以及类似地确定 $t=0$ 时参与人 A 的最优行动。这与井字棋游戏中从 $t=9$ 倒推到 $t=8$，然后从 $t=8$ 倒推到 $t=7$，然后倒推到 $t=6$，5，4，3，2，1，0 是类似的。两个博弈的区别是，由于井字棋游戏不包含随机变量，因而在假定每个参与人随后都会做出理性选择的前提下，$t=8$（或 $t=7$，6 等）时做出选择的参与人知道自己的行动将带来多少效用。在"双骰子"博弈的例子中，参与人只知道他将获得的效用的期望值。式（8-12）确保逆推过程中的每一步都是成立的。

一般化：博弈的两种类型

设 D 是一个离散事件动态模型。我们假设这个模型是基于第 7 章介绍的 EAS-E 视角编写的而对其进行描述。D 是离散事件动态模型的假设是出于方便的考虑，而并非必需的，因为数字电脑能做的任何事情，原始的"图灵机"也能做。参见克林（Kleene，1971）的著作和图灵（Turing，1936，1937）的论文。

D 是一个特定模型，而非一般模型，也即除了随机种子外，它的所有参数都是特定的。因此，我们可以谈到 D 这个特例的多次运行。模型 D 的 EAS 包含永久实体类型参与人。存在性是参与人的属性之一，它的值可能为例如"未出生""正在参与博弈"和"退出了博弈"。因此，将参与人定义为永久实体类型，不会将所描述的博弈限定为那些一组固定不变的参与人由始至终都活跃的博弈。例如一个生命周期博弈模拟程序可能包含参与人的出生和死亡。在某些随机的场景中，一个潜在的参与人可能根本就不会出生。如前面讨论的，我们假设：①博弈最多在 T 次行动后确定会结束；②系统的状态 s_T 包含了计算每个参与人得自特定博弈（即模拟程序运行）的效用 $U^I(s_T)$ 的足够信息。如果参与人 I 没有出生，那么很自然有 $U^I(s_T)=0$；如果 I 出生了但博弈结束时的效用 $U^I(s_T)<0$，那么还不如根本就没有出生过。

为将前一节的讨论一般化，我们必须区分博弈的两种类型，分别为：

A. 给定所拥有的信息，将要采取行动的参与人总是能够计算出当前世界可能状态的条件概率分布，而无须猜测其他参与人所采取策略的博弈；

B. 在其中假设 A 不成立的博弈。

本卷分析的所有金融博弈，都属于第一种类型。具体而言，莫辛－萨缪尔森博弈是一个单人博弈，没有其他参与人，因而无须猜测其他参与人的策略。这一点对于第 11 章马科维茨和范戴克试探法的各个例子中投资者进行的博弈、第 11 章布莱和马科维茨考虑税收的投资组合分析（TCPA），以及为 401（k）计划的参与人在 GuidedChoice 公司 GuidedSavings 和 GuidedSpending 产品上实施的模拟分析同样是成立的。

然而，JLMSim 的运行可能包含成千上万或数百万的投资者。在 JLMSim 中，证券收益由投资和交易政策内生决定，但 JLMSim 中的投资者将证券价格视为给定的。他们基于市场上观察到的价格水平和变化，而不是基于猜测其他投资者的策略来做出自己的行动。在某种意义上，JLMSim 多人博弈中的投资者与莫辛－萨缪尔森、马科维茨和范戴克，以及 GC 公司的博弈中的参与人是相同的。莫辛－萨缪尔森博弈的参与人不应被看作这个世界上唯一的投资者，而应被看作形成市场以及将收益分布视为不受他们自身行动影响的投资者之一员。

除单人博弈之外，其他 A 类型的博弈包含：①完全信息博弈，例如井字棋游戏；②不完全信息博弈，但不完全信息并非由于其他参与人的行动所引起，例如本章前面介绍的广义双骰子博弈。

扑克牌和大多数其他纸牌游戏是 B 类型博弈的例子（在本章前面的内容，我们假设理性决策者知道扑克牌游戏中其他参与人的下注规则，但这只是为了说明特定的知识点，事实上通常并非如此）。买卖流动性较差股票的 RDM 交易员，应该试着去推测当前市场上其他买家和卖家的意图，但这样的交易策略超出了本书的范围。

A 类型博弈的解

在广义双骰子博弈的例子中，我们说明了有时限（实际上是有最大行动数限制）的 A 类型博弈的求解。我们可以假设每一个这样的博弈都恰好持续 T 个时期，这 T 个时期处于时点 0 到时点 T 之间。博弈包含这样一种可能性，即从某个时点 t（$t < T$）开始，博弈的状态是"已经结束"。时点 $t_1, t_2,$

t_3，…并不一定表示相同的时间增量。例如，在同步模拟博弈的运行中，几个参与人可能在时钟停止时采取行动。与 vNM 惯例一致，这些行动被视为是序贯发生的。因此，一些（或大量，甚至所有）所谓的时点 t_1，t_1+1，t_1+2，…可能是在同一模拟时间出现的。

动态规划运算从时点 T 开始向后逆推。在运算的每一步，对于在时点 $t+1$ 可能出现的每一个状态

$$U_{t+1}^I(s_{t+1})$$

已经确定。运算依次考虑在时点 t 可能出现的每一个状态 s_t。给定状态 s_t，有 1 个或者没有参与人将要采取行动。没有参与人将要采取行动的一个原因是博弈已经结束。

将要采取行动的参与人（如果有的话）并不一定知道当前状态 s_t，但他可能拥有关于当前状态的信息，就像双骰子博弈的参与人知道第一张牌是大还是小一样。这一信息隐含了可能状态的条件概率分布

$$\text{Prob}(\bar{s}_t \,|\, \text{Infor}^I(s_t))$$

给定 $\bar{s}_t$ 是 t 时的状态和 α 是其所采取的行动，将要采取行动的参与人也知道 $t+1$ 时可能状态的概率分布

$$\text{Prob}(s_{t+1} \,|\, \bar{s}_t, \alpha)$$

该参与人选择一个行动 α，以使

$$U_t^I(s_t) = \sum (\text{Prob}(\bar{s}_t \,|\, \text{Infor}^I(s_t))) \cdot \sum (\text{Prob}(s_{t+1} \,|\, \bar{s}_t, \alpha) \cdot U^I(s_{t+1}))$$

最大化。其中 I 是将要采取行动的参与人，第一个求和是针对可能的当前状态，第二个求和是针对 $t+1$ 时在 $\bar{s}_t$ 之后所有可能的状态（我们假设存在使 EU 极大化的 α）[3]。结点问题通过一个所有人都知道的规则来解决。参与人选择的行动 α，不仅确定了自身的效用 $U_t^I(s_t)$，而且确定了其他参与人的效用 $U_t^J(s_t)$。现在，运算就可以在 $t=t-1$ 时重复进行，直至达到 $t=0$。$t=T-1$ 时的初始运算，运用了博弈规则所确定的 $U^I(s_T)$。

B 类型博弈的解

B 类型博弈的解可能是混合策略。这在前面的小节中已讨论过，在那里我们排除了需要采取这种策略的博弈，因为它们超出了本卷的范围。当前，博弈论的实践应用，通常会用到纳什（Nash，1950b，1951）均衡解。在纳什均衡中，每个参与人都在其他参与人使用的策略给定的条件下，采取使自

己的期望效用最大化的策略。一个博弈可能有不止一个纳什均衡解，其中一些可能不是"帕累托最优的"，也即存在一个不同的纳什均衡，在其中某个参与人有更高的期望效用，同时没有参与人的期望效用下降。

找出纳什均衡超出了本卷的范围。然而，我们注意到，给定一个特定的纳什均衡，每一个参与人都知道其他参与人的策略，因而他们类似于前面小节中的 RDM 扑克牌游戏参与人，根据假设后者知道其他参与人下注和弃牌的策略。因此，就可以计算得到参与人的策略，就好像博弈是 A 类型的一样。

维数的诅咒

根据假设，RDM 能够执行任何明确定义的运算，包括对某个大型的 A 类型博弈执行动态规划运算，但 HDM 不是 RDM。很显然，让 HDM 对一个 PRWSim 世界执行这样的运算是不可行的。但即便对很多非常小型的问题，让 HDM 执行动态规划运算也是不可行的。例如，动态规划运算考虑能做决策的上一时点每一个可能的状态 s_{T-1}。状态空间的大小通常用它的维数，即用于确定该空间一个点的状态变量数来描述。例如，孙、范、陈、斯霍文纳尔斯和阿尔博塔（Sun，Fan，Chen，Schouwenaars，and Albota，2006a，b）展示了 5 种证券组成的投资组合调整问题的结论。在他们的五维状态空间中，每个点（X_1，X_2，X_3，X_4，X_5）都表示投资组合与投资组合应该被调整到的目标权重之间的一个可能偏差。计算的目标是使"成本"的和取最小值，这些"成本"包括：①调整向量 X 的交易成本；②偏离目标投资组合的惩罚成本。由于 X 是连续的，因而需要将问题变成离散的。通过允许每个 X_i 取 15 个不同的值，作者利用网格点（a grid of points）对状态空间进行了近似。因此状态空间有 $15^5 = 759\,375$ 个点。对状态空间中的每一个点，在 $t = T - 1$（$T = 24$）时都需要求解一个最优化问题。然后，动态规划过程向后迭代，直到 $t = 0$。在麻省理工学院（MIT）超级计算机的帮助下，这个问题得以求解。

如我们将在第 11 章中详细描述的，克里兹曼、米尔格伦和佩奇（Kritzman，Myrgren，and Page，2009）证明了马科维茨和范戴克提出的快速和可扩展的试探法给出了一个更好的解，从而表明孙等人的网格法过于粗糙。但一个精细得多的网格（比如允许每一个 X_i 取 100 个值，于是有 $100^5 = 10^{10}$ 个状态）又会远远超出 HDM 可行的运算能力。这就表明了所谓的动态规划的维数诅咒（curse of dimensionality）。

如果证券是完全流动性的，也即能够没有任何交易成本地按当前价格买卖，那么上述投资组合调整问题就大大简化。在这一情形中，任何有给定净资产价值（net asset value，NAV）的投资组合，都能够通过出售一种证券并买进另一种证券而转换为具有相同 NAV 的其他投资组合。因此，存在相对容易求解的高维模型。但孙等人文章中的例子表明，稍稍接近现实一点就会消除这样求解的可能性。

如果有一个或多个状态变量是无界的，那么问题也无法计算。例如，如果投资者的财富 W_t 是一个状态变量，并且 W_t 是无界的，那么就无法列出时点 t 的所有可能状态。对可由动态规划运算求解的问题，这一限制可通过几种方法解决。[4] 例如，第 9 章讨论的莫辛－萨缪尔森模型对所有的 $W_t \geqslant 0$ 都可解析求解。在第 11 章介绍的马科维茨和范戴克试验中，通过假设投资者提取投资组合的任何收益并弥补任何损失，避免了 W_t 无界的情形。如果 W_0 是给定的，T 较小，并且 $\Delta W = W_{t+1} - W_t$ 是紧致有界的，那么 W_{T-1} 的取值范围就是可控的。一般而言，设计一个动态规划问题，使之既切题又可求解，是一门艺术。

分解、简化、探索和近似

HDM 投资者，或 HDM 金融决策支持系统设计者，在 PRWSim 世界中怎样决策呢？他必须将这个世界分解为他将正式分析的部分和留待评价的部分。将工作在正式分析和评价之间进行划分的决定，也必须留待评价。

我们可以将 HDM 及其决策支持系统（DSS）的决策想象成两个相互协作的工人之产出。一个工人专事分析，另一个专事评价。专事分析的工人使用一个高度程式化的模型，这个模型可以解析求解，比如莫辛－萨缪尔森模型，或者他可以运用更加精细的模拟模型，就像 GC 公司的产品 GuidedSavings 或 GuidedSpending 中所使用的那样。无论专事分析的工人运用多么程式化或复杂的模型，专事评价的工人都应该弄清其假设，并衡量模型的简化是否，或在多大程度上和以哪种方式使模型的结论无法应用于实践。这并不总是很容易的，而可能需要我们专业领域（友好但激烈的）辩论的集体智慧。关于这一点的一个例子，如第 9 章所描述的，是对得自莫辛－萨缪尔森模型前提的反直觉结论的不同阐释。

第 9 章
Risk-Return Analysis

莫辛-萨缪尔森模型

引言

　　莫辛-萨缪尔森（Mossin，1968；Samuelson，1969）模型是一个典型的动态投资模型，它在金融理论和实践历史上具有重要的影响。它的影响源于其清晰然而却与直觉相悖的结论：随着退休的临近，投资者不应该变得更加谨慎。

　　莫辛将其基本结论扩展到一些特殊情形，这些特殊情形涉及一种零利率或非零固定利率的无风险资产。哈肯森（Hakansson，1971）指出莫辛的部分结论存在问题，并做了一些推广。这里我们不打算详细阐述这些情形。我们的兴趣在于莫辛-萨缪尔森模型的基本结论及其应用。更一般地，我们仅考虑程式化金融模型海量文献中的一小部分，因为我们自己所用的方法与这些文献迥然不同。近期文献的一个综述，参见坎贝尔和维塞拉（Campbell and Viceira，2002）的著作；早期对这些模型的广泛探讨，参见哈肯森（Hakansson，1971）的文章。基于坎贝尔和维塞拉的著作，哈肯森的结论看起来已经被遗忘了，或许已经被罗伯特·默顿（R. Merton）及其追随者的连续时间模型挤出了理论舞台（Merton，1990）。

　　本章处理以下三个相关的主题：

　　（1）莫辛-萨缪尔森模型及其求解；

　　（2）萨缪尔森和马科维茨围绕长期投资的持续论争；

　　（3）"滑行路径"或"目标日期"投资策略。

莫辛-萨缪尔森（MS）模型及其求解

与莫辛和萨缪尔森的文章中一样，我们假设投资者的初始财富为 W_0。在时期 $1,2,\cdots,T$ 的期初，投资者在时点 $t=0,1,2,\cdots,T-1$ 选择收益 R_t 的一个概率分布。假设投资者可以在任何时点无成本地改变其投资组合。我们暂不规定相继的 R_t 是否相互独立。除非另有说明，关于 R_t 的唯一假设是它独立于任何之前的投资组合选择。

莫辛-萨缪尔森（MS）博弈的效用仅取决于最终财富

$$U = U(W_T) \tag{9-1a}$$

虽然莫辛和萨缪尔森没有明确，但如果假设 W_T 是真实财富而非名义财富，他们的结论同样是成立的。我们这里假设 W_T 是真实财富。特别地，Guided-Choice 公司使用的效用函数（在本章后面讨论）是真实财富的函数。

首先假设

$$U = \log(W_T) \tag{9-1b}$$

然后假设

$$U = \mathrm{sgn}(a)W_T^a,\ a \neq 0 \tag{9-1c}$$

其中

$$\mathrm{sgn}(a) = \begin{cases} +1 & \text{如果 } a > 0 \\ 0 & \text{如果 } a = 0 \\ -1 & \text{如果 } a < 0 \end{cases}$$

特别地

$$U = W_T^a,\ \text{如果 } a > 0 \tag{9-1d}$$

$$U = -W_T^{-a},\ \text{如果 } a < 0$$

$$\alpha = |a| \tag{9-1e}$$

其中 $\alpha = |a|$ [注释 4 讨论了替代式（9-1c）的等价公式和相关问题]。当 $a=1$ 时，式（9-1d）是线性的；当 $a<1$ 时，式（9-1d）是严格凹的。

如果式（9-1d）是投资者的目标，那么在时点 $t=T-1$，博弈的期望效用取决于最后一期的收益 R_T

$$EU = E\log(W_T) = E\log[W_{T-1}(1 + R_T)]$$

$$= \log(W_{T-1}) + E\log(1 + R_T) \tag{9-2}$$

式（9-2）最后一行的第一项在 $t=T-1$ 时已经是确定的，因而式（9-2）意味着，在 $t=T-1$ 时，使 $E\log(1+R)$ 取最大值的 R_t 的分布，也使 EU 取得最大值。从而如果投资者选择一个最优的最后行动，那么整个博弈的期望效用值为

$$EU = \log(W_{T-1}) + m_T \qquad (9\text{-}3)$$

其中 m_T 是 $E\log(1+R_T)$ 的最大值，或者简写为 MEL。它是在给定状态 s_{T-1} 下最大的条件 $E\log(1+R_T)$。如果 $R_1,R_2,\cdots,R_T$ 是由一个任意的随机过程生成的，那么 m_T 和 W_{T-1} 将随着从这一过程中抽样的不同而变化。我们假设使 m_T 取最大值的选择总是存在的。[1]

接下来，假定投资者在 $t=T-1$ 时将采取最优行动，考虑 $t=T-2$ 时的可行选择。对任意的财富水平 W_{T-2}，博弈的期望效用是

$$EU = E\log(W_T) = E\log[W_{T-2}(1+R_{T-1})(1+R_T)]$$
$$= \log(W_{T-2}) + E\log(1+R_{T-1}) + Em_T \qquad (9\text{-}4)$$

我们写成 Em_T 而非 m_T，因为 m_T 是依赖于截至目前从收益生成过程中抽取的特定轨迹的条件期望值。$t=T-2$ 时，$\log(W_{T-2})$ 已经确定。Em_T 也确定了，但这一点相对不那么显而易见。m_T 的值并不一定独立于 m_{T-1}，但我们假设它独立于时点 $T-1$ 的投资组合选择。因此，给定状态 s_{T-2}，m_T 的期望值在时点 $T-2$ 时是确定的。由此得出结论，MEL 是 R_{T-1} 分布的最优选择，就像它是 R_T 分布的最优选择一样。如果我们对 $t=T-3$ 重复这一过程，就会发现给定状态 s_{T-3}，EU 为

$$EU = \log(W_{T-3}) + E\log(1+R_{T-2}) + Em_{T-1} + Em_T \qquad (9\text{-}5a)$$

其中期望值为在状态 s_{T-3} 下的条件期望值，MEL 再一次是最优选择。将这一过程重复 T 次，我们发现博弈的最优值为

$$EU = \sum_{t=1}^{T} Em_t \qquad (9\text{-}5b)$$

在每一个时点 t，从可行的单期收益分布中选择一个 MEL 投资组合，就可以实现这个最优值。特别地，无论 R_t 是否自相关，这一点都是成立的，因为在获得该结果的过程中我们并没有排除自相关的可能。式（9-5b）中的期望值是无条件期望值（或等价地，是博弈初始状态下的条件期望值）。

因此，我们得出结论，在如下意义上，即 T 期博弈中在时点 t 选择 R_t 的分布所用的决策规则与单期博弈中选择 R_1 的分布所用的规则相同，对数效

用函数是短视的。即使收益是自相关的，这一结论依然成立。

接下来考虑一个式（9-1e）形式的效用函数。由于基本一样的论证也适用于式（9-1d）形式的效用函数，并且具有相同的一般性结论，因而下面的论证适用于所有式（9-1c）形式的效用函数。在时点 $T-1$，MS 博弈的期望效用为

$$
\begin{aligned}
U = E(-W_T^{-\alpha}) &= -E(W_T^{-\alpha}) \\
&= -E\left[W_{T-1}(1+R_T)\right]^{-\alpha} \\
&= -W_{T-1}^{-\alpha}E(1+R_T)^{-\alpha}
\end{aligned}
\tag{9-6}
$$

因此，通过选择具有

$$
\max -E(1+R)^{-\alpha} \tag{9-7a}
$$

或等价地

$$
\min E(1+R)^{-\alpha} \tag{9-7b}
$$

的分布，就使博弈的期望值极大化。在式（9-6）的步骤中，我们运用了 $t=T-1$ 时 W_{T-1} 已经确定的事实。在时点 $T-2$，有

$$
\begin{aligned}
EU &= -E(W_T^{-\alpha}) \\
&= -E\left[W_{T-2}(1+R_{T-1})(1+R_T)\right]^{-\alpha} \\
&= -W_{T-2}^{-\alpha}E\left[(1+R_{T-1})^{-\alpha}(1+R_T)^{-\alpha}\right]
\end{aligned}
\tag{9-8a}
$$

如果 R_{T-1} 和 R_T 是相互独立的，那么

$$
EU = -W_{T-2}^{-\alpha}E(1+R_{T-1})^{-\alpha}E(1+R)^{-\alpha} \tag{9-8b}
$$

它的最大值为

$$
EU = -W_{T-2}^{-\alpha}m_{T-1}m_T \tag{9-8c}
$$

其中，m_{T-1} 和 m_T 由具有

$$
\min E(1+R_t)^{-\alpha}, \quad t=T-1, T
$$

的投资组合给出。一般而言，如果仍然假设收益是相互独立的，则期望效用的最大值为

$$
EU = -\prod_{t=1}^{T}m_t
$$

其中，m_t 是 $E(1+R_t)^{-\alpha}$ 的最小值。如果收益是独立同分布的，那么每一期都选择相同的投资组合。

由于乘积的期望值通常不等于期望值的乘积，因此式（9-8）中的结果取决于独立性假设（独立性是一个简单的充分条件，更一般的充分必要条件较

为复杂）。对于对数效用函数，则不需要独立性假设。

总之，"在适当的假设条件下"，如果一个投资博弈的效用仅取决于最终财富，并且效用函数 $U = U(W_T)$ 由式（9-1b）或式（9-1c）给出，那么投资者的行动就是短视的。他在 24 岁时选择的投资组合与 64 岁时所选择的一样。

马科维茨与萨缪尔森之争：背景

多年来，萨缪尔森和马科维茨就"长期投资"的投资者是否应该在每一个时期选择 MEL 进行了持久的争论。马科维茨认为应该，而萨缪尔森则认为不应该。围绕这一主题，双方撰写的作品包括萨缪尔森（1969，1979）的文章和马科维茨（1959，1976，2006）的著作及文章。我们对这个题目的讨论必然要最好地反映马科维茨的观点。不幸的是，"人终有一死"，萨缪尔森再也不能参与讨论了。这里只能以他发表过的作品来代表他的观点。

MEL 准则是由凯利（Kelly，1956）提出的，并为拉塔内（Latané，1957，1959）所接受和发扬。马科维茨（1959）著作第 6 章的观点是，谨慎的投资者不应该选择如下的均值－方差有效投资组合：它的算术平均值（从而方差）大于近似最大化期望对数效用的均值－方差有效组合的相应值。有效边界上均值较高的投资组合，使投资者在短期面临更大的波动性而在长期又没有更高的收益。然而，谨慎的投资者可能选择有效边界上较低的均值－方差组合，放弃长期的收益，以换取短期更稳定的收益。[2]

布赖曼（Breiman，1961）提出了"强大数定律"的观点。我们在下面运用这一观点来支持 MEL 规则。萨缪尔森（1969，1979）提出了否定 MEL 的期望效用观点。马科维茨（1976）则给出了一个替代性的支持 MEL 的期望效用观点。

当收益是独立同分布的，并且投资者必须总是将投资组合调整至（他所选择的）同一投资组合时，凯利、拉塔内、布赖曼和本书作者关于 MEL 的观点，就已经与萨缪尔森有关 MEL 的观点出现分歧。这里我们仅对这一特殊情形进行分析。更一般的分析，参见马科维茨（1976）的文章。

支持 MEL 的观点

如果投资者从一个收益分布中重复抽样[一]，并且在初始财富 W_0 之外不增加或者提取资金，那么在时期 T，投资者的财富为

$$W_T = W_0 \prod_{t=1}^{T} (1 + R_t) \tag{9-9}$$

其中，R_t 表示时期 t 从投资组合中实际获得的样本收益率。整个收益轨迹的样本增长率 g 满足

$$1 + g = (W_T/W_0)^{1/T}$$

$$= \Big[\prod_{t=1}^{T} (1 + R_t) \Big]^{1/T} \tag{9-10}$$

这里 g 是收益率，如果每一个时期都获得这个收益率，那么经过 T 期财富将从 W_0 增长至 W_T。对式（9-10）两边取对数，可以看出时期 T 的财富是

$$\log(1 + g) = (1/T) \sum_{t=1}^{T} \log(1 + R_t) \tag{9-11}$$

的严格递增函数。

除非另有说明，我们假设 $R > -1$，从而式（9-11）中 $\log(1+g)$ 的值总是有限的。假设 $E\log(1+g)$ 也是有限的。式（9-11）意味着如下非正式表述的却至关重要的事实：

定理：如果马科维茨重复投资于一个投资组合，它的 $E\log(1+g)$ 以概率 1 比保罗投资的投资组合的相应值要大，那么在某个时间（T_0），马科维茨的财富会超过萨缪尔森，并且自此之后永远如此。

式（9-11）表明，1 加上样本增长率的对数，等于 $\log(1+R)$ 的样本均值。强大数定律表明独立同分布的随机变量的样本均值以概率 1 趋近于它的期望值。特别地，对数的均值趋近于对数的期望值 m。用符号表示，为

$$\text{Prob}\Big\{ \lim_{T \to \infty} \sum_{t=1}^{T} [\log(1 + R_t)]/T \to m \Big\} = 1.0 \tag{9-12}$$

由于已经假设 R_t 是独立同分布的，因而确保式（9-12）成立唯一需要的其他假设是 m 是有限的（Cramér, 1946）。回忆一下微积分中极限的概念，式（9-12）

[一] 即每个时期获得的收益率都来自同一分布。——译者注

告诉我们, 对每一个正数 ε, 存在一个时间 T_ε, 使得对所有大于 T_ε 的时间 T, m 与 $\log(1+R)$ 的样本均值的差以概率 1 小于 ε。

反对 MEL 的观点

再一次, 考虑一个投资者, 他在时点 0 投资 W_0, 并且不增加或减少投资。现在选取某个固定和遥远的时期 T。在时期 T, 投资者或它的继承人将"以现金收回"投资。投资者必须确定目标投资组合, 投资的受托人将朝着这个目标反复对投资组合进行调整。我们继续假设相继的收益是独立同分布的。

假设投资者的效用函数是式 (9-1d), 他力图使自己的期望效用最大化。由于收益是独立同分布的, 期望效用等于

$$EU = E\left(\prod_{t=1}^{T}(1+R)^a\right)$$
$$= [E(1+R)^a]^T \tag{9-13}$$

于是, 使期望效用最大化的投资组合, 就是具有最大的单期 $E(1+R)^a$ 的投资组合。而这个投资组合, 通常并非 MEL 投资组合。

因此, 不管终点距离现在多么遥远, MEL 都不是以式 (9-1d) 为效用函数的博弈的最优策略。当效用函数为式 (9-1e) 时, 类似的观点也是成立的。

萨缪尔森据此得出结论认为, 最大化任意 MS 短视的效用函数, 都应被视为长期投资。

例子

下面的例子说明, 萨缪尔森和马科维茨用于支持各自观点的数学事实, 怎样能够都成立。考虑两个投资组合 P 和 Q。P 每年提供 6% 的确定的收益, 而 Q 每年以 50—50 的概率提供 200% 的收益或 100% 的损失。此处我们允许 $R = -1.0$, 因而会涉及 $\log(0) = -\infty$ 的计算。在这种情况下, 显然广义实数 (extended real number) 运算是必不可少的 (见 Halmos, 1974, p.1)。P 的期望收益和期望 $\log(1+R)$ 分别为 0.06 和 $\log_e(1.06) = 0.058$, Q 的期望收益和期望 $\log(1+R)$ 分别为 $0.5 \times 2.00 + 0.5 \times (-1.00) = 0.50$ 和 $0.5\log(3.00) + 0.5\log(0.0) = -\infty$。遵循 MEL 规则的投资者会偏好 P。而对任意固定的投资期限 T, 最大化式 (9-1c) 形式的效用函数 ($a=1$) 期望值的投资者, 也即最大化最终财富期望值的投资者, 却会偏好 Q。

将 Q 的收益想象成由投掷一枚均匀的硬币来确定，硬币的正面表示获得收益。如果重复投掷硬币，那么最终出现背面的概率将为 1。从那时起，$0=W_T^Q<W_T^P=(1.06)^T$。于是，在这个特例中，与一般情形相同，MEL 投资组合超过（并持续领先于）另一个策略的时间将以 1 的概率出现。

然而，选取某个固定的时间点，例如 $T=100$。在那个时候，P 确定性地给出 $(1.06)^T$。而如果在 100 次投掷中出现了硬币背面，那么 Q 什么也不会提供；如果没有出现背面，那么 $W_T^Q=3^T$。因此，最终财富的期望值为

$$EW_T^Q=\left(\frac{1}{2}\right)^T 3^T=(1.5)^T>(1.06)^T=EW_T^P$$

于是，在这个例子中，再一次与一般情形相同，在 $T=1$ 时使 EU 最大化的投资组合，对预先固定的任意大的 T，仍使 EU 最大化，即便几乎必然会出现一个时间 T_0，对所有的 $T>T_0$，$W_T^P>W_T^Q$。

支持 MEL 的另一种观点

马科维茨（1976）认为，某事物"在长期中是最好的"这个断言，应该是一个渐近的表述：随着 $T\to\infty$，某个策略趋近于最优。萨缪尔森反对 MEL 的观点是通过一个固定时长的博弈来展示的。由于这个固定的时长是任意的，因而萨缪尔森的观点可以转变为如下的渐近观点。想象一个博弈系列 $G_1,G_2,G_3,\cdots,G_{100},\cdots$。第一个博弈是一个单期博弈，也即它的 $T=1$。第二个博弈 G_2 "就像"第一个博弈一样，除了它的时长为 2 期（$T=2$）外。第三个博弈 G_3 就像前两个博弈一样，除了它的时长为 3 期（$T=3$）外，等等。萨缪尔森反对 MEL 的观点是，当效用函数 $U(W_T)$ 如式（9-1c）和式（9-1d）那样是一个幂函数时，MEL 给出的 $EU(W_T)$ 并不趋近于使 $EU(W_T)$ 取最大值的投资组合所给出的期望效用。

一般而言，除时长更长外博弈 G_{T+1} "就像"博弈 G_T，这一概念假设：

（1）在每个博弈中，收益都是同一随机过程生成的；

（2）在每个博弈 G_{T_i} 中，投资者都面临相同种类的约束条件；

（3）用于评价博弈的方法是相同的。

事实上，萨缪尔森的分析体现最后一个要求——系列中的每个博弈都按照相同的方法进行评价——的方式，是用最终财富的同一函数来评价两个博弈。也可以用样本增长率 g 的同一函数的期望值来评价相继的博弈。在上一节的例子中，P 一直提供 0.06 的增长率。Q 提供的收益率为

$$g_Q = \begin{cases} -1.0，概率为 1-(1/2)^T \\ 2.0，概率为 (1/2)^T \end{cases}$$

如果 $H_1, H_2, \cdots, H_{100}, \cdots$ 就像莫辛－萨缪尔森博弈一样，除了前者每个博弈是用 g 的同一函数 $V = f(g)$ 的期望值进行评价外，那么在上面的例子中

$$EV_T^P = f(0.06)，对所有的 T$$

$$EV_T^Q = [1-(1/2)^T]f(-1.0) + (1/2)^T f(2.0) \tag{9-14a}$$

$$\rightarrow f(-1.0) \tag{9-14b}$$

因此，如果这些博弈都是用同一 $f(g)$ 评价，那么随着 T 增加，有

$$\lim EV_T^P > \lim EV_T^Q$$

马科维茨（1976）证明，如果用增长率 g 的同一连续、递增函数来评价一个与莫辛－萨缪尔森博弈类似的博弈，那么 MEL 通常都是渐近最优的。

假设一个人希望比较两个投资策略在不同投资期限，例如 10 年或 100 年中的表现。我们应该怎样确定延长投资期限是否对一个策略比对另一个更有利？对于所有有趣的情形，不管投资期限多长，总是存在一个策略或另一个策略表现较好的可能。问题是怎样在这些不同可能性的概率分布中进行选择。一种方法，即最终财富不变效用法，假设投资期限为 100 年时使 1 美元增加到 3 美元与使 1 美元增加到 6 美元或 9 美元之间的权衡，同投资期限为 10 年时的相应权衡是相同的。而增长率不变效用法假设投资期限为 100 年时实现 3％的增长率与实现 6％或 9％的增长率之间的权衡，同投资期限为 10 年时的相应权衡是相同的。对于一个固定的 T，最终财富的任何效用函数 $U(W_T)$，都能够表示成样本增长率的效用函数，即

$$U(W_T) = U[W_0(1+g)^T] = f(g)$$

但是，如同前一节中的例子所说明的，随着 T 增加，假定 $U(W_T)$ 保持不变，与假定 $f(g)$ 保持不变，对 MEL 渐近最优性的含义极为不同。

结论

如果在一个给定的环境中对"长期"的含义是什么存有疑问，就可以指出是在凯利意义上的长期投资，还是在萨缪尔森意义上的长期投资。事实上，凯利意义上的长期比萨缪尔森意义上的长期要常用得多〔例如，参见麦克莱恩、索普和津巴（MacLean, Thorp, and Ziemba, 2011）关于这一主题的著作〕。这并没有证明前者是对的和后者是错的，而只是说在没有明确规定时，

长期的含义更可能是哪一个。

如我们之前所指出的,马科维茨(1959)并没有建议投资者选择 MEL 投资组合。相反,他建议投资者不要选择有效边界上(均值)较高的投资组合,因为与 MEL 投资组合相比,这样一个投资组合短期波动性更高而长期(在凯利意义上)收益却较低。

滑行路径策略及其基本原理

人们通常认为,当临近退休时,投资者应该变得更加谨慎。因此,莫辛-萨缪尔森模型结论在实践中的重要性之一,是警告计算机辅助退休计划的设计者,如果在该计划下选择投资组合时假设效用函数是 MS 效用函数,那么随着指定的退休时间临近,这些投资组合将不会变得更加"谨慎"。在本章余下内容,我们考查了避免出现这一结果的三种方法。第一种方法应用于一个领先的"生命周期基金"家族,它是这类基金所采用的典型方法;第二种方法应用于 GC 公司的 GuidedSaving 产品;第三种方法构成马科维茨(1991)提出的生命周期博弈的实现之一部分。

伊博森(Ibbotson,2014)著作的第 7 章描述了提供"滑行路径"的一个生命周期基金家族。随着目标日期临近,滑行路径使基金的资产配置趋向谨慎。该书以及该书引用的其他文献所介绍的滑行路径基本原理,涉及了随着退休临近人力资本贬值的因素。由于伊博森将人力资本定义为得自就业的未来收入的现值,因此很显然它会随着退休的临近而缩水。

伊博森认为,人力资本通常更像债券而非股票。他指出,与终身教授的人力资本像债券相比,一些投资者(如股票经纪人)的人力资本更像股票而非债券。但总体上,伊博森估计人力资本类似于一个包含 70% 债券和 30% 股票的投资组合。[3]

因此,伊博森将典型投资者的总投资组合视为由可交易的子投资组合和不可交易的人力资本组成。前者包括公开交易的股票和债券,后者相当于以 30-70 的比例混合的股票和债券。伊博森的方法实际上假设投资者寻求目标日期财富的短视效用函数的最大值,从而寻求保持股票和债券之间的比例不变。但这样做要求随着目标日期临近,投资者沿着谨慎的方向对可交易的投资组合进行调整。

伊博森的滑行路径策略还有其他细节，例如随着目标日期的临近，股票选择趋向更加谨慎，固定收益证券中开始包含更多的通胀保值债券（TIPS），但其基本结构如前所述：可交易的子投资组合从股票向债券调整，以弥补更像债券的人力资本的贬值。

我们质疑伊博森方法（和其他人类似的方法）的基本前提：

（1）人力资本通常像债券；

（2）弥补类似债券的不可交易资产的缩水，是随着退休临近投资者的投资应该更加谨慎这一直觉背后的主要原因。

如果投资者的非投资收入能够较好地抵抗经济衰退，我们就将投资者的人力资本视为类似于债券。很明显，对于大多数自我雇用的个人或很容易被经营困难的企业解雇的人，情形并非如此。

相对风险规避

下一节介绍为何随着退休临近投资者的投资会更加谨慎的不同观点，但首先我们必须对相对风险规避（relative risk aversion）这一广泛运用的概念进行讨论。

式（9-1b）和式（9-1c）形式的对数效用函数和幂效用函数具有一个共同的特征，叫作不变相对风险规避（constant relative risk aversion，CRRA）（Arrow，1965；Pratt，1964）。如我们之前已经指出的，财富 W_1 的单期效用函数

$$U = U(W_1) \tag{9-15a}$$

也可以表示为即将到来时期的收益 R_1 的函数

$$U = U[W_0(1 + R_1)] \tag{9-15b}$$

CRRA 效用函数意味着投资者在收益 R 的概率分布中的选择不依赖于他的财富水平。我们没有发现这一假设是合理的，Guidedchoice（GC）的设计团队也是如此。例如，假设在退休的前一年（在最后一次向退休计划缴费之后，因而在伊博森意义上不再具有人力资本），投资者 A 和 B 必须在安全投资和风险投资之间选择一个组合。投资者 A 是一对已婚夫妇，他们将在 $t = T$ 时自动从一个卑微的工作岗位上退休。他们微薄的储蓄加上社会保障，使他们能够过上节俭但可容忍的生活。而投资者 B 则是一对富裕的夫妇。丈夫是

一个大型公司的首席执行官（CEO），根据公司的政策，他必须在 $t=T$ 时退休。他的妻子是一位艺术赞助人。他们在慈善事业上出手阔绰。由于健康和/或工作机会的原因，两对夫妇都不会在 $t=T$ 之后继续工作，因而都依靠各自的储蓄生活。

即使两对投资者夫妇都不再具有人力资本，人们也会预期财富较少的那对夫妇将会选择比那对富有的夫妇所选择的更加谨慎的投资组合。如果市场经历另一个像 2008 年那样的年份，那么较富有的夫妇就需要调整他们的慈善捐赠规模，并且或许还要改变在旅游和娱乐计划上的大手大脚。但如果较贫困夫妇的退休投资组合的价值遭受了类似比例的损失，结果将是悲剧性的。

因此，GC 决策支持系统（DSS）的设计者得出结论：一个典型投资者退休之初财富的效用 $U(W_T)$，并非在所有财富水平上都具有相同的相对风险规避，因而它不像莫辛和萨缪尔森所假设的那样是一个 CRRA 效用函数。

GuidedSavings 效用函数

回顾第 7 章，GC 公司的首个产品 GuidedSavings，利用退休时财富的函数 $U(W_T)$ 对收益轨迹进行评估。由于在 GC 公司的收益生成模型中，资产类的收益可能是自相关的，因而式（9-1c）形式的幂效用函数不一定是短视的。但 GC 公司的系统设计者认为"在适当的假设下"短视的效用函数并不合意，并认为问题出在效用函数的 CRRA 假设上。他们尝试了在他们看来是最简单和可能的非 CRRA 效用函数，发现它相当令人满意。具体而言，他们使用

$$U(W_T) = \begin{cases} -(W_T/\widetilde{W})^{-\alpha} & W_T \leqslant \widetilde{W} \\ \log(W_T/\widetilde{W}) - 1 & W_T > \widetilde{W} \end{cases} \qquad (9\text{-}16)$$

其中，$\alpha > 0$，W_T 为时期 T 的真实财富。我们将 $\widetilde{W}$ 称为断点或目标财富水平。在 $\widetilde{W}$ 之上财富的增加虽然受欢迎但并非至关重要，然而在 $\widetilde{W}$ 以下财富减少导致的痛苦却是递增的。[4]

资金充裕的情形

运用式（9-16）而非式（9-1b）或式（9-1c）中的效用函数来评价莫辛－

萨缪尔森式博弈的缺点，是博弈不再具有一个简明的解析解。我们发现，如下计算有助于理解具有 GC 效用函数的博弈解的性质。我们考虑这样一种情形：当前财富 W_t 足够大，以至于 GC 博弈的最优投资组合与莫辛－萨缪尔森博弈［效用函数为式（9-1b）形式的对效用函数］的最优投资组合大致接近。具体而言，不是基于事实，而是出于构造这一说明性例子的目的，假设：

◆ W_t 是独立同对数正态分布的。

◆ 从时期 t 直到终点 T，投资者都遵循 MEL 策略。

则最终财富 W_T 也是对数正态分布的，并且 $\log(W_T)$ 是正态分布的。我们要问：

◆ 时期 t 的财富水平 $\hat{W}_t$ 为多少，使得如果 $W_t > \hat{W}_t$，那么 $\log(W_T)$ 高出 $\log(\widetilde{W})$ 至少 k 个标准差？

有趣的是，$\hat{W}_t$ 并非时间的单调函数。例如，在下面的例子中，在退休前的第 9 年，$\hat{W}$ 取最大值，大约为 $2.5\widetilde{W}$。当距离退休的年数较少时，只需要一个较小的安全边际，因为不利的市场走势显著降低资本的时间也较少。但在这个例子中，距离退休的年数超过 9 年时，需要的安全边际也较小，因为，粗略地讲，"长期投资"或"大数定律"有更多的时间发挥作用。特别地，在这个例子中，如果距离退休还有 36 年，那么完全不需要安全边际，$\hat{W} = \widetilde{W}$。所有这些都是根据式（9-18）中 $\log(\hat{W})$ 和 $\log(\widetilde{W})$ 的关系得到的。在式（9-18）中，期望对数财富随着距离退休的剩余时间线性地增加，而对数财富的标准差则与剩余时间的平方根成比例调整。期望对数财富变化和对数财富标准差之间这一相同的交互影响必定在普遍地发挥作用，只不过不那么明显而已。

设 m 和 σ 分别为

$$y = \log(1 + R_t)$$

的均值和标准差，则 y 分布中 T 个独立同分布的抽样之和的均值和标准差为

$$m_T = Tm \tag{9-17a}$$

$$\sigma_T = \sqrt{T}\sigma \tag{9-17b}$$

设 $\hat{w} = \log(\hat{W})$，$\tilde{w} = \log(\widetilde{W})$。如果距离退休还有 T 个时期（比如说年），那么比 $\tilde{w}$ 高出 k 个标准差的财富水平 $\hat{w}$ 满足

$$\hat{w} = \tilde{w} + \sqrt{T}k\sigma - Tm \tag{9-18}$$

在注释[5]中我们证明了，如果设

$$K = k\sigma/m \qquad (9\text{-}19)$$

那么当 $T=0$ 和 $T=K^2$ 时，$\hat{w}=\tilde{w}$。当

$$T = K^2/4 \qquad (9\text{-}20a)$$

$\hat{w}-\tilde{w}$ 取最大值。此时

$$\hat{w}-\tilde{w} = k^2\sigma^2/(4m) \qquad (9\text{-}20b)$$

例如，如果 $m=0.1$，$\sigma=0.2$，$k=3$，那么 $K=6$，并且当 $T=0$ 和 36 年时 $\hat{w}=\tilde{w}$。换言之，在这些参数值下，当距离退休至少还有 36 年时，如果当前财富等于断点财富水平，$W_t=\tilde{W}$，那么就可以合理预期从现在直到退休 MEL 投资组合是近似最优的。$W_T/\tilde{W}$ 的最大比率在

$$T = K^2/4 = 9(\text{年})$$

时取得。在那时，高于断点财富水平 3 个标准差的 MEL 政策所要求的比率为

$$\hat{W}/\tilde{W} = \exp(k^2\sigma^2/4m) = 2.46 \qquad (9\text{-}21)$$

因此，至少在这一方面，与式（9-16）定义的效用函数相关的滑行路径，同人力资本解释所隐含的滑行路径极为不同。在后者中，持有的债券以一种与投资者财富水平无关的方式单调增加。对于式（9-16）中的效用函数，情形则并非如此。

以式（9-16）的期望值最大化为基础的独立产品，可以被描述为"目标日期或目标财富"基金。沿着这些思路的进一步结论，可参见利维即将发表的文章。例如，利维总结道："在 $T=30$ 年或更长的期限内，（MEL）差不多一阶随机占优于（first-order stochastic dominance，FSD）其他投资策略。"

一个生命周期博弈效用函数

在设计 DSS 时，必须区分世界的哪些方面应予以考虑，哪些方面可以忽略或留待评价。马科维茨（1991）的生命周期博弈建议将金融规划过程的更多方面纳入标准金融 DSS 中。为沿着 GuideSavings 和 GuidedSpending 例子的思路实现这一点，DSS 的设计者必须在他们的模拟程序、DSS 数据库和决策规则中对以下各项进行建模：

（1）扩展的状态空间及其是如何演变的；

（2）投资者的行为是怎样改变这一演变过程的；

（3）怎样为轨迹赋予效用。

就目前而言，在我们看来最后一点是最困难的。例如，在"死亡率表"之外，由于伤残保险的存在，保险公司还会编制"健康表"，以显示从健康到疾病和反过来从疾病恢复健康的概率，并且劳工统计局（Bureau of Labor Statistics）的数据能够协助生命周期博弈设计团队对从就业到失业和反过来从失业到就业的转变进行建模。

但为轨迹赋予效用更具挑战性。具体而言，与用一个单一的数 C_t 描述时期 t 的消费不同，模拟家庭在这一时期的快乐水平取决于家庭成员的多少、是住在大房子里还是住在小公寓中，以及是否因为某个成员在其他地方找到新工作而需要现在搬家，等等。这既需要用到行为学方法，也需要用到理性分析方法。用到行为学方法，是因为要反映人们的可行选择。用到理性方法，是因为例如 RDM 家庭明白信用卡债务高利率的后果。

在第一步［具有第（1）、（2）点，但没有第（3）点］，可以运用试探法对家庭决策进行建模，并展示得自一个或多个模拟运行的各种摘要统计量。我们将这视为隐性的 EU 最大化。但任何显性的 EU 最大化的尝试，甚至基于回溯测试或蒙特卡罗分析对可供选择的试探法进行排序，都必须在获得显性效用函数之后才可行。得到一个将效用赋予生命周期博弈轨迹的可行算法，需要多学科相当大的努力，以及反复的辩论，但这个过程应该能有助于实现实际的和理想的金融规划目标。就像冯·诺依曼所说的：

如果你认为数学复杂，那是因为你把人生想得太简单。[6]

第 10 章

Risk-Return Analysis

作为社会选择的投资组合选择

引言

在第 6 章，我们看到一个投资组合通常有多个需求应予以考虑的利益相关者。这即是阿罗（Arrow，1951）所说的社会选择。阿罗证明，基于选民对候选人的排序来选择获胜者的投票系统，没有一个能够确定地满足一系列在他看来是不言自明的重要条件。但古德曼和马科维茨（Goodman and Markowitz，1952）、希尔德雷斯（Hildreth，1953）并不认为阿罗的所有条件都是重要的，甚或合意的。相反，他们分别提出了一系列条件，这些条件总能够由一个适当的投票系统来满足。在权威教科书《博弈与决策：导论与批评性回顾》（*Games and Decisions：Introduction and Critical Review*）中，作为对阿罗不可能定理做出了重要回应，卢斯和雷法（Luce and Raiffa，1957）列举了马科维茨和古德曼的论文、希尔德雷斯的论文，以及他们自己对纳什（Nash，1950a）讨价还价问题论文的推广。

本章回顾了阿罗、古德曼和马科维茨、希尔德雷斯，以及卢斯和雷法的建议，并增加了一个我们认为值得考虑的建议。

在本章中，我们的目标是规范的而非实证的。我们不考虑联合决策在事实上是怎样做出的这种复杂问题，而是关注它们应该怎样做出。例如，为家庭提供金融行动建议的决策支持系统，应该怎样考虑父母和孩子的需求与偏好？

本书第 1 卷给出了第 2 卷、第 3 卷和第 4 卷计划撰写内容的提纲。在第 3 卷的计划中，马科维茨指出，休谟对经验主义论断（例如牛顿的引力"定律"）和理念之间的关系（例如毕达哥拉斯定理）这二者进行了区分。哲学家在传统上还区分了第三种类型的论断，即价值判断，例如"尊重你的父亲和母亲"是值得赞美的。本章大部分内容关注的是理念之间的关系，特别是有关各种条件集的问题。这些条件集隐含着某些社会选择规则和这些规则的其他含义。至于哪种规则最好，就是一个价值判断了。尽管我们对自己的最新观点表现出了一些偏好，但并不认为我们有任何论点是不可抗拒的。对 DSS 的设计者，我们实际上是说："这里有一些选项及其结果，请自行选择。"

阿罗悖论

阿罗提出了他认为是社会选择规则基本要求的 5 个条件。这些条件有一定的技术性，读者应查看这些条件原始的严格表述。古德曼和马科维茨将它们重新表述如下：

条件 1。社会福利函数是一种获得简单社会排序的方法……它定义于个人投票者排序的一个足够广泛的范围。

条件 2。如果选项（a）在每个人的排序中上升或保持不变，同时在每个人的排序中又没有发生其他改变，那么选项（a）在社会排序中也会上升，至少不会下降。

条件 3（无关选项的独立性）。如果每一个投票者对合格候选人的排序在一种情形下与在另一种情形下完全相同，那么无论其他曾经被考虑过（但无效）的候选人的排序是怎样的，两种情形下在合格候选人之间的选择是相同的。

条件 4。社会福利函数不能"被强加"，也即它不能独立于个人偏好而被给定。

条件 5。社会福利函数不能是独裁的，也即它不能和某个个人的偏好完全一致，而与所有其他个人的偏好无关。

在第 1 章中，像冯·诺依曼和摩根斯坦一样，我们讨论了期望效用的"公理"。而古德曼和马科维茨（Goodman and Markowitz）讨论了社会选择的"条件"，就像阿罗一样。当我们指的是阿罗或古德曼和马科维茨的基本假设时，我们就用"条件"，而当我们介绍自己的基本假设时，这些假设与古德曼和马科维茨的假设类似但不同，就用"公理"。

古德曼和马科维茨（GM，1952）定理

古德曼和马科维茨（GM）认为阿罗的条件 3，即无关选项的独立性并非必不可少的，甚至是不合意的。他们的论证如下：

假设你打算提供茶点给两位朋友。你可以向他们提供咖啡或茶，但不能两样都提供。A 偏好咖啡，而 B 偏好茶。显然，一个对称的（"民主的"）社会福利函数对咖啡和茶的排序是相同的。假设你拥有其他有关 A 和 B 的偏好的信息。虽然 A 相对于茶更偏好咖啡，但他偏好茶甚于可可，偏好可可甚于牛奶。B 不仅偏好茶甚于咖啡，而且偏好可可、牛奶和番茄汁甚于咖啡；此外，相比于咖啡，他宁愿喝水；他偏好茶又甚于可可、牛奶、番茄汁和水。给定这一补充的信息，看起来提供茶而非咖啡是可行的，因为对 A 而言，这并没有"太大差异"；对 B 而言，则有"相当大的差异"。

古德曼和马科维茨的建议形成了一个重要的假设和三个附加的条件。这个重要的假设是给定的投票者只能辨别有限个偏好水平。在正式讨论中，古德曼和马科维茨假定：

对任意给定的信息状态（由排序矩阵 $A = [a_{ij}]$ 给出），社会福利函数给出选项的一个简单排序，而不管这些选项是否可得，也即社会福利函数对作为 m 维欧几里得空间中集合元素的向量

$$(a_{1j}, a_{2j}, \cdots, a_{mj})'$$

进行排序。社会福利函数定义于所有的信息状态（"普遍适用性"），即排序定义于元素为正整数的所有矩阵 (a_{ij})。

A 矩阵的元素 a_{ij} 是投票人 i 赋予候选人 j 的排序"得分"。较高的得分优于较低的得分。我们将古德曼和马科维茨的"普遍适用性"假设看作他们的"条件 0"。他们的 3 个编号的条件是：

条件 1（帕累托最优）。 如果没有人偏好 j_2 甚于 j_1，但有人偏好 j_1 甚于 j_2，那么社会偏好 j_1 甚于 j_2，也即如果对于所有的 i，有 $a_{ij_2} \leqslant a_{ij_1}$，并且对某个 i，有 $a_{ij_2} < a_{ij_1}$，那么 $\{a_{ij_2}\} < \{a_{ij_1}\}$。

在条件 1 中，"$\{a_{ij_2}\}<\{a_{ij_1}\}$"应理解为：社会偏好（列）向量 $(a_{1j_1}, \cdots,$ $a_{nj_1})'^{\ominus}$ 甚于（列）向量 $(a_{1j_2}, \cdots, a_{nj_2})'^{\ominus}$。更一般地，任何时候一个向量或其典型元素被包含在花括号里面，并与其他同样包含在花括号中的向量或元素做比较，这样的比较都应理解为一个社会偏好。例如，$\{u\}=\{v\}$ 是说社会选择函数在向量 u 和 v 之间无差异。

古德曼和马科维茨指出，"在一些情形中如下条件是合意的"：

条件 2（对称性）。A 的行互换，社会排序不变。

特别地，如果投票造册是匿名的，那么这一条件成立。最后，古德曼和马科维茨假设：

条件 3（只有差别才重要）。假设投票者 i 显示出了 L_i 个水平的辨别能力，则如果我们分别以 $a_{i1}+c$ 和 $a_{i2}+c$ 代替 a_{i1} 和 a_{i2}，那么候选人 1 和 2 的社会排序不变。常数 c 必须是整数，以满足 $1 \leqslant a_{ij}+c \leqslant \max[L_i]^{\ominus}$（对所有的 j）。

由于可以为 n 个投票者中的每一个都加上不同的（正或负的）常数 c，条件 3 意味着：

假设投票者 i 能够分辨出 L_i 个水平的偏好，则如果我们对每个投票者 i，分别以 $a_{i1}+c_i$ 和 $a_{i2}+c_i$ 代替 a_{i1} 和 a_{i2}，那么候选人 1 和 2 的社会排序不变。常数 a_{ij} 和 c_i 必须是满足

$$1 \leqslant a_{ij}+c_i \leqslant L_i$$

的整数。

古德曼和马科维茨定义一个社会福利函数是"可接受的"，如果它满足上述 4 个条件。他们证明了：

定理 1：（A）如果 $\sum a_i = \sum b_i$，有 $\{a_i\}=\{b_i\}$；如果 $\sum a_i > \sum b_i$，有 $\{a_i\}>\{b_i\}$，那么由此定义的排序关系是一个可接受的社会福利函数。（B）它是唯一可接受的社会福利函数。

我们将在下一节证明古德曼和马科维茨的定理 1。

㊀ 原书中为 $(a_{ij_1}, \cdots, a_{nj_1})'$，疑似有误。——译者注

㊁ 原书中为 $(a_{ij_2}, \cdots, a_{nj_2})'$，疑似有误。——译者注

㊂ 原书如此，似应为 $1 \leqslant a_{ij}+c \leqslant L_i$。——译者注

在定理 1 之后，古德曼和马科维茨将条件 3 重新标记为条件 3a，并将条件 3b 定义为"当且仅当偏好向量（ca_i）甚于向量（cb_i）时，偏好向量（a）甚于向量（b）"。然后，他们将定理 2 表述为：

定理 2：（A）当用条件（3b）替代条件（3a）时，如果 $\prod a_i = \prod b_i$，有 $\{a_i\} = \{b_i\}$；如果 $\prod a_i > \prod b_i$，有 $\{a_i\} > \{b_i\}$，则由此定义的排序关系是一个可接受的社会福利函数。（B）它是唯一可接受的社会福利函数。

古德曼和马科维茨在证明定理 2 时，假设每一个 a_i 和 b_i 都是整数，就像 c 一样。他们的证明将在下一节中给出。

定理 1 和定理 2 的一个推论是，没有选择规则符合社会排序不受将 a_{ij} 改变为 $\alpha + \beta a_{ij}$（对任意的 α 和 $\beta > 0$）影响的要求。

古德曼和马科维茨定理的证明

本节对古德曼和马科维茨文章中高度压缩的证明过程进行了扩充。

定理 1 的证明：结论（A）是直观的，因为古德曼和马科维茨的条件很容易得到证实。现在我们证明结论（B）。

我们将一个社会排序规则称为"相符的"（而非"可接受的"），如果它符合一个给定的条件集或公理集，例如古德曼和马科维茨的条件 0、1、2 和 3。首先考虑 $\sum a_i = \sum b_i$ 的情形。我们必须证明，任何相符的规则都确定了 $\{a_i\} = \{b_i\}$。对每个投票者 i，古德曼和马科维茨定义了一个加到 a_i 和 b_i 上的常数 c_i，根据他们的条件 3，将 c_i 加到 a_i 和 b_i 上不影响社会选择。具体而言

$$c_i = -a_i + \sum_{s=1}^{i-1}(b_s - a_s), \; i = 1, \cdots, m \tag{10-1a}$$

当 $i = 1$ 时，式（10-1a）为

$$c_1 = -a_1 \tag{10-1b}$$

然后，古德曼和马科维茨请读者证实

$$a_i + c_i = b_{i-1} + c_{i-1}, \; i = 2, \cdots, m \tag{10-2a}$$

和

$$a_1 + c_1 = b_m + c_m = 0 \tag{10-2b}$$

我们将此留作习题。因此，根据古德曼和马科维茨的条件 3，在两个候选人之间选择与在两个具有效用向量（$a+c$）和（$b+c$）的候选人之间选择是相同的，但 $b+c$ 的效用得分是 $a+c$ 的效用得分的变换。因此，根据条件 2，任

何相符的社会选择函数对两个候选人的排序都是等同的。

接下来，假设 $\sum a_i > \sum b_i$。我们必须证明任何相符的社会选择规则确定了 $\{a_i\} > \{b_i\}$。现在，古德曼和马科维茨请读者设定一个向量 $(c_1, \cdots, c_m)$，满足

$$\sum c_i = \sum (a_i - b_i) \tag{10-3a}$$

$$c_i = 0，当 a_i < b_i 时 \tag{10-3b}$$

$$c_i + b_i \leqslant a_i，当 a_i \geqslant b_i 时 \tag{10-3c}$$

（古德曼和马科维茨隐含地假设所有的 c_i 都是非负的。）

为实现这一目的，设

$$K = \left(\sum (a_i - b_i) \right) \Big/ \left(\sum_{a_i \geqslant b_i} (a_i - b_i) \right) \tag{10-4a}$$

由于分母中的求和省略了分子求和中出现的负项，并且由于式（10-4a）的两个求和都是正数，因此我们有

$$0 < K \leqslant 1 \tag{10-4b}$$

现在假设

$$c_i = \begin{cases} K(a_i - b_i) & 当 a_i \geqslant b_i 时 \\ 0 & 当 a_i < b_i 时 \end{cases} \tag{10-4c}$$⊖

读者可以证实式（10-3）中的所有要求都得到满足，并且对至少一个 i，$c_i > 0$。读者也能够证实

$$\sum (b_i + c_i) = \sum a_i \tag{10-5a}$$

$$b_i + c_i \geqslant b_i \tag{10-5b}$$

对至少一个 i，$b_i + c_i > b_i$。因此，一个相符的社会选择函数对向量 (a) 和向量 $(b+c)$ 的排序是等同的（根据前面已经证明的结论），并且偏好 $(b+c)$ 甚于 (b)（根据古德曼和马科维茨的条件1），从而偏好 (a) 甚于 (b)。

证明完毕

定理 2 的证明：古德曼和马科维茨指出，如果我们

$$以 a_i = \exp(x_i) 代替 a_i$$

并且考虑 x 空间中的排序，则定理 2 可通过"对定理 1 稍做修改"来证明。为实现这一目的，注意到

$$x_i = \ln(a_i) \tag{10-6}$$

⊖ 原书中式（10-4c）为 $c_i = K(a_i - b_i)$，疑有误，更正此。——译者注

然后注意到如果向量 $(\ln(a_i))$ 满足条件 1 和 2，那么向量 (a_i) 也满足条件 1 和 2，并且条件 3b 等价于，当且仅当偏好 $(\ln(a_i)+\ln(c))$ 甚于 $(\ln(b_i)+\ln(c))$ 时，偏好 $(\ln(a_i))$ 甚于 $(\ln(b_i))$。

证明完毕

理性决策者的社会排序

如在第 1 章讨论的，理性决策者和一般决策者的一个主要区别是前者能够完全精确地认知自己的偏好，而后者则不能。古德曼和马科维茨假定，一个投票者只能够辨别有限个偏好水平，因而具备一般决策者的特征。一个理性决策的投票者会分配给每个候选人一个效用数字，而非一个偏好水平。在接下来的内容中，我们假设第 i 个投票者寻求最大化效用 u_i 的期望值。具体而言，我们假设投票者的偏好满足第 1 章中的三个公理。这三个公理的主要含义是：①做出的选择与期望效用准则相符；②每个理性决策者的效用 u_i 都是有界的

$$\underline{u}_i \leqslant u_i \leqslant \bar{u}_i \tag{10-7a}$$

我们假设 $\underline{u}_i < \bar{u}_i$，否则第 i 个投票者就对选择哪个候选人的问题漠不关心。如第 1 章中所示，由于可以选择任何结果以获得零效用，以及任何受偏好的结果来获得单位效用，我们假设

$$\underline{u}_i = 0, \bar{u}_i = 1 \tag{10-7b}$$

定义满足式 (10-7) 的 m 维向量 u 构成的集合 S_F 为可行集，以区别于可得集 S_A。将任意的 $u \in S_F$ 称为可行向量。我们规定社会排序规则能够比较任何两个可行向量，但除 $S_A \subset S_F$（也可能有 $S_A = S_F$）外，不对可得集做任何假设。

希尔德雷斯的建议

希尔德雷斯（Hildreth，1953）假设个人根据期望效用准则采取行动，并假设社会选择应该基于这些效用做出。然而，尽管两个 GM "条件" 集中的每一个都意味着明确的社会选择规则，但希尔德雷斯的条件却太过宽泛，并不意味着这样的规则。例如，作为一种满足他在式（2-11）中所设定条件的方法，希尔德雷斯建议以如下形式做出选择

$$v = \sum_{i=1}^{n} g(u_i) = \sum_{i=1}^{n} g[f_i(X)] \qquad (10\text{-}8)$$

其中，X 为"社会状态"，$f_i(X)$ 将效用赋予 X，以及根据希尔德雷斯，"g 可从一大类函数中选择"。就其本身而言这没有什么问题，但就像阿罗的结论一样，它不能指导行动：在阿罗的情形中是因为没有规则能够满足要求；在希尔德雷斯的情形中，则是因为太多规则能够满足要求。

马科维茨和布莱（MB）公理

在这一节中，我们用效用向量而非排序向量重新表述古德曼和马科维茨的条件与定理。为避免混淆，我们将其称为马科维茨和布莱公理 0～3，而不是古德曼和马科维茨条件 0～3。对古德曼和马科维茨的两个定理，做类似的处理。除了以"效用"替代"排序"外，GM 条件和 MB 公理的最主要区别是 GM 条件 0 假定可得集是有限的，而 MB 公理 0 无此假设。

如前面已经指出的，我们假设 u_i 有上界和下界，并且

$$\underline{u_i} = \text{glb}(u_i) = 0$$
$$\bar{u}_i = \text{lub}(u_i) = 1 \qquad (10\text{-}9)$$

这样不失第 1 章公理之外的一般性。

设

$$\underline{u} = (0)$$
$$\bar{u} = (1) \qquad (10\text{-}10)$$

分别是第 i 个元素为 0 和 1 的向量。运用标准的矩阵符号，我们定义 u 是可行的，如果

$$0 \leqslant u \leqslant 1 \qquad (10\text{-}11a)$$

也即

$$0 \leqslant u_i \leqslant 1, \ i = 1, \cdots, m \qquad (10\text{-}11b)$$

◆ **公理 0**：简单排序。

（A）如果 u 和 v 是可行的，那么或者 $\{u\} \geqslant \{v\}$，或者 $\{v\} \geqslant \{u\}$（或者两者同时成立）。

（B）如果 $\{u\} \geqslant \{v\}$ 并且 $\{v\} \geqslant \{w\}$，那么 $\{u\} \geqslant \{w\}$。

$\{u\} = \{v\}$ 被定义为 $\{u\} \geqslant \{v\}$ 和 $\{v\} \geqslant \{u\}$ 同时成立。

$\{u\}>\{v\}$ 被定义为 $\{u\}\geqslant\{v\}$ 成立而 $\{v\}\geqslant\{u\}$ 不成立。

◆ **公理 1**：帕累托最优。对任意两个可行向量 u 和 v，如果 $u\geqslant v$ 并且 $u\neq v$，那么 $\{u\}>\{v\}$。在这种情况下，我们说 u 对 v 是占优的。

◆ **公理 2**：对称性。如果 u 的元素是 v 的元素的重新排列，那么 $\{u\}=\{v\}$。

◆ **公理 3**：只有差别才重要。对任意常向量 c，如果 u、v、$u+c$ 和 $v+c$ 都是可行的，那么当且仅当 $\{u+c\}\geqslant\{v+c\}$ 时，$\{u\}\geqslant\{v\}$。

运用当前的符号，GM 定理 1 就变成了 MB 定理 1：

A. 排序函数 $f(u)=\sum_{i=1}^{m} u_i$ 是相符的。

B. A 中 $f(u)$ 给出的排序是唯一相符的排序。

MB 定理 1 的证明，与古德曼和马科维茨对 GM 定理 1 的证明基本相同。

GM 定理 2 也可改写成 MB 定理 2，并且 MB 定理 2 的证明也像古德曼和马科维茨的论文中一样。为此目的，将 MB 公理 3 重新标记为 MB 公理 3a，然后将 GM 条件 3b 改写并标记为 MB 公理 3b。

GM 的推论，即没有符合社会排序不受将 a_{ij} 改变为 $\alpha+\beta a_{ij}$（对任意的 α 和 $\beta>0$）影响这一要求的选择规则，看起来与第 1 章中表明的线性相关的效用函数

$$V=\alpha+\beta U, \beta>0$$

给出可选概率分布完全相同排序的事实相矛盾。这一明显的矛盾不复存在，如果我们按照如下方式阐释 MB 公理：投票者赋予每一个候选人 j 一个效用，u 的零点和单位刻度已经确定。从而，如果 $c_i>0$，那么在 MB 公理 3 中 u_j+c_i 表示一个有更高排序的候选人，而不是指效用函数的尺度调整了。这是 GM 条件 3 的一个适当推广，因为前者实际上假设了 $\underline{u}_i=1$ 和 $\bar{u}_i=L_i$，以及（对于正整数 c）"$a_{ij}+c$" 是一个有更高排序的候选人的排名。

算术和几何平均效用

MB 定理 1 是说，如果某些公理成立，那么 $\{u\}\geqslant\{v\}$ 当且仅当

$$\sum_{i=1}^{m} u_i \geqslant \sum_{i=1}^{m} v_i \tag{10-12}$$

在式（10-12）两边除以 m，就有

$$\left(\sum_{i=1}^{m} u_i\right)\bigg/ m \geqslant \left(\sum_{i=1}^{m} v_i\right)\bigg/ m \qquad (10\text{-}13)$$

换言之，MB 公理意味着 $\{u\} \geqslant \{v\}$ 当且仅当

$$AM(u) \geqslant AM(v) \qquad (10\text{-}14)$$

其中，AM（ ）表示"算术平均值"。

MB 定理 2 是说，如果某些略微不同的公理成立，那么 $\{u\} \geqslant \{v\}$ 当且仅当

$$\prod_{i=1}^{m} u_i \geqslant \prod_{i=1}^{m} v_i \qquad (10\text{-}15)$$

在式（10-15）两边同时取 m 次方根，就有 $\{u\} \geqslant \{v\}$ 当且仅当

$$GM(u) \geqslant GM(v) \qquad (10\text{-}16)$$

其中，GM 是指 u 的几何平均值。或者，在式（10-16）两边取对数，就可看到以 MB 公理 3b 替代 3a 意味着 $\{u\} \geqslant \{v\}$ 当且仅当

$$AL(u) \geqslant AL(v) \qquad (10\text{-}17)$$

其中，AL 表示对数的平均值。

总之，4 个 MB 公理（包括公理 3a）意味着平均（也称作算术平均）效用的最大化，而用公理 3b 替代 3a，则意味着个人效用得分的几何平均值的最大化，或他们的对数效用平均值的最大化（请勿与具有对数效用函数的投票者相混淆）。

重新审视对称性

古德曼和马科维茨指出他们的对称性假设，即他们的条件 2，"在一些情形中"是合意的。但如果 GM 条件 2 所明确的对称性并非合意的，比如在一个家庭中，父母的需要和偏好对选择的影响大于孩子和宠物，又会怎样呢？如果我们将 GM 选择矩阵的行，或者 MB 选择向量 u 和 v 的元素视为选票而非投票者，就可立即得到答案。具体而言，如果我们

◆ 允许每个投票者有不止一张选票；
◆ 假设第 i 个投票者的所有 n_i 张选票都是相同的，因为它们都类似于投票者的效用，而非可能引起投票者在不同投票之间改变陈述性偏好的策略考量；
◆ 假设 GM 条件 2 和 MB 公理 2 适用于选票而非投票者。

那么，GM 定理 1 和 MB 定理 1 意味着 $\langle u \rangle \geqslant \langle v \rangle$，当且仅当

$$\sum_{i=1}^{m} n_i u_i \geqslant \sum_{i=1}^{m} n_i v_i \tag{10-18}$$

其中，n_i 是第 i 个投票者"拥有的"选票数。如果我们在式（10-18）两侧都除以 $\sum n_i$，就能够得到一个一般形式的等价排序标准

$$\sum_{i=1}^{m} \beta_i u_i \geqslant \sum_{i=1}^{m} \beta_i v_i \tag{10-19}$$

其中，β_i 为正有理数，它们的和等于 1.0。反过来，给定任意一组正有理数 β_i（无论它们的和是否等于 1.0），总是存在若干选票和这些选票的一个分布，使得式（10-19）是选择函数［只需将所有的分数以它们共同的分母表示，并在式（10-19）的两侧都乘以这个共同的分母］。因此，存在多选票的投票系统，使式（10-19）中的系数可为任意的正有理数。

我们注意到，上述讨论是以一种形式的对称性取代另一种形式的对称性，即以"一次一票"取代"一人一票"。但后者是前者的特例，在后者中，每个人只有一张选票。为免读者认为这里的更一般假设是对称性的唯一合理形式，我们提请读者注意稍后小节中讨论的"纳什对称性"。

尺度调整策略

如在第 1 章中看到的，就个体的偏好而言，效用函数的递增线性变换给出等价的效用函数。但通过某个符合 MB 公理的选择函数，如算术或几何平均效用，递增的线性变换可能会影响个体偏好的候选人的排序。特别地，如果我们将初始效用赋值 u 表示为新的效用赋值 $\tilde{u}$ 的一个线性函数

$$u_i = a_i + b_i \tilde{u}_i, \ i = 1, \cdots, m$$

那么式（10-19）中的排序函数就变成

$$f(\tilde{u}) = \sum_{i=1}^{m} \beta_i (a_i + b_i \tilde{u}_i) = \sum_{i=1}^{m} \beta_i a_i + \sum_{i=1}^{m} \beta_i b_i \tilde{u}_i \tag{10-20a}$$

相应地

$$f(\tilde{v}) = \sum_{i=1}^{m} \beta_i a_i + \sum_{i=1}^{m} \beta_i b_i \tilde{v}_i \tag{10-20b}$$

从而

$$f(\tilde{v}) - f(\tilde{u}) = \sum_{i=1}^{m} \beta_i b_i (\tilde{v}_i - \tilde{u}_i) \tag{10-20c}$$

因此，a_i 的选择不影响 $f(\tilde{v}) - f(\tilde{u})$ 的符号，但 b_i 的不同选择却可能改变它。

如果我们选择

$$a_i = 0$$

$$b_i = 1/\beta_i$$

那么式（10-20a）就变成

$$\tilde{U} = \sum_{i=1}^{m} \tilde{u}_i \tag{10-21}$$

因此，如果按一种尺度调整，母亲和父亲的效用均被认为是孩子效用的 k 倍，而按另一种尺度调整，他们对社会选择的影响又被认为与孩子是相同的。

接下来，考虑尺度调整对式（10-17）中对数平均值规则，或等价地，对由 GM 定理 2 改写得到的 MB 定理 2 中乘积规则的影响。作为一个可分的（函数求和）表达式，前者或许更为显而易见。如果 u_i 等于一个非零常数乘以 $\tilde{u}_i$，那么反过来同样有

$$\tilde{u}_i = bu_i, \ i = 1, \cdots, m \tag{10-22a}^{\ominus}$$

并且我们得到

$$V = \sum \log(\tilde{u}_i) = \sum \log(b_i u_i)$$
$$= \sum \log(b_i) + \sum \log(u_i) \tag{10-22b}$$

由于式（10-22b）右侧的第一项不依赖于 u_i，第二项不依赖于 b_i，因而乘以常数不影响效用向量之间的比较。

然而，将常数 a_i 加到 u_i 上，即使是将同一常数加到每个 u_i 上，从而有

$$\tilde{u}_i = a + u_i \tag{10-23}$$

也可能对 u 的排序产生重要影响。例如，想象 a 在 0 和某个（正或负的）常数之间变化。于是

$$V = \sum \log(a + u_i) \tag{10-24a}$$

$$\frac{dV}{da} = \sum (a + u_i)^{-1} \tag{10-24b}$$

特别地，当 $a = 0$ 时

$\ominus$ 原书中为 $u_i = b\tilde{u}_i$，疑有误，更正为此。——译者注

$$\frac{dV}{da} = \sum u_i^{-1} \qquad (10\text{-}24c)$$

因此，投票者效用 u_i 的一个小变化对 V 的影响，与 u_i 的大小成反比。

投票团体

一些时候，将投票者群体视为投票团体是非常有用的。我们将任何有两个或更多属于同一分类的投票者的集合定义为一个投票团体。投票团体的例子包括父母 v.s. 孩子、养老金计划投资组合选择中的政府雇员 vs. 纳税人 vs. 其他利益相关者，以及美国各州的投票者。如果一个分类产生了 K 个投票团体，那么 MB 定理 1 中的 $f(u)$ 可以写成

$$f(u) = \sum_{k=1}^{K} \left(\sum_{i \in P_k} \beta_i u_i \right) = \sum_{k=1}^{K} U_k \qquad (10\text{-}25a)^{\ominus}$$

其中

$$U_k = \sum_{i \in P_k} \beta_i u_i \qquad (10\text{-}25b)^{\ominus}$$

因此，在两个候选人 u 和 v 之间选择，只要像式（10-25）那样定义候选人对投票团体的效用，那么投票就可以在投票团体而非个体之间进行。

卢斯、雷法和纳什（LRN）选择规则

卢斯和雷法（Luce and Raiffa，1957）对阿罗、希尔德雷斯，以及古德曼和马科维茨在社会选择方面的工作进行了评述，并给出了他们自己在这一领域的建议。他们的建议是对两人讨价还价问题纳什解的推广，因此我们将其称为卢斯、雷法和纳什（LRN）规则。具体而言，它的排序标准是

$$U = \prod_{i=1}^{m} (u_i - u_i^0) \qquad (10\text{-}26a)$$

其中，u_i^0 是依附于投票者 i 最低限度可接受的某个候选人的效用。特别地

⊖ 原书中为 $f(u) = \sum_{k=1}^{K} \left(\sum_{i \varepsilon P_k} \beta_i u_i \right) = \sum_{k=1}^{K} U_k$，疑有误，更正为此。——译者注

⊖ 原书中为 $U_k = \sum_{i \varepsilon P_k} \beta_i u_i$，疑有误，更正为此。——译者注

$$\underline{u}_i \leqslant u_i^0 \leqslant \bar{u}_i \qquad (10\text{-}26\text{b})$$

卢斯和雷法指出，由式（10-26）确定的排序不受线性变换中 α_i 和 β_i 选取的影响，因为

$$V = \prod_{i=1}^{m} \left[\alpha_i + \beta_i u_i - (\alpha_i + \beta_i u_i^0) \right]$$

$$= \prod_{i=1}^{m} \beta_i (u_i - u_i^0) = \left(\prod_{i=1}^{m} \beta_i \right) \left(\prod_{i=1}^{m} (u_i - u_i^0) \right) \qquad (10\text{-}27)$$

也即 V 是 U 的倍数，从而表明线性变换不改变效用向量的排序，但效用向量的排序的确取决于 u_i^0。特别地，卢斯和雷法提出的规则，仅用于对

$$u_i > u_i^0, \ i = 1, \cdots, m \qquad (10\text{-}28)$$

的向量进行比较。因此，LRN 规则并不满足我们有关社会排序规则应能对每一个可行的向量进行排序的最低要求，但他们将社会选择建立在纳什讨价还价解的基础上的想法却值得探究。

纳什对称性

　　式（10-26a）中的 LRN 标准建立在两人讨价还价问题纳什解的基础上。纳什基于 8 个假设推导出两人讨价还价问题的解。前 5 个假设意味着：①两个讨价还价者中的每一个都寻求最大化期望效用；②两人讨价还价问题的解是可得效用对（u_1, u_2）的函数。符合 MB 公理的社会排序同样符合纳什分析的这一结论，因为它是 MB 公理 0 的一部分。而且，我们还将看到纳什的假设 6 和 7 与 MB 公理 0 和 1 是类似的，尽管它们并不完全相同。对于当前的讨论，它们之间的差异是无关紧要的。让我们感兴趣的是纳什的第 8 个假设，即与 MB 公理 2 不同的对称性假设。我们将会看到，这个替代性的对称性假设相当有吸引力，但它既不与 MB 公理 2 兼容，也不与 MB 公理 3 兼容。在本节中，我们主要关注的是符合 MB 公理 0 和 1，以及纳什对称性条件的社会选择函数。

　　我们将证明，给定纳什或我们的前提假设，纳什的结论是有问题的。具体而言，他得出结论认为"乘积规则"对于满足他的假设是必要和充分的。而我们将证明一大类函数 $f(u_1, u_2)$，更一般地，$f(u_1, \cdots, u_m)$ 满足这些假设。在这些函数中，存在一个简单且易于阐释的子集，我们建议社会选择领域的学者和生命周期博弈 DSS 的设计者对其进行考虑。

纳什的阐述和我们的有一些区别，因为双方强调的问题有所不同。特别地，在两人讨价还价情形中，有可能没有达成协议。在这种情况下，两个参与人的效用不变，仍然为 (u_1^0, u_2^0)。显然，没有参与人有激励接受 $u_i \leqslant u_i^0$ 的报价。纳什相当合理地调整了 u_i 函数的尺度，使得

$$u_1^0 = u_2^0 = 0$$

对讨价还价者 1 而言，解（0，0）与解（0，1）是同样好的。如果（0，1）是讨价还价者 2 的最好报价，那么结果可能就是（0，0）。特别地，纳什的假设 6，他的帕累托最优假设，比 MB 公理 1 更强。纳什的假设 6 是：

假设 6. 设 α 是 S 中的一个点，如果 S 中存在另一个点 β，满足 $u_1(\beta) > u_1(\alpha)$ 并且 $u_2(\beta) > u_2(\alpha)$，那么 $\alpha \neq c(S)$。

在上述假设中，S 是可得的 (u_1, u_2) 向量集。纳什假定 S 是"紧的、凸的，并且包含原点"。$c(S)$ 是两个讨价还价者接受的"选择"。对比纳什的假设 6 和 MB 公理 1，可以看出，按照 MB 公理 1 定义的向量 v 对向量 u 占优，按照纳什假设 6 的定义可能并不成立。纳什的假设 7 是：

假设 7：如果集合 T 包含集合 S，并且 $c(T)$ 在 S 中，那么 $c(T) = c(S)$。

只要做出的选择使选择函数 $f(u)$ 最大化，就能满足假设 7 的要求。纳什的假设 8 有一个解释性的引言：

我们说集合 S 是对称的，如果存在效用算子 u_1 和 u_2，使得当 (a, b) 包含在 S 中时，(b, a) 同样包含在 S 中，也即是说，使得 S 的图形关于直线 $u_1 = u_2$ 对称。

假设 8：如果 S 是对称的，并且是 u_1 和 u_2 显示出这一点，那么 $c(S)$ 是形如 (a, a) 的一点，也即直线 $u_1 = u_2$ 上的一点。

我们称假设 8 为纳什对称性，并将之视为一个非常有吸引力的社会选择条件。例如，假设在 GM 的"茶还是咖啡"例子中，一个客人分别为茶和咖啡赋予效用 u 和 v，而另一个客人则分别将相同的效用水平（对称地）赋予咖啡和茶，那么纳什的答案将是通过掷硬币来确定（提供咖啡还是茶）。

然后纳什说，"我们现在证明这些条件要求解为第一象限集合中的点。在这一点，$u_1 u_2$ 实现了最大化"。这是不正确的。如下面将要证明的，它是充分但非必要的：

引理　设 $u=(u_1,u_2)$，如果 $f(u)$ 满足如下条件：

a. $f(u)$ 定义于所有可行的 u；

b. $f(u)$ 是严格递增的。也即是说，对任意可行的 u 和 v，如果 $u\geqslant v$ 并且 $u\neq v$，那么 $f(u)>f(v)$；

c. $f(u)$ 是严格凹的，也即对所有可行的 u 和 v（$u\neq v$）以及任意的 $\alpha\in(0,1)$，有 $f[\alpha u+(1-\alpha)v]>\alpha f(u)+(1-\alpha)f(v)$；

d. 对所有可行的 (u_1, u_2) 向量，$f(u_1,u_2)=f(u_2,u_1)$。

那么 $f(u)$ 满足纳什的所有 8 个假设。

$f(u)$ 同样满足这样一个公理系统：它以 MB 公理 1 取代纳什的假设 6，并保持纳什的其他假设不变。符合上述引理中条件的函数例子包括如下形式的 $f(u)$

$$f(u) = g(u_1) + g(u_2) \tag{10-29}$$

其中，g 是严格递增和严格凹的函数。

引理证明

纳什的前 5 个假设由 f 是两个（或 m 个）投票者效用的函数这一假设来满足。因为 f 是严格递增的，纳什的假设 6 也是满足的。如果选择是根据数值排序函数而做出的，那么假设 7 也能满足。我们将证明 f 是对称和严格凹的，确保假设 8 得到满足。这一假设是说，如果集合 S_A 是对称的，那么选择将位于对角线上。但纳什没有假设 S_A 是对称的，而只是假设它是紧的、凸的并且包含原点。这样的话，除原点之外，集合 S_A 可能不包含任何对角线点。为证明引理，假设 S_A 事实上是对称的。换言之，如果

$$u = (u_1, u_2)$$

是可得的，那么

$$v = (u_2, u_1)$$

也是可得的。引理的条件 d 表明

$$f(u) = f(v)$$

f 是严格凹的意味着

$$\frac{1}{2}f(u) + \frac{1}{2}f(v) < f\left(\frac{1}{2}u + \frac{1}{2}v\right)$$

$$= f\left(\frac{1}{2}u_1 + \frac{1}{2}u_2, \ \frac{1}{2}u_2 + \frac{1}{2}u_1\right) \tag{10-30}$$

而 $\left[\dfrac{1}{2}u_1 + \dfrac{1}{2}u_2, \ \dfrac{1}{2}u_2 + \dfrac{1}{2}u_1\right]$ 位于对角线上。由于式（10-30）对任何不在对角线上的 u 均成立，因而引理得证。

证明完毕

纳什最大化 u_1u_2 的标准，与 $g(u_i) = \log(u_i)$ 时式（10-29）是等价的。如果 S 不是对称的，那么选择不同的严格凹和严格递增的 $g(u_i)$，可能导致不同的选择 $c(S)$。

一项建议

如果 u 是 m 维向量，$m \geqslant 2$，那么纳什对称性由

$$F(u) = \sum_{i=1}^{m} g(u_i) \tag{10-31}$$

展示。其中，g 为任意严格凹和严格单调的一元实变量函数。第 2～4 章说明了这类函数的二次逼近通常是相当稳健的。因此，我们提请读者考虑运用 $F(u)$ 的二次逼近，即

$$Q(u) = \sum_{i=1}^{m} q(u_i) \tag{10-32a}$$

其中，q 是所选择的凹二次函数，在有关范围内它的导数为正，即

$$q'(u_i) > 0 \tag{10-32b}$$

$$0 \leqslant u_i \leqslant 1，对所有的 i \tag{10-32c}$$

我们不拟介绍式（10-32）中 $Q(u)$ 用作社会排序函数的充分必要公理或条件。这些公理或条件通常能提供丰富的信息，如果它们可获得的话，但它们并非必需的。就像购买房子或汽车，人们可能有一系列的最低要求，但除此之外，人们基于各种属性做决策，一些人喜欢这种选择，而其他人则喜欢其他的选择。

如在第 2～4 章详细讨论的，式（10-32a）中 $Q(u)$ 均值的最大值是 EV 有效的，这里 E 表示效用的均值

$$E(u) = \frac{1}{m} \sum_{i=1}^{m} u_i \tag{10-33a}$$

V 表示效用的方差

$$V(u) = \frac{1}{m} \sum_{i=1}^{m} (u_i - E(u))^2 \tag{10-33b}$$

除依据社会排序函数决策外，也可从 $E(u)$、$V(u)$ 有效集中进行选择。GM 定理 1 选择 EV 有效边界中 $E(u)$ 最大的点，而 GM 定理 2 选择的则是近似最大化 $\log u$ 均值的点。这种方法要求参与者有显式的效用函数，但允许社会选择函数是隐式的。

在选择收益分布时，E 和 V 之间的权衡被称为风险规避。在社会选择中，应将其视为不平等规避。展示平均效用与"不平等"之间权衡曲线的图形，会自然而然地使用 u 的标准差

$$\sigma(u) = \sqrt{V(u)} \qquad\qquad (10\text{-}33c)$$

而非方差。在交互式系统中，观察者应能够从这条（u 的均值与离散程度）权衡曲线上选择特定的点，并且应能看到相应 u 分布的直方图或密度函数图。

如果非对称地对待利益相关者被认为是合意的（例如在父母、孩子与宠物的情形中），那么这可以通过调整各利益相关者的效用函数，或采取"一次一票"而非"一人一票"的办法来实现。计算式（10-33a）中 $E(u)$ 和式（10-33b）中 $V(u)$ 时的选票数，即式（10-18）中的 n_i，可能是不同的，而分别为 n_i^E 和 n_i^V。在这种情况下，式（10-33b）中的 $E(u)$ 必须用 n_i^V 来计算，以确保式（10-33b）是正确的，但对式（10-33c）中 $\sigma(u)$ 的解释成为一个问题。

自由、平等与博爱

式（10-33a）和式（10-33b），或等价地，式（10-33a）和式（10-33c）中的两个标准，可以被看作是法国和美国基本目标的融合。美国公开宣称的"追求幸福"的权利即寻求最大期望效用的权利。法国的"自由、平等与博爱"和美国的信仰均包含了"自由"，而式（10-33b）中的标准将平等加入了我们自己提出的目标。至于博爱，在我们看来，自由和追求幸福要求人们拥有选择对谁博爱的自由。[1]

第 11 章
Risk-Return Analysis

评价和近似

引言

前面章节的一个主要结论是，生命周期博弈投资环境远远超出了我们当前和可预见的优化能力。因此，在实践中，正式的分析必须经常借助于近似法，并需要做出评价。本章进一步探讨分析和评价之间的分工，以及怎样在分析中运用近似法。本章的主题包括马科维茨（Markowitz，1959）在这一领域的建议、马科维茨和范戴克（Markowitz and Van Dijk，2003）用于近似（未知）导出效用函数的试探法、布莱和马科维茨（Blay and Markowitz，2016）考虑税收的投资组合配置（tax-cognizant portfolio allocation，TCPA）程序，以及"桶"或"心理账户"理论，它是近似最大化某些情形下期望效用，或近似最大化截至目前被我们从分析中排除的效用函数期望效用的一种方法。

期望效用最大化：精确的、近似的、显式的、隐式的

在第 2 章我们区分了精确和近似的单期期望效用（EU）最大化。我们进一步将近似求解分为显式的和隐式的。在前者中，显式的效用函数和近似最大化其期望值的方法已经给出。在后者中，有关的权衡提供给投资者，选择是"凭直觉"做出的。我们将后者视为投资者隐式地寻求使 EU 最大化的行

动。对精确和近似最大化 EU，以及显式和隐式近似的区分，也适用于动态（多期）选择情形下"整个博弈"的 EU 最大化。同样，我们现在将精确解区分为"解析解"和"算法解"。在前者中，解是一个公式；在后者中，解是一个计算程序，它对任何特定的情形给出数值正确的解。

马科维茨（Markowitz，1959）著作的第 13 章给出了隐式地最大化真实世界动态博弈期望效用的建议，以既考虑到跨期关系，又考虑到投资组合选择决策与家庭投资者的需求和欲望之间的关系。下一节回顾了这些建议。除非另有说明，我们仍然认为它们是隐式 EU 最大化的实用建议。

家庭投资者

马科维茨（Markowitz，1959）著作的第四部分介绍了他的基本假设。该部分的前三章介绍了风险和不确定性下的理性决策理论。该部分的最后一章，也是全书的最后一章，标题为"投资组合选择的应用"，关注的是怎样将前三章介绍的理论应用于实践。这最后一章，即马科维茨著作的第 13 章，开篇的内容为：

假设

本章前几节考虑如下 3 个条件满足时投资组合的选择问题：

（1）投资者仅拥有流动资产；

（2）投资者最大化效用 $U(C_1,C_2,\cdots,C_t)$ 的期望值，其中 C_t 是第 t 期消费的货币价值（或者，C_t 也可以表示经生活成本指数平减后的货币支出）；

（3）投资组合收益的可行概率分布集不随时间推移而改变（如果 C_t 是经平减后的消费，那么它就是考虑了价格水平变化的"真实收益"，其概率分布被假设为不变）。

之后我们考虑对这些假设进行修正。

在有关假设的首节之后，该章其他小节的标题为

◆ 动态规划分析

◆ 单期效用分析

◆ 关联效用函数

◆ 风险测度评价

这些是我们在本书第 1 卷和第 2 卷各章中详述的主题。最后，倒数第二

节首先提醒读者到目前为止假设 1、2 和 3 都是适用的，并概括了这一节的如下目标：

我们现在讨论上述假设中一个或多个不成立时的情形。具体而言，我们将考虑涉及以下因素的情形：

（1）耐用消费品；

（2）收入的非投资组合来源；

（3）概率分布是可变的；

（4）流动性不足；

（5）税收。

于是，马科维茨承诺对我们所谓的投资组合选择"环境"进行分析。他接着指出：

在每一种情形中，我们将讨论额外的因素怎样改变单期效用函数，以及怎样能够对有效集分析作相应地修正。

在所考虑的情形中，我们的方法将得出如下三个一般性结论中的一个：

（1）不需要修正。额外因素是投资者在那些常规（均值－方差）有效集分析给出的投资组合中选择投资组合时应该予以考虑的。

（2）修正是必要的，也是可行的。忽略额外因素时被认为是有效的投资组合，在引入这些因素后可能是无效的。这些因素可以引入有效集分析中，并且成本不会太高。

（3）以理论上正确的方式进行修正是不可能的，或者明显是不经济的。然而，如果进行修正大致上是为了说明所考虑的因素，那么正式的分析或许是有价值的。

如果我们尝试将有效集分析技术应用于随着时间推移经营中不确定性这个一般问题，那么就可能得出第四个结论。

（4）特定分析方法难以满足对问题进行直观修正之需要，因而应考虑采取另一种方法（如蒙特卡罗分析……）

耐用消费品部分对复杂的效用最大化决策做了简要说明。投资者必须费力地决定储蓄多少，或支出多少以购买耐用消费品和支持当前的消费。这一部分的结论是：

关于可行投资组合，投资者需要知道的都总结在 E、V 有效分析中。给定一组非投资组合决策，一个 E、V 有效的投资组合使期望效用最大化。对于另一组非投资组合决策，或许另一个有效投资组合使效用最大化。给定整个 E、V 有效组合集，理性的投资者能够在同时考虑他的投资组合和非投资组合机会时确定哪个投资组合是最优的。

换言之，马科维茨建议投资组合分析师告诉家庭决策者他们关于投资组合风险和收益的机会。之后家庭决策者必须决定在多大程度上利用或放弃这些机会。这是一般决策者（HDM）每天都会面临的那种复杂效用最大化任务的一部分。

紧接着耐用消费品部分的是外生资产（exogenous assets）部分。这一部分假设"投资组合并非投资者唯一的收入来源"，解释了为什么"其他收入来源收益的概率分布虽然被假设为给定的，却并非与投资组合选择不相关"，并阐释了非投资组合收入来源能够怎样以一般投资组合选择分析中的外生资产来表示。

接下来，马科维茨考虑了收益概率分布可变的情形。具体而言，他指出：

让我们考虑概率分布随着时间变化的情形。特别地，假设可行分布取决于某个数值 b，它测度市场"牛"和"熊"的程度。对于给定的有关非投资组合支出的决策，有待最大化的单期效用函数取决于投资组合 Y 的价值和 b 的大小

$$U = U(Y, b)$$

如果 $U=U(Y,b)$ 近似是二次的，即

$$U = Y + \alpha b + \beta Y^2 + \gamma bY + \delta b^2$$

那么期望效用为

$$EU = E + \alpha Eb + \beta EY^2 + \gamma EbY + \delta EY^2$$

［最后一项应为 δEb^2。］由于投资组合选择不影响 Eb 和 Eb^2，因而它取决于 Y 的均值和方差，以及 Y 和 b 之间的相关性。有效的 E、EY^2 和 EbY 组合可通过将 b 看作外生资产而得到。为考查期望收益、收益的方差，以及收益与 b 的相关性三者可能的组合，需要进行数次常规的有效集分析，其中 b 在投资组合价值中的权重大小不同。

在这一建议中，变量 b 可能是某个计量经济预测模型，如格拉德、马科维茨和许（Guerard, Markowitz, and Xu, 2013）的文章中所考查的模型的

输出，或者它可能是某个公开可获得的统计量，如某个指数中证券当前的平均市盈率。

刚才引述的内容表明了怎样找出一个以投资组合期望收益、投资组合的方差以及与某个市场预测指标的相关性来衡量的有效投资组合，但它并没有给出选择哪一个这样的投资组合的建议。它无法给出具体的建议，因为它没有假定一个效用函数。

再接下来的一部分是有关非流动性资产的。马科维茨的建议是周期性地对投资组合进行重新优化："在判断的基础上，慢慢地向理想的投资组合靠近。"在实践中，特别是在量化投资经理买卖个别证券的实践中，体现非流动性的方法，是包括：①投资组合选择的成交量约束；②一次性可以买入或卖出多少，以及累计可以持有多少非流动性资产的流动性约束。模拟分析被用于选择流动性和成交量约束的不同水平。

倒数第二节的最后一部分考虑税收因素。我们将在讨论布莱和马科维茨考虑税收的投资组合分析（TCPA）时讨论马科维茨（Markowitz，1959）在这方面的建议。

马科维茨（Markowitz，1959）著作的最后一节标题为"分析的选择"。在该节中，他建议：

在设计投资组合分析时，应牢记两个目标。第一，要力图让分析变得简单；第二，要力图理解重大简化的突出影响。

马科维茨（Markowitz，1959）著作倒数第二节尝试在各种投资组合环境中，通过运用我们所谓的隐式的 EU 最大化近似方法，来实施这个一般性建议。我们现在着手探讨显式的 EU 最大化近似方法。

马科维茨和范戴克方法

在第 8 章中，我们讨论了动态规划（DP）的"维数诅咒"问题。有 1~2 个恰当限定取值范围的状态变量的动态规划运算很容易处理，而有 3 个或 4 个状态变量的动态规划计算已经变得困难。状态变量超过 4 个，动态规划运算就完全不可行。

马科维茨和范戴克（Markowitz and van Dijk，2003），以及克里兹曼、米尔格伦和佩奇（Kritzman，Myrgren，and Page，2009）给出了同一种试探

法的两个版本。这种试探法被证明在处理动态规划的维数诅咒问题上相当有效。具体而言，马科维茨和范戴克（MvD）将这一方法应用于可计算出动态规划最优解的问题，结果发现 MvD 试探法给出的期望效用与最优策略给出的期望效用几乎相等，并且 MvD 试探法显著优于标准的试探法。克里兹曼、米尔格伦和佩奇（KMP）则将 MvD 试探法同时应用于小型和大型问题，即那些能够经济地求出最优解的问题与不能经济地计算出最优解的问题。他们发现，当能够计算出大型问题的最优解时，MvD 试探法给出了接近于最优的结果，并且无论在小型还是大型问题中，MvD 试探法均明显优于标准的试探法。实际上，MvD 试探法已经被应用于大型投资组合调整应用程序。[1]

MvD 试探法背后的基本思想是这样的：马科维茨（Markowitz, 1959）著作第 13 章的建议（这些建议在前面总结过），实际上假定导出效用函数 $U_t(s_t)$ 近似是构成 s_t 的状态变量的二次函数。因此，通过选择 $E(R)$、$V(R)$ 和 R 与其他状态变量的协方差的一个"好的"组合，投资者能够近似最大化 $E[U_{t+1}(s_{t+1})]$。马科维茨（1959）利用这一理由证明向投资者展示这些统计量是合理的，因为这样投资者就能够隐式地最大化 EU。

相反，MvD 试探法是显式的近似方法。MvD 同样假设 $U_t(s_t)$ 近似是二次的，并运用数值方法寻找"表现最佳的"二次式 $Q(s_t)$。如果 s_t 包含多个状态变量，此时具有所有交叉乘积项的完整二次式较为复杂，那么 MvD 就从假设的某个简单但"足够好"的 Q 的特例开始分析。例如，或许仅仅平方和或构成 s_t 的变量的一个子集，即足以得到一个令人满意的近似。不管假设的 Q 函数是包含线性项和交叉乘积项的完整非齐次二次函数，还是一个更简单的特例形式，它通常都有一个参数向量 α。通过选择这个参数向量，来得到表现"最好"的 Q 函数。MvD 运用数值法来选择 α。

这一切听起来非常复杂和难于计算。因此，虽然原则上可行，但迄今为止所进行的试验尚没有这样做。

MvD 试验

如我们在第 8 章指出的，当放弃完全流动性这一假设时，动态投资情形的有效维数将会急剧增加。即使证券具有完全的流动性，当持续变化的收益预测使大量投资组合调整有必要时，情况更是如此。

马科维茨和范戴克发展了他们自己的试探法来专门处理变化世界中的非

流动性投资。为检验这一方法，他们定义了一个简单、动态且可求出动态规划解的投资模型，并评估了他们的方法在这个模型中的表现。他们试验的目的是提供一份"读物"，以评价 MvD 方法对于那些无法经济地求出最优解的大型问题的表现如何。

MvD 试验是一个投资博弈，它包含两种资产：股票和现金。投资者的投资组合可以是 11 种状态中的任意一种：没有股票，有 10% 的股票，有 20% 的股票，…，全部都是股票。投资者运用一个可以是如下 5 种预计状态中任何一种的预测模型：①非常乐观；②乐观；③中性；④悲观；⑤非常悲观。因此，视投资组合和预测模型状态的不同，整个系统可以是 55 种状态中的任何一种。当投资者改变其投资组合状态时，会产生交易成本。MvD 假设博弈可以无限进行下去，博弈的效用函数使下一步最优行动是 55 个可能状态中当前状态的函数，而非模拟时间的函数,[2] 因而最优策略可以写成一个 11×5 的行动矩阵 $\tilde{A}$。行动矩阵确定了下一个投资组合选择是当前投资组合和预计状态的函数。与行动矩阵 $\tilde{A}$ 相关联的是一个 11×5 的期望贴现效用矩阵 $\tilde{W}_{ij}$，它是博弈从投资组合/预计状态 (i, j) 开始并在之后按照行动矩阵 $\tilde{A}$ 行动时效用现值的期望值（我们知道存在最佳的行动矩阵，因为总共只有有限个可能的行动矩阵）。

MvD 模型概览

马科维茨和范戴克的专栏 11-1 对 MvD 模型进行了概述。在专栏 11-1 中，前两点指出模型假设 t 为一个月，并且无风险利率为固定的每月 0.4 个百分点（40 个基点）。第 3 点中的表格显示，例如，如果预测模型处于状态 1——最为乐观，那么下个月股票的期望收益为 64 个基点，收益的标准差为 $\sqrt{0.000\,592} \approx 0.024$。表中接下来的 4 列给出了处于预计状态 2~5 时的类似统计量。

专栏 11-1　马科维茨和范戴克投资模型概述

1. 投资组合评估的时间间隔：1 个月。

2. 无风险利率 r_f 为每月（假定固定不变）：0.004。

3. 对不同的预计状态，股票每月收益的均值 $E^1, \cdots, E^5$ 和方差 $V^1, \cdots, V^5$：

变量	状态 1	状态 2	状态 3	状态 4	状态 5	稳态
E	0.006 4	0.005 0	0.004 2	0.003 8	0.002 7	0.004 4
V	0.000 592	0.000 556	0.000 538	0.000 539	0.000 567	0.000 559
Opt X	4.05	1.80	0.37	-0.37	-2.29	0.72

注：Opt X 是没有交易成本时在每一种状态下的最优投资。

4. 不同预计状态之间的转移概率 P：

原状态	新 状 态					
	1	2	3	4	5	稳态
1	0.702	0.298	0	0	0	0.160 8
2	0.173	0.643	0.133	0.051	0	0.277 1
3	0	0.260	0.370	0.348	0.022	0.136 3
4	0	0.065	0.179	0.615	0.141	0.239 3
5	0	0	0.033	0.164	0.803	0.186 5

5. 总效用：

$$U = \sum_{t=1}^{\infty} d^{t-1} u(D_t)$$

投资者的目标是最大化 EU。对于所报告的例子，我们使用的月度贴现因子为 $d=0.99$。

6. 我们通常以"投资组合状态"：

$$i = 1, \cdots, 11$$

来表示投资于股票的比例

$$p = 0.0, 0.1, \cdots, 1.0$$

注意

$$p = \frac{i-1}{10}$$

因此，在当前的讨论中，$p=0.2$ 对应着 $i=3$。在计算一个时期的效用时，我们将时期 t 投资于股票的"有效比例" p_t^e 定义为

$$p_t^e = \theta_p p_{t-1} + (1-\theta_p) p_t$$

其中 p_{t-1} 和 p_t 分别是在时期 t 的期初和期末投资于股票的比例。特别地，给定状态 j、当前股票比例 p_{t-1} 和选择的股票比例 p_t，在时期 t，投资组合的（时点）条件期望收益和收益的方差为

$$E_t^p = p_t^e E_{t-1}^j + (1-p_t^e) r_f$$

和

$$V_t^p = (p_t^e)^2 V_{t-1}^j$$

其中 E_{t-1}^j 和 V_{t-1}^j 是给定 $t-1$ 时预计状态的情况下时期 t 股票收益的均值和方差。在所报告的运行中，$\theta_p = 1/2$。

7. 交易成本等于 $c|p_t - p_{t-1}|$，$c = 0.005$ 和 0.02。

8. 假设

$$Eu(D_t) = E(D_t) - kV(D_t)$$

其中 $u(D_t)$ 与第 5 点中相同，k 反映风险规避程度。对于所报告的例子，$k = 0.5$。

9. 假设投资组合的月度全部收益在减去成本后被分配掉，那么给定预计状态 j、当前投资组合状态 i 和选择的投资组合状态 g，在时点 $t-1$，时期 t 的条件期望效用为

$$E(u|i,j,g) = E_t^p - c|p_t - p_{t-1}| - kV_t^p$$

其中 $p_{t-1} = 0.1(i-1)$，$p_t = 0.1(g-1)$，E_t^p 和 V_t^p 的定义见第 6 点。注意时期 t 的 E_t^p 和 V_t^p 取决于 $t-1$ 时的预计状态。

10. 假设股票收益受某个（非常大的）数 M 的约束。

第 4 点中的表格显示，给定时期 t 的预计状态 j（在表中左边一列），在时期 $t+1$ 预计状态 h（在表中最上面一行）发生的概率 $P(j, h)$ 是多少。表的最后一列显示了各种预计状态的长期"遍历"稳态概率。而第 3 点中表的最后一列显示了一个随机数的均值和方差。这个随机数是通过首先根据稳态分布选取预计状态，然后在这个预计状态下选取股票收益而生成的⊖。

第 5 点是说投资者寻求最大化未来效用函数贴现的期望值。试验所使用的贴现因子为 $d = 0.99$（或者贴现率为每月 0.01）。

设 p_{t-1} 是时点 $t-1$ 投资者投资组合中持有股票的比例，p_t 是在时点 t 计划持有的股票比例。第 6 点将该时期所持有股票的"有效比例"定义为由参数 $\theta_p = 1/2$ 确定。在试验中，θ_p 被设定为等于 0.5。第 6 点还指出，由此产生的投资组合的月度期望收益和方差，是预计状态 j、当前股票比例 p_{t-1} 和计划比例 p_t 的函数。投资于股票的比例与整数"投资组合状态" i 的关系是 $p = (i-1)/10$（事后看来，以 P 表示转移概率，p 表示投资比例，或许并非

⊖ 由于在这个模型中只有 1 种股票，因此选取了预计状态，股票收益也就确定了。——译者注

最明智的符号设置）。第 6 点进一步指出了，这一时期投资组合收益的均值和方差是怎样取决于投资比例 p、无风险利率 r_f，以及预测模型的预计状态给定时股票收益的条件均值和方差的。

第 7 点指出，MvD 报告了两次试验的结果，一次试验的交易成本为 $c=0.005$ 每美元成交额，另一次为 $c=0.02$。

第 8 点假设第 5 点中的期望值 $Eu(D_t)$ 能够由其均值－方差逼近来确定。MvD 使用的均值－方差权衡系数 k 等于 0.5，从而 Eu 近似等于 $E\log(1+\text{return})$（参见第 3 章）。假设投资者的效用函数 $u(D_t)$ 是近似二次的事实，并不一定意味着（$c=0.005$ 和 $c=0.02$）两次博弈中的导出效用函数同样是近似二次的。

回到第 3 点中的表，注意最后一行给出了在没有交易成本，并且允许头寸为负和运用杠杆时，每种预计状态下最优的投资。它通过假定第 6 点中的 $\theta_p=0$ 和第 8 点中的 $k=0.5$ 计算得到。

第 9 点指出，MvD 试验假设每个月所有的收益减去成本后被"分配"了。特别地，它假设损失由投资者弥补，收益分配给投资者。这一假设体现在了两个地方：首先，体现在计算对这一时期期望效用的贡献时（如第 9 点所示）；其次，隐含地体现在如下假设中，即如果时点 $t-1$ 投资者的目标比例是 p_t，那么事实上 p_t 将是时点 t 投资于股票的比例。收益被分配的假设避免了状态空间的膨胀。

第 10 点假设证券收益受某个大数的限制。MvD 利用这一假设证明

$$\lim_{T\to\infty} E\Big[\sum_{t=1}^{T} d^{t-1} u(D_t)\Big] \text{ 等于 } E\Big[\sum_{t=1}^{\infty} d^{t-1} u(D_t)\Big].$$ 前者的运算可由一台（计算能力有限的）计算机在有限时间内趋近。而后者是既定的投资目标，无法在有限时间内由计算能力有限的计算机计算得出。

MvD 的结果

在特定状态 s_t 给定的条件下，博弈的效用满足贝尔曼方程（Bellman equation）

$$U(s_t) = \max_{\alpha}\{EU(s_t,\alpha) + dEU(s_{t+1} \mid s_t,\alpha)\}$$

其中，s_t 是系统在时期 t 的期初即时点 t 的状态；最大化是针对状态 s_t 给定条件下所能采取的可能行动（在我们的例子中，就是从 $p=0.0, 0.1, 0.2, \cdots,$

1.0 中选择下一个 p）；$EU(s_t, \alpha)$ 是时期 t 的期望效用（在我们的例子中，由第 9 点给出）；等式左边的 $U(s_t)$ 是从状态 s_t 开始的整个博弈的期望效用；等式右边的最后一项为贴现率乘以下一时期所有可能状态下这一效用的期望值。在下一时期，分布取决于当前的状态和所采取的行动。

MvD 推测专栏 11-1 中博弈的导出效用函数 $U(s_t)$ 可由一个投资组合的条件均值和方差的线性函数来充分近似

$$U = E_w E_{pt} + V_w V_{pt} \qquad (11\text{-}1)$$

其中，E_{pt} 和 V_{pt} 是预测模型的当前状态给定时下一个月投资组合的均值和方差，而 E_w 和 V_w 是与预计状态无关的固定权重。这一推测被证明是相当成功的。表 11-1 和表 11-2 分别给出了 DP 解和 MvD 试探法的行动矩阵。在每个表中，A 部分显示交易成本为 $c=0.005$ 时的结果，B 部分显示 $c=0.02$ 时的结果。两个表中的每一部分，都表明了作为当前投资组合状态 p_{t-1}（在表的最左列）和预计状态（在每个表的最上面一行）函数的策略所建议的新的股票比例 p_t。例如，表 11-1 的 A 部分第一列指出，如果 $c=0.005$，并且预测模型的状态为非常乐观，那么 DP 解规定了将投资组合状态调整为 100% 投资于股票，而不管当前投资组合状态如何；B 部分则指出，如果 $c=0.02$，并且预测模型的状态为非常乐观，那么 DP 解规定：当股票比例低于 0.6 时，将其调升至 0.6；当 $p_{t-1} \geqslant 0.6$ 时，就让它保持在当前的水平上。表 11-2 表明，对于 p_{t-1} 的所有取值和 c 的两个取值，当预测模型的状态为非常乐观时，MvD 试探法要求采取与 DP 解规定的相同行动。

表 11-1　最优行动矩阵：时点 t 的股票比例

（1200 次迭代）

$t-1$ 时的股票比例	预计状态				
	1	2	3	4	5
A. $c=0.005$；从第 17 次迭代开始，A^* 为最优行动矩阵					
0.0	1.0	0.3	0.0	0.0	0.0
0.1	1.0	0.3	0.1	0.1	0.0
0.2	1.0	0.3	0.2	0.2	0.0
0.3	1.0	0.3	0.3	0.3	0.0
0.4	1.0	0.4	0.4	0.4	0.0
0.5	1.0	0.5	0.5	0.5	0.0
0.6	1.0	0.6	0.6	0.6	0.0
0.7	1.0	0.7	0.7	0.7	0.0
0.8	1.0	0.8	0.8	0.8	0.0

（续）

$t-1$ 时的股票比例	预计状态				
	1	2	3	4	5
0.9	1.0	0.9	0.9	0.9	0.0
1.0	1.0	1.0	1.0	1.0	0.0
B. $c=0.02$；从第 211 次迭代开始，A^* 为最优行动矩阵					
0.0	0.6	0.0	0.0	0.0	0.0
0.1	0.6	0.1	0.1	0.1	0.1
0.2	0.6	0.2	0.2	0.2	0.2
0.3	0.6	0.3	0.3	0.3	0.3
0.4	0.6	0.4	0.4	0.4	0.4
0.5	0.6	0.5	0.5	0.5	0.5
0.6	0.6	0.6	0.6	0.6	0.6
0.7	0.7	0.7	0.7	0.7	0.7
0.8	0.8	0.8	0.8	0.8	0.8
0.9	0.9	0.9	0.9	0.9	0.9
1.0	1.0	1.0	1.0	1.0	0.9

表 11-2　MV 试探法的行动矩阵：时点 t 的股票比例

$t-1$ 时的股票比例	预计状态				
	1	2	3	4	5
A. $c=0.005$；$E_{wt}=4.40$；$V_{wt}=-0.44$[1]					
0.0	1.0	0.3	0.0	0.0	0.0
0.1	1.0	0.2	0.1	0.1	0.0
0.2	1.0	0.2	0.2	0.2	0.0
0.3	1.0	0.3	0.3	0.3	0.0
0.4	1.0	0.4	0.4	0.4	0.0
0.5	1.0	0.5	0.5	0.5	0.0
0.6	1.0	0.6	0.6	0.6	0.0
0.7	1.0	0.7	0.7	0.7	0.0
0.8	1.0	0.8	0.8	0.8	0.0
0.9	1.0	0.9	0.9	0.9	0.0
1.0	1.0	1.0	1.0	1.0	0.0
B. $c=0.02$；$E_{wt}=10.0$；$V_{wt}=-1.0$[2]					
0.0	0.6	0.0	0.0	0.0	0.0
0.1	0.6	0.1	0.1	0.1	0.1
0.2	0.6	0.2	0.2	0.2	0.2
0.3	0.6	0.3	0.3	0.3	0.3
0.4	0.6	0.4	0.4	0.4	0.4

（续）

$t-1$ 时的	预 计 状 态				
股票比例	1	2	3	4	5
0.5	0.6	0.5	0.5	0.5	0.5
0.6	0.6	0.6	0.6	0.6	0.6
0.7	0.7	0.7	0.7	0.7	0.7
0.8	0.8	0.8	0.8	0.8	0.8
0.9	0.9	0.9	0.9	0.9	0.9
1.0	1.0	1.0	1.0	1.0	1.0

① $E_{ut} = 4.40$ 和任意的 $V_{ut} \in (-0.52, -0.35)$ 给出相同的结果。
② $E_{ut} = 10.0$ 和任意的 $V_{ut} \in (-1.06, -0.99)$ 给出相同的结果。

表 11-1 的标题指出，A 部分和 B 部分的行动表（action tables）均为 DP 算法 1200 次迭代的结果。A 部分进一步指出，从第 17 次迭代开始它的行动表就是最优的，而 B 部分的行动表则从第 211 次迭代开始是最优的。换言之，DP 运算表明，A 部分的行动矩阵对于长度为 17，18，19，…，1200 的博弈是最优的。尽管如此，如 MvD 在其文章的附录 A 中所阐明的，无法据此得出结论认为表 11-1 中 A 部分是 $c = 0.005$ 时无限期博弈的最优行动矩阵。所能够确定的只是由这个行动表给出的无限期博弈的期望效用，与最优行动矩阵给出的期望效用相差甚小。在当前的例子中，差距在 3.53×10^{-6} 之内。

当模型非常复杂时，对于给定的 MvD 试探法的参数，通常需要用到蒙特卡罗分析来估计专栏第 5 点中无穷和的期望值。但在 MvD 的说明性模型中，它可通过求解一个 55×55 的线性方程组而确定。我们利用这一点来计算 E_w 和 V_w 取不同值时式（11-1）中的 EU。特别地，当 $c = 0.005$ 时，求得的最佳权数是

$$\varphi_{0.005} = 4.4E_p - 0.44V_p \tag{11-2a}$$

但 $E_w = 4.4$ 和从 -0.35 到 -0.52 的任意 V_w 也给出了同样大的 EU，而 E_w 在任何方向上变动 0.1 都会使 EU 下降。表 11-2 中 A 部分的行动表与表 11-1 中 A 部分的 DP 行动表基本相同，除了 A（2，2）和 A（3，2）的值为 0.2 而非 0.3 外。

当 $c = 0.02$ 时，相同的运算给出了最佳的 E_w 和 V_w

$$\varphi_{0.02} = 10.0E_p - 1.0V_p \tag{11-2b}$$

对 $E_w = 10.0$ 和（再一次）某个范围内的 V_w，即 $V_w \in [-1.06, -0.99]$，EU 取得最大值。表 11-2 中 B 部分给出的行动与表 11-1 中 B 部分给出的行动

相同，除了 B（11，5）的值为 1.0 而非 0.9 外。

MvD 的图 1 和图 2（没有在这里复制）显示了采取：

◆ DP 策略

◆ MvD 试探法

◆ 其他试探法

时博弈的期望效用。它是博弈 55 种可能状态的函数。DP 最优策略的曲线和 MvD 试探法的曲线很难区分，它们之间的差别小于图中线条的粗细。相反，其他试探法的曲线表明在多种状态下它们明显不是最优的。DP 和 MvD 的 EU 相近，是因为它们的行动表相近，如表 11-1 和表 11-2 所示。

克里兹曼、米尔格伦和佩奇（KMP）试验

克里兹曼、米尔格伦和佩奇（Kritzman，Myrgren，and Page，2009）将 MvD 的二次替代法应用于投资组合调整问题。他们的试验考虑了一个投资组合，这个投资组合每两年重新优化一次，在两次重新优化之间有 24 次月度调整机会。每次投资组合调整都会产生成本，它等于两部分的和，即交易成本加上因持有的投资组合与合意投资组合偏离而产生的成本。目标是寻求一个策略，以最大化两年末财富扣除两项成本后的期望对数效用。KMP 针对小型问题比较了 MvD 试探法和其他各种试探法以及 DP 解。

KMP 用一个相当简单的二次式来替代月末导出效用函数，即一个常数乘以投资组合权重与目标权重的离差平方和

$$Q = d \sum_{i=1}^{n} (X_i - X_i^{opt})^2 \qquad (11\text{-}3)$$

对他们的问题而言，使用该二次式要比使用投资组合的方差简单得多，因为后者需要用到某种协方差矩阵。他们的结论高度支持 MvD 的方法。

下面的表 11-3～表 11-6 得自他们的表 2～表 5。表 11-3 显示了历史收益标准差和 KMP 的交易成本假设。表 11-4 显示了从 2001 年 10 月到 2006 年 9 月 5 类资产月度收益的历史相关系数。KMP 求解的是使表 11-5 中的配置最优的期望收益，他们假设

$$EU = E - \frac{1}{2}V \simeq E\log(1 + R)$$

表 11-3　波动性与交易成本

调整的资产类别	指　数	标准差（%）	交易成本（%）
国内股票	标准普尔 500 指数	12.74	0.40
国内固定收益证券	雷曼美国综合债券指数	3.96	0.45
国外发达经济体股票	明晟欧澳远东指数＋加拿大指数	13.41	0.50
外国债券	花旗全球政府债券指数，不包括美国	8.20	0.75
国外新兴市场股票	明晟新兴市场指数	18.51	0.75

表 11-4　相关系数

	国内股票	国内固定收益证券	国外发达经济体股票	外国固定收益证券
国内固定收益证券	−0.31			
国外发达经济体股票	0.84	−0.19		
外国债券	−0.14	0.53	0.16	
国外新兴市场股票	0.77	−0.17	0.83	−0.05

表 11-5　最优投资组合

	2 种资产	3 种资产	4 种资产	5 种资产
国内股票	60.00	40.00	40.00	40.00
国内固定收益证券	40.00	40.00	25.00	25.00
国外发达经济体股票		20.00	20.00	15.00
外国债券			15.00	15.00
国外新兴市场股票				5.00

表 11-6　不同方法表现比较——总成本（基点）

调整策略	2 种资产	3 种资产	4 种资产	5 种资产	10 种资产	25 种资产	50 种资产	100 种资产
动态规划	6.31	6.66	7.33	8.76	NA	NA	NA	NA
MvD 试探法	6.90	7.03	7.58	8.61	25.57	20.38	17.92	12.46
0.25%	15.19	17.01	19.81	21.37	41.93	42.96	41.53	26.88
0.50%	14.11	15.75	17.81	18.92	41.73	38.42	31.15	21.82
0.75%	12.80	14.09	15.32	16.27	40.05	32.95	31.46	25.02
1%	11.54	12.52	13.15	14.13	37.71	31.95	36.74	29.47
2%	8.73	9.20	9.79	10.73	41.94	48.59	66.96	39.33
3%	8.51	8.66	10.14	11.43	61.29	73.78	89.03	41.54
4%	9.46	9.52	12.08	13.78	88.49	93.23	98.55	41.96
5%	11.20	11.21	14.80	16.77	120.19	106.38	102.38	42.03
月度	15.65	17.25	20.07	21.85	41.92	42.92	43.34	39.75
季度	11.05	11.86	13.51	14.76	45.17	34.32	33.12	26.54
半年	11.13	11.53	12.67	13.95	69.97	40.75	37.33	24.41

注：表中显示了 5000 次蒙特卡罗模拟的结果。对于 10～100 种资产的情形，无法求得动态规划解。10～100 种资产的情形使用的是等权重的股票投资组合，这些股票选取自标准普尔 500 指数。

KMP 的试验包含了 2、3、4、5、10、25、50 和 100 种资产的情形。他们在 2～5 种资产的情形中使用的是资产类别，在 10、25 和 100 种资产的情形中使用的是个别证券。他们运用蒙特卡罗分析从具有上述矩的联合正态分布中抽取独立同分布的收益。除了估计 MvD 试探法给出的 EU 和小型问题 DP 解给出的 EU 外，KMP 还评估了常用的调整试探法的表现，包括在特定时间调整的日历试探法，或在特定偏离程度上调整的允差试探法。对于日历试探法，他们在预先确定的时期对投资组合进行充分调整。对于允差试探法，他们在资产权重突破 0.25、0.5、0.75、1、2、3、4 和 5 个百分点的门槛时对投资组合进行充分调整。

表 11-6 总结了 KMP 的结果。在 2 种资产的情形中，DP 比 MvD 试探法的表现好得多（前者产生的成本为 6.31 个基点，后者的成本为 6.90 个基点）（鼓励奖：MvD 试探法的表现比其他试探法好很多）。随着 KMP 增加资产数量，DP 相对 MvD 试探法的优势缩小。当资产数量达到 5 种时，结果反过来了。因此，对于 $m=5$，MvD 试探法"臻于完美"，这是因为 DP 运算必须假设可能的投资组合向量为一个网格上的点。随着资产数量增加，这样一个网格必定变得越来越粗。当资产数量超过 5 种时，KMP 不再应用 DP 法，但他们基于直到 100 种资产的情形对试探法进行了评估。结果发现，相对其他所有试探法，MvD 试探法显著降低了总成本。

关于 MvD 试探法的结论

MvD 和 KMP 的例子表明，MvD 二次替代法是一个前景广阔但远未成熟的方法。它基于凹效用函数的二次近似是稳健的这一性质，如马科维茨（1959）的著作中提出和本书第 1 卷第 2～4 章阐述的那样。该方法可从一个有关能够替代 DP 单期导出效用函数的简单二次函数子集的猜想着手，然后探究可能的近似最优的参数设置。在迄今为止尝试的两个例子中，初始的猜想是在尝试更为复杂的函数形式之前，先从一个最简单同时对于问题是可行的二次式着手。在两个试验中，猜想都发挥了较好作用。目前尚不确定的是，两个试验中提出的问题是否有什么特殊之处，使得它们特别适合于应用 MvD 方法，以及如果是这样的话，那么适于和不适于应用 MvD 方法的边界是什么。该方法 10～20 年的实践应用，应能使这个问题得以明确。

布莱-马科维茨 NPV 分析

马科维茨（1959）著作倒数第二节的最后一部分讨论了资本利得仅在实现时才征税⊖引起的严重流动性不足问题。马科维茨（1959）的建议是：

定义年末证券或投资组合的"价值"（worth）为（投资组合的市场价值）减去（实际资本利得和收入的应缴税收）减去（b）乘以（账面资本利得）加上（c）乘以（账面资本损失）……

对于固定的 b 和 c，常规的分析可依据上面定义的价值的均值、方差和协方差来进行。b 和 c 基于以往的实际资本利得和损失估计得到。

上述建议没有考虑到诸如传统个人退休账户（conventional IRA）、罗斯个人退休账户（Roth IRA）和 401（k）账户等是否可用。这些账户中很多在 1959 年⊖以后创建。它们引入了多种在普通投资账户（taxable account）中不存在的流动性不足的情形。持有普通投资账户的投资者能在任何时候实现收益（并缴纳适当的短期或长期税收），或放任整个账户不管，或将账户转给他们的继承人。相反，除了某些指定的紧急情况外，持有传统 IRA 账户的投资者在 59.5 岁之前不能够不受惩罚地支取他们的储蓄资金或收益，而在 70.5 岁之后必须开始支取资金。因此，除了某些紧急情形外，一个 30 岁的投资者在差不多 30 年的时间里不能够不受惩罚地支取资金，而一个 60 岁的投资者不能无限地以这种方式将资金进行再投资。

显然，税收递延账户中的大盘股与应税账户中的大盘股是不同种类的投资，并且原则上应该被视为属于不同的资产类别。当前，实践中用到的分析可分为两大类：

A. 对应税账户中的大盘股和税收递延账户中的大盘股进行区分；

B. 不对它们进行区分。

B 类型的分析包括：

B1. 分别分析应税账户和税收优惠账户；

⊖ 也即仅对实际资本利得征税，这里的"实际资本利得/损失"（realized capital gains or losses）与"账面资本利得/损失"（unrealized capital gains or losses）相对应。——译者注

⊖ 即马科维茨提出上述建议的时候。——译者注

B2. 不考虑税收，将投资组合作为一个整体来分析，然后利用有事实根据的判断选择投资的账户配置。

方法 B1——分别进行分析，分析一个账户时忽略另一个账户，显然是次优的。例如，税收递延账户中的证券或资产类组合如果是投资者的完整投资组合，那么就可能是有效的，但在能够将收益性投资配置到税收优惠账户，并且将资本利得性投资配置到应税账户的投资组合分析中，则通常并非有效。

人们可能猜测方法 B2——不考虑税收，进行 MV 分析，然后利用有事实根据的判断来配置投资 (locate investments)，能够产生与方法 A 所给出的同样好的投资组合。但情况并非如此，无论配置投资的税收专家技巧多么娴熟。方法 A 同时给出资产（或资产类）组合和它们的配置。人们可能会先验地认为，一种资产或资产类别是否合意，取决于某些种类的账户是否能享受优惠税收待遇、所能享受的税收优惠额度，以及其他资产或资产类是否也能享受税收优惠待遇。因此，税收专家应该预先就是否能利用各种税收减免机会给出建议，而非在 MV 分析后对资产头寸进行配置。

当前应用方法 A 的典型实践，如马科维茨（1959）的著作中所建议的那样，是假设存在一个公式对证券和资产类别进行估值，然后估计资产或资产类别估值的百分比变化的均值、方差和协方差，之后将这些估计值作为 MV 分析的输入。布莱和马科维茨（Blay and Markowitz，2016）考察了对资产和资产类别进行估值的各种建议。事实上，这是我们最初在为第一环球公司（1st Global）编制考虑税收的投资组合分析产品时用到的方法。

但我们拒绝了所有这样的公式，包括那些在文献和我们自己的其他建议中所找到的公式。一个例子可以说明这一方法所面临困难的类型。从现在开始，将我们的注意力局限在资产类别层面的 MV 分析上。考虑由税前资金支持的 401（k）账户中大盘股头寸的估值问题。由于从这样一个账户中提取资本利得和收益时同等征税，我们无须因为税收动机而关注投资基础。问题是：与现在就可以支出的税后 1 美元相比，这样一个账户中 1 美元的价值是多少？一方面，最终必须提取出来并纳税的事实，导致税收优惠账户中的税前 1 美元的价值减少。另一方面，在提取出来之前增长不受税收影响的事实，又使得其价值增加。但这两个价值取决于距离投资者退休的时间长短，以及投资者退休后从税收优惠账户中提取资金的速度。

在我们看来，要估计特定投资者投资于某种非流动资产类别/配置（AC/LOC）的 1 美元在今天的所值，就需要进行现值（present value，PV）计算，但这样一个未来提款流的现值取决于资产类别在"现在"和投资者最后一次提款期间所经历的收益情景。由于它是一个随机过程的结果，因而无法计算得到一个单一的确定性现值。相反，对于一组 AC/LOC，可以随机地生成很多这样的情景，并从这些情景中估计它们的现值的均值、方差和协方差，进而这些估计值就可以作为如下投资组合分析的输入。这一投资组合分析在面临诸如投资者税收递延账户总额约束、投资组合流动性约束（从而短期流动性问题不会影响长期现值），或许还有其他投资组合约束的条件下，寻求以投资组合现值的均值和方差衡量是有效的 AC/LOC 投资组合。

这事实上成为布莱－马科维茨的方法论。它也能够应用于包含其他非流动性投资，如有限责任合伙公司或直接不动产投资的投资组合，或应用于公司项目选择决策。在这些情形中，投资可能涉及额外支出或在未来得到偿付。在这种情况下，就需要计算"净现值"（net present value，NPV）而非现值，但相同的原则仍然是适用的，即估计净现值的均值、方差和协方差，然后将这些估计值用于寻求 NPV 有效投资组合的投资组合分析中。

接下来的几节将讨论 TCPA 的原理和一些实施细节。这里我们的兴趣并不特别地在今天已经存在的税法上，而是一般性地在 NPV 分布的 MV 有效集分析上，包括在其他应用中可能碰到的重要实施注意事项。我们先正式阐述 TCPA 模型，然后考虑实施的问题。

TCPA 程序

考虑有 N 个资产类别的世界的 TCPA。这 N 个资产类别可以有 K 种"配置"，即由享受不同税收待遇的 K 个账户类型来持有。TCPA 程序随机生成联合现值的 S 个样本

$$(PV_{11s}, PV_{12s}, \cdots, PV_{iks}, \cdots, PV_{NKs}), \quad s = 1, \cdots, S$$

其中，PV_{iks} 为第 k 种配置中的第 i 个资产类别在模拟运行 s 期间所生成的提款流（也称为消费流）在 $t=0$ 时的现值。这些值被用于估计 $N \times K$ 个 AC/LOC 现值的均值、方差和协方差。

在当前实施的 TCPA 中，计算现值所用到的贴现因子 D，等于 1926 年

以来长期政府债券的贴现因子，后者得自伊博森（Ibbotson，2013）的著作。D 被视为现在消费和以后消费之间的长期无风险替代率，它包含了通货膨胀和不耐（impatience）的因素。

TCPA 分析借助了已有的用于生成一组资产类别的联合分布收益

$$(r_{1t}, r_{2t}, \cdots, r_{Nt}), t = 1, \cdots, T$$

的模型。其中，r_{it} 表示资产类别 i 在时期 t 的收益。我们假设承担 TCPA 分析的机构已经有这样一个收益生成模型。但由于总收益的不同来源可能有不同的税收待遇，应用 TCPA 还需要更多的假设条件。因此，对于资产类别 i、税收类型 h 和时期 t，扩展的收益模型必须依据税收类型生成一个收益序列

$$r_{iht}, i = 1, \cdots, N; h = 1, \cdots, H; t = 1, \cdots, T$$

布莱和马科维茨简要提及了当前实现这一目的的数据源和程序。

时间序列 (r_{iht}) 是 TCPA 模拟模型（简称为 TSim）的输入。这个模型将特定样本 s 的序列 (r_{iht}) 转变为 AC/LOC 和样本的现值 PV_{iks}。这里的基本假设是，不用考虑任何其他收益流的类似信息，就能够计算得到一个收益流的税后现值。这个假设是不准确的，因为之前结转的亏损是在投资组合的层面而非个别 AC/LOC 的层面上抵消收益。但它通常是 NPV 有效集分析的核心假设，而非特定的对当前 TCPA 的限定条件，因为投资组合的构成尚没有确定。并且，当前的 TCPA 假设投资者确定地知道他余生的年份数 T、退休前积累阶段的年份数 T_R。后面的一节讨论：①这些假设和其他假设是否经过深思熟虑；②给定这些假设，在运用 TCPA 程序时，在脑中应该谨记什么；③为克服这些不足，需要在计算上实现哪些突破。

用第 7 章的术语，TSim 是一个同步离散事件模拟程序，t 等于 1 个月。在其循环的顶部，TSim 确定要模拟的月份是在退休之前，即仍在投资者的积累阶段，还是在退休之后，即在投资者的分配阶段。如果是在积累阶段，财富的增加（或减少，如果资产类别遭受损失）取决于账户的税收待遇。如果账户享受税收优惠（也即如果是税收递延或税收豁免账户），那么 AC/LOC 的新价值 W_{t+1} 为

$$W_{t+1} = W_t(1 + R) \tag{11-4}$$

其中，R 是资产类别的收益。

对于应税的 AC/LOC，情况更为复杂。特别地，W_t 并不足以刻画账户在时期 t 的状态。W_t 需要在 W_{tU} 和 W_{tA}，即账面资本利得和税后财富之间进行划

分。账户状态还包括尚未用于抵消收益的前期亏损额，如果有的话。如已经指出的，这可能用于亏损结转额的计算，但计算只考虑这一 AC/LOC 的亏损和收益。

当前的 TSim 假设，如果在年份 t 购买的证券的资本利得在当年实现，那么它就是短期的；如果在年份 t 之后实现，则是长期的。TSim 的参数包括短期和长期换手率、适用于收入和这一配置中短期与长期实际资本利得的税率。精确的计算，参见布莱和马科维茨（Blay and Markowitz，2016）文章的附录。

如果循环顶部的检验确认分配阶段已经开始，那么循环就从用于该年消费的现金分配开始。如果账户是免税的，那么全部提款都记入消费并贴现至当前。如果账户是税收递延的，那么全部提款就像通常的收入那样征税（除了以下情形外：如果 AC/LOC 既包含税后又包含未纳税的财富，那么就假设这些提款是按比例提取的）。在不提款用于消费的情形下，账户的余额就像式（11-4）那样增长。

布莱和马科维茨最初认为，对于 TCPA 的目标，也即在退休前将财富配置到不同账户中，一个简单的消费规则即足够。具体而言，他们假设投资者的消费等于当前财富除以剩余年份数

$$C_t = \frac{W_t}{T - t} \tag{11-5a}$$

当一位讨论者指出式（11-5a）可能会违反此类账户的最低分配要求 $C_{\min}$ 时，他们对式（11-5a）中的公式进行了调整。显而易见的修正方法是提取

$$C_t = \max[W_t / (T - t), C_{\min}] \tag{11-5b}$$

在写下式（11-5b）时，正在发展中的 TCPA 产品所进行的修正要更加复杂，因为它是前端要求输入 T_R 和 T 而非投资者年龄的程序包之一部分。因此，它不知道投资者将在何时达到 59.5 岁。所用到的公式确保在 $T_R \geq 60$ 并且 $T \leq 105$ 时至少分配 $C_{\min}$。详细内容，参见布莱和马科维茨（Blay and Markowitz，2016）的文章。目前尚不清楚的是，对于实现 TCPA 的目的而言，运用式（11-5a）、式（11-5b）或布莱和马科维茨文章中的公式，是否有较大差别。我们认为如下结论是不言自明的：这些解中的任何一个都比忽略税收时要好。

估计 PV 的均值、方差和协方差

如前面讨论过的，TCPA 程序运用 TSim 将税前收益序列的一个样本转

变为现值的一个样本

$$(PV_{11s}, \cdots, PV_{NKs}), \quad s = 1, \cdots, S$$

然后，TCPA 程序从这个样本估计现值的均值、方差和协方差。实现这一点的一个明显方法，是将样本的均值、方差和协方差用作相应总体矩的估计值，但这一做法被证明是相当不稳定的。例如，表 11-7 的头两行给出了 5 个 PV 模拟分析的样本均值和标准差，每个模拟分析的样本大小均为 $S = 25\ 000$（模拟分析针对税收递延账户中的新兴市场资产类别，$T_R = 30$，$T = 60$，样本得自一个独立同分布的联合对数正态收益生成器，该收益生成器用到了第一环球公司对资产类别的均值、方差和协方差的前瞻性估计值）。从一个样本到另一个样本，样本均值特别是样本标准差变化相当之大。特别地，样本 1 的标准差为 $51.84，而样本 3 的标准差为 $27.91。问题在于，PV 的分布是高度偏斜的，并且样本的标准差（σ）对异常值非常敏感：如果一个样本的右尾异常值比另一个样本多一些，那么这个样本的 σ 就会比另一个样本大很多。我们发现如下的估计方法十分令人满意：

◆ 假设 PV 的分布是联合对数正态的，从而 $\log(PV_{iks})$ 是联合正态分布的。

◆ 将 $\log(PV_{iks})$ 的样本均值、方差和协方差用作潜在正态分布的参数估计值。

◆ 从两组矩的关系中推断 PV 的均值、方差和协方差。参见第 3 章的注释 2。特别地，如果 R 和 S 是联合对数正态分布的，那么 RS 也是联合对数正态分布的，因为 $\log(RS) = \log(R) + \log(S)$。因此，该注释可以用于估计 $E(RS)$，从而可以用于估计 $\mathrm{cov}(R,S)$。

表 11-7 的最后两行显示了由这一方法得到的稳定得多的估计值。特别地，估计的标准差在最低 $29.78 到最高 $33.44 之间的范围内变动。

表 11-7　两种不同估计方法得到的不同 TCPA 运行的均值和标准差估计值比较[1]

税收递延账户中持有的新兴市场股票		模拟运行（每次运行迭代 25 000 次）				
		1	2	3	4	5
模拟现值	算术平均值	$7.29	$6.92	$6.67	$6.65	$7.20
	标准差	$51.84	$28.73	$27.91	$32.44	$35.58
模拟现值的对数	算术平均值	0.27	0.27	0.25	0.26	0.28
	标准差	1.80	1.80	1.80	1.78	1.80

（续）

税收递延账户中持有		模拟运行（每次运行迭代 25 000 次）				
的新兴市场股票		1	2	3	4	5
	偏度	0.06	0.07	0.04	0.04	0.06
	超值峰度	0.00	0.00	0.02	0.05	0.05
基于模拟现值对数	算术平均值	\$ 6.63	\$ 6.63	\$ 6.51	\$ 6.29	\$ 6.73
的现值估计值	标准差	\$ 32.91	\$ 32.81	\$ 32.31	\$ 29.78	\$ 33.44

①数值经过了四舍五入。计算时使用的是未经四舍五入的数值。

有效边界展示

提款流的现值并没有什么直观的意义，对本书作者是如此，对门外汉投资者更是如此。用于消费的平均提款额更有吸引力。对于给定的样本 s 和 AC/LOC 的 i 和 k，用于消费 C_{iks} 的平均提款额可以是一个简单（等权重的）平均数，也可以是一个更一般的加权平均数

$$A_{iks} = \sum_{t>T_R} w_t C_{ikst} \tag{11-6}$$

其中，T_R+1 是退休后（分配阶段）的第一期，w_t 是任意的非负数，它们的和等于 1。对提款额进行加权，权数与计算 PV_{iks} 时所用到的贴现因子成比例，被证明是最容易处理的，也是有理论依据的。于是

$$w_t = D^t / \sum_{t>T_R} D^t \quad t = T_R+1,\cdots,T$$
$$= kD^t \tag{11-7}$$

其中

$$k = \left[\sum_{t>T_R} D^t \right]^{-1}$$

式（11-6）和式（11-7）意味着加权平均消费与样本的现值成比例，也即

$$A_{iks} = kPV_{iks} \tag{11-8a}$$

从而

$$E(A_p) = kE(PV_p) \tag{11-8b}$$
$$V(A_p) = k^2 V(PV_p) \tag{11-8c}$$
$$\sigma(A_p) = k\sigma(PV_p) \tag{11-8d}$$

我们可以向投资者展示有效的 $E(A_p)$、$\sigma(A_p)$ 边界，但这有一个问题，

如图 11-1 所示。图 11-1 中的有效边界是一个针对 $T_R=30$ 和 $T=60$，并且应税账户和税收递延账户中资产价值相等的投资者的 TCPA 程序，运用图 11-3 中列出的 6 个资产类别和两种配置的输出。图中的横轴是有效投资组合编号（efficient portfolio number，EPN）。具有最小 $V(A_p)$ 的有效投资组合被赋值 EPN=1，具有最大 $E(A_p)$ 的有效投资组合被赋值 EPN=100。EPN=1 和 EPN=100 之间相继有效投资组合的标准差增量是相等的。

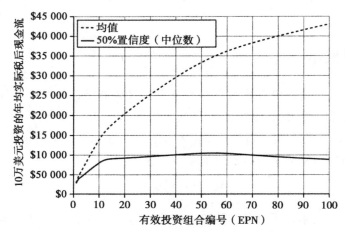

图 11-1　一次 TCPA 运行的退休后平均消费的均值和中位数

图 11-1 显示了每一个 EPN 的期望 A_p 和中位数 A_p。后者通过假设 PV 是对数正态分布的而计算得到。根据前一节对取样注意事项的讨论，这看起来似乎是合理的。在图中，$E(A_p)$ 曲线和中位数 A_p 曲线之间的差距表明了 A_p 分布的偏度。特别地，前者在 EPN=100 时达到最高点，而后者在 EPN=54 时取得最大值。中位数曲线从 EPN≈15 开始相当平坦。在 EPN 为 50 和 55 的范围内，对于 \$100 000 的初始财富，平均消费的期望值大约为 \$34 000/年，但平均消费只有 50% 的概率超过 \$10 500/年。

图 11-2 显示了图 11-1 中分析的 50%、75% 和 95% 置信水平下的风险价值（VaR）。例如，我们看到 EPN=1 的投资组合具有最佳的 95% 的 VaR，但却有着糟糕的中位数 A_p；EPN=13 的投资组合的中位数 A_p 不太糟，75% 和 95% 的 VaR 在我们看来也是可以接受的——当然，选择取决于投资者。我们提出图 11-2，是为了直观地展示对投资者可行的机会。

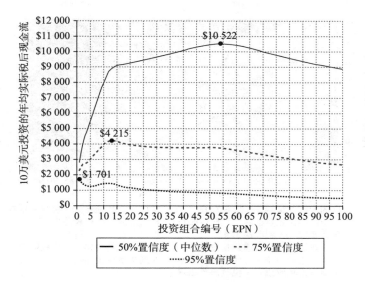

图 11-2　在一次 TCPA 运行中，退休后平均消费大于 L 的概率为 50％、75％
和 95％时的水平 L

重新取样的 AC/LOC 投资组合

图 11-2 中的曲线是米肖（Michaud，1998）所谓的"重新取样边界"的
一个变体。换言之，它们是运用不同随机种子的多个 TCPA 分析所给出边界
的"平均数"。为阐述得更清楚，图 11-2 中的分析有两种配置（应税账户和
税收递延账户），这不同于布莱和马科维茨的分析，后者还包含了税收豁免账
户。在布莱和马科维茨的分析中，重新取样看起来是合意的，因为尽管以资
产类别（AC）的权重衡量投资组合一般是稳定的，但投资在税收递延账户和
税收豁免账户中的配置却是相当不稳定的，即便在有效边界是基于 200 000
或者更多的样本得到时也是如此。这种不稳定性似乎暗示了，给定将要配置
在税收优惠账户中的两份资产，哪一份配置于额度固定的税收递延账户，哪
一份配置于税收豁免账户，差别不大。

图 11-3 显示了图 11-2 中不同 EPN 的重新取样投资组合的 AC/LOC 权
重。我们看到，例如根据图 11-2，使中位数 A_p 取最大值的 EPN＝54 的有效
投资组合，主要由应税账户中的小盘股和新兴市场股票，以及税收递延账户
中的固定收益证券组成。

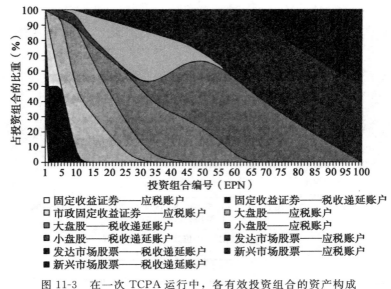

图 11-3　在一次 TCPA 运行中，各有效投资组合的资产构成

TCPA 1.0 的假设

当前的 TCPA 程序背后的假设可以分为两类：

◆ NPV 有效集方法的基本假设；

◆ 在不舍弃这一方法的前提下可以放松的假设。

我们将依次讨论这两类假设。

NPV 均值－方差有效集方法的基本假设

我们已经指出，NPV 有效集方法的一个基本假设是，一项投资的 NPV 能够在不考虑投资组合其余部分表现的情况下计算得到。这样假设是因为投资组合的其余部分尚有待确定。特别地，在 TSim 中，特定 AC/LOC 持续的亏损只能结转至同一 AC/LOC 的收益。因此，TSim 会低估 PV，因为它只能够考虑可能机会的一个子集。

我们的观点是，只要投资组合是由那些经常盈利偶尔亏损的资产类别构成，这种低估就不会太严重。具体而言，我们假设 AC/LOC 的资本损失，通常能够在下一年或下下一年用于该 AC/LOC⊖，因而损失"很快"得到利用，

⊖　即用于抵减收益，达到避税的目的。——译者注

而非被立即用于其他的 AC/LOC。在我们看来，这一误差不会显著影响有效资产类别组合的选择。如果 AC/LOC 并非经常盈利偶尔亏损，而是一个通常亏损的避税项目从而其损失可以用于（抵减）其他 AC/LOC 同时产生的收益，那么误差无疑会更大。

为克服 NPV 分析的这一不足，需要对整个投资组合动态求解 TCPA 程序。由于这远远超出了精确动态规划的实践限制，因而可以尝试马科维茨－范戴克的方法。如我们在本章前面所看到的，MvD 方法某程度上仍是试验性的，但 TCPA 问题可能是 MvD 方法一个富有成果的应用领域。这需要一些时间来实践。与此同时，对于大多数投资者用于他们退休账户的多个资产类别，马科维茨和范戴克的有效 PV 分析似乎是行之有效的。

TCPA 1.0 的特殊假设

当前 TCPA 程序主要的简化是：

（1）死亡日期已知；

（2）机械的消费规则，这与例如 GuidedChoice 公司 GuidedSpending 产品中构建的寻求期望效用最大化的规则不同。

然而，我们注意到，目前 GuidedSpending 同样假设死亡日期已知，并且只处理税收递延账户中的储蓄，这与 TCPA 包含多种账户截然不同。

在当前对 GuidedSpending 的应用中，以及在对 TCPA 的计划应用中，反映死亡时间不确定的方式是运用一个远远超出预期死亡日期的截止日期 T，这样大多数参与人在死亡时都会有一笔比他们指定的规模更大的遗产。由于参与人被建议周期性地访问建议程序[⊖]，因而对于长寿的参与人，T 将在时间上向前延伸。虽然建议程序给出的资产配置看起来是可行的，但明确地认识到死亡日期是随机的显然更可取。这在 GuidedChoice 公司的"待做事项"清单上，但它也提出了一系列与例如人寿保险、年金及防范家庭成员过早死亡或活得太久的金融资产相关的问题。

一个包含随机死亡日期、人寿保险、年金和考虑税收的投资计划的模拟程序或决策支持系统（DSS），是朝生命周期博弈模拟程序迈出的实质性一步。

⊖ 即提供投资建议的程序。——译者注

超越马科维茨

切布拉（Chhabra，2005）以此为标题的文章提出将投资决策建立在马科维茨考虑的因素和其他因素上来"超越马科维茨"，结果切布拉寻求超越的"马科维茨"是 1952 年的马科维茨（1952a）而非 1959 年的马科维茨（1959）。例如，切布拉文章的 8.1 小节指出："在传统的（马科维茨）方法中……我们仅考虑市场投资组合（投资资产），而忽略了资产配置分析中的其他资产和负债。"切布拉所指的"其他资产和负债"在马科维茨（1959）的文章中被作为"外生资产"得到了处理［"外生资产"可以是一项负债，如在夏普和丁（Sharpe and Tint，1990）的文章中那样，甚至可以是人们尝试超越的一个基准，如马科维茨（1987）、马科维茨和托德（Markowitz and Todd，2000）的著作中所阐明的那样］。不过，切布拉强调了我们到目前为止忽略了的问题，这些问题应该予以强调。

在第 1 卷中，我们假设投资者寻求最大化收益，或等价地，期末财富的单期凹函数（从而是风险规避的）的期望值。我们证实了马科维茨（1959）的观察：如果收益分布不"太"分散，那么 EU 可由均值和方差的函数来稳健地近似。令人惊讶的是，我们发现马科维茨（1959）提出的两个近似式中，有一个在历史收益分布上表现较好。在 101 年的历史收益分布中，包括了亏损 70％、80％甚至 90％的年份。

在本卷，我们看到第 1 卷中的单期效用函数通常是利用动态规划原理从多期效用函数中导出的。我们也看到，流动性不足或收益分布可变，可能将状态变量而非期末财富引入导出的单期效用函数中。但未知的导出效用函数存在一个好的二次近似这一假设相当有效，至少在尝试应用 MvD 二次替代法的两个试验中是如此。

因此就这一点而言，马科维茨（1959）的基本建议，即利用一般投资组合选择模型的性能，包括使用外生资产和控制同其他状态变量的协方差，来最大化导出效用函数的二次近似式，已经是相当成功的。但沿着这一思路，我们又做了一些假设。例如，第 3 章和第 4 章中用于检验 $E\log(1+R)$ 的风险－收益近似式的历史真实收益分布，被限制在大约 90％的亏损到 150％的收益的范围内。而事实上，一些历史真实收益分布曾有过 100％或接近 100％

的亏损。这样的例子包括在十月革命前购买的俄罗斯帝国债券、在 20 世纪 20 年代超级通货膨胀之前购买的德国固定收益证券。因此，存在超出我们所考虑范围的下行风险，这些风险可能需要纳入考虑。

在另一个极端，成千上万的人购买有机会赢取数千万美元的彩票，尽管他们完全了解彩票的发行方会盈利。弗里德曼和萨维奇（Friedman and Savage，1948）以及马科维茨（1952b）证明，寻求 EU 最大化的行为主体可能同时购买保险和彩票——两者都有一个预期的损失，但如果他们有处处凹的效用函数，就像我们到目前为止所假设的那样，那么他们就不会这样做。[3]

切布拉领导下的美林证券财富管理部（Merrill Lynch Wealth Management）通过将资产划分为 3 组，通常称为"桶"（buckets），来处理这些考虑事项。想象 3 个桶从左到右排列在投资组合的收益/损失轴上。左边的桶用于防止投资者的总财富出现灾难性的大额损失；右边的桶用于（或许是彩票之类的）风险投资，后者可能产生改变生活方式的巨大盈利；中间的桶运用均值-方差分析进行管理。中间的桶是"马科维茨式的"，而左边和右边的桶则是"超越马科维茨式的"。

谢弗林和斯塔曼（Shefrin and Statman，2000）以及达斯、马科维茨、沙伊德和斯塔曼（Das，Markowitz，Scheid and Statman，2010）将之称为"心理账户"（mental accounts，MA）而非桶。如同在切布拉的文章中那样，他们将资产分成不同的子集，每个子集都是一个不同的选择程序的主题。然后，将分别选择的子投资组合合并为一个总投资组合。

埃文斯基、霍伦和罗宾逊（Evensky，Horan and Robinson，2011）根据资金需求的紧迫程度将资产划分到不同的账户（也称为"桶"）中。特别地，他们建议将资产划分到两个账户中，一个账户用于满足未来 5 年的现金需求，包括可能与长期投资的价值下跌同时发生的意外资金需求，另一个账户则用于长期投资。

在本章余下部分，我们首先简要回顾有关"桶"的文献，然后表明我们自己关于这一方法和它所强调的问题的观点。

"桶"：一个简要的文献回顾

谢弗林和斯塔曼以及 DMSS 的建议都考虑了 $K \geqslant 1$ 个心理账户的情形，

并且就像切布拉的处理一样，它们都能够分析 $K=3$ 的特殊情形。然而，在怎样实现三个桶或心理账户的期望目标这个问题上，三者的分析是不同的。如我们所看到的，在切布拉的分析中，中间的桶是 MV 有效的。至于本书作者能够从切布拉（Chhabra，2005）的文章中看出的，是外侧两个桶并非正式确定的。这可能涉及视情形不同而不同的有关运算，但切布拉的文章并没有指定任何一般性的正式分析。

在谢弗林和斯塔曼的分析中，选择每个心理账户中的投资组合，以最大化超过一个给定期望水平 α 的概率。因此，在 $K=1$ 的特例中，就是选择投资组合以最大化 $\mathrm{Prob}(R \geqslant \alpha)$。我们对这一准则持怀疑态度，就像马科维茨（1959）的著作第 13 章和本书第 1 卷第 4 章那样。

DMSS 的建议同样寻求最大化 $\mathrm{Prob}(R \geqslant \alpha)$，但却是通过最大化罗伊（Roy，1952）的"安全第一"标准来实现这一目标

$$SF = \frac{E-\alpha}{\sigma} \tag{11-9}$$

特别地，当 $K=1$ 时，DMSS 投资组合是 MV 有效的。DMSS 的结论是，即使 $K>1$，总投资组合在资本资产定价模型（CAPM）世界中完全是 MV 有效的，在更一般的世界中也是近似 MV 有效的。DMSS 指出，对很多投资者而言，他们的桶方法是选择 MV 有效边界上（或 MV 有效边界附近）的点的直观方法。DMSS 的桶和 GuidedChoice 公司的情景不必是"非此即彼的"选项。特别地，DMSS 的桶可以是模拟分析之前所提出问题的一部分，也可以是模拟分析之后呈现的模拟情景的一个总结。

在题为"埃文斯基和卡茨现金流策略"的小节中，EHR 说：

尽管我们在教育环节已经同客户讨论了这个概念，在开始风险指导过程之前，我们再一次强调了我们公司的准则：5 年，5 年，5 年！

我们相信时间分散化（time diversification）的概念是合理的，至少在充足的时间使投资者能够灵活应对市场条件变化这一意义上是如此。并且，作为一个一般规则，我们相信 5 年是用作投资时间分散化准则的一个好的最低标准。需要注意的是，它是一个滚动的而非固定的标准。如果一个客户通知我们他恰好在 5 年后需要用到投资资金，那么一天后当持有期降至 4 年 364 天时，这个投资组合就不满足我们的标准。

这一策略成功吗？答案无疑是肯定的。多年来，埃文斯基和卡茨策略一

直很成功，它帮助客户经受住了 1987 年的崩盘、2000～2001 年的科技股泡沫破灭和 2008～2009 年的衰退。

因此，埃文斯基和卡茨现金流策略并非一个有待在特定环境中检验的假设，而是一个普遍适用的、严格的和绝对的规则。

"答案"博弈

在"答案博弈"中，参与人 1 告诉参与人 2 某个问题的答案，参与人 2 要猜测问题是什么。总是存在一个可行的问题，它的恰当应答就是所给出的答案。但参与人 1 揭示的问题是一个无意义的问题，它与答案意料之外的解释有关。例如，什么问题的答案是"华盛顿·欧文"（Washington Irving）？显然而直接的问题应该类似于"谁写出了《瑞普·凡·温克尔》（*Rip van Winkle*）和《无头骑士》（*the Headless Horseman*）的故事"？有趣一点的问题是，"谁是第一位总统，马克斯"？我们现在意识到这个答案包含了一个逗号："华盛顿，欧文。"（讲出答案而非写出答案，就可产生逗号是否存在这样模棱两可的效果。）

下面是另外两个答案。猜测与之相关的问题：

A. 两个桶

B. 三个桶

提示：问题并不涉及将水提升至两个或三个水井的井面。相反，它们涉及物理上或精神上隔离的账户，这些账户提供针对某些意外事件的保护，或充分利用某些机会。给出这些答案的人实际上提出的是投资问题，他们的建议就是问题的答案。

先有问题，然后才有答案

桶方法不同于我们在本书中所持的观点，特别是在决策支持系统（DSS）的设计上。具体而言，我们寻求对无数可能情景（比任何人郑重建议设立的物理或心理账户还要多的情景）都是稳健的系统。在一个给定的情形中，有多种影响投资者财富供给与需求的可能性。我们或许能够详细列出这些可能性的一个代表性集合，但关于这些可能性发生时间的无数可能组合却在我们的枚举能力之外。或许某个不利的事件在投资者的早期生涯或快要退休时或退休期间发生，或许两个不利事件接连发生，或许一个有利或不利的市场事件紧随着某个影响现金需求的有利或不利事件而发生。在直到退休和/或退休期间的许多年间，它们的可能组合可以是天文数字。

我们的方法是：

（1）同时对下面两项进行建模：

a. 投资者面临的意外事件；

b. 投资目标（换言之，效用函数）。

（2）对投资者能够采取的策略进行建模，这可能包括对投资组合选择的流动性约束进行建模。

（3）生成成百上千个情景，以评估最有前景的策略。

（4）选择以步骤（1）b 中的标准衡量的对投资者而言总体上表现最好的策略。

（5）告知投资者步骤（4）的结果，但也试着向投资者描述在其他规则下会发生什么。

（6）让投资者试着采取其他的策略，以找出最适合该投资者的可行解。

步骤（5）和（6）非常重要，因为投资者的实际偏好可能不完全反映在我们对他们的效用函数描述中。步骤（3）可由精确或近似的优化程序所取代，如果它们适用的话。事实上，步骤（3）的蒙特卡罗程序本身就是一个近似程序，它在解析法要求步骤（1）和（2）中模型做出不合意的简化时就能派上用场。

由于这一原因，有关桶的建议应被视为有待模拟和反馈程序评估的假设。例如，在前一节中，我们指出，EHR 的建议是普遍适用的和无条件的。然而，埃文斯基（Evensky，2006）指出：

我们在 20 世纪 80 年代中期发展了埃文斯基和卡茨现金流储备策略（Evensky & Katz Cash Flow Reserve Strategy，E & K-S）……

当时，我们企业有一个长期形成的 5 年期经营理念。"5 年，5 年，5 年"这一准则被频繁地向我们的客户重复，以提醒他们我们认为投资者面临的真实风险乃是在错误的时间卖出……尽管我们准则的提出是为了保护重要的本金清偿，我们认为同样的概念可能适用于客户日常但更适中的现金流需求。

我们首先考虑简单地求出客户 5 年现金流需求的价值，就像我们会针对单一目标所建议的那样。不幸的是，我们的计算表明，机会成本会超过收益。我们在模型中考虑了各种选项，结论是得出两年的现金流储备不仅是经济的，而且在行为上也是最优的。

但如果对一种情形 5 年是恰当的，而对另一种情形 2 年是恰当的，那么或许也存在这样的情形，对这些情形 3 年或 4 年是恰当的；或者也许客户的投资组合是充分流动和充分审慎的（也即投资组合边界上较低的点），以致所需的只是一个或多个用于交易的现金等价账户。

与特定投资者有关的问题（question）是：给定所面临的情景、自由度和目标，他、她或它的最佳策略是什么？对于 DSS 设计者而言，问题（problem）是怎样设计一个系统来为各种各样的潜在客户解答这个问题。我们怀疑，是否存在一个对所有这样的问题都是正确的明确而绝对的答案。

转到切布拉以及谢弗林和斯塔曼，我们同意他们均值－方差分析可能并非对所有投资组合选择情形都适合的观点。回忆一下，我们的基本前提是 RDM 寻求最大化其期望效用。第 2～4 章证明，如果收益分布"不太分散"，那么对于凹效用函数 $U(R)$，期望效用 EU 的 MV 近似是相当稳健的。但如果收益分布"太分散"，就像在 $U = \log(1+R)$ 和 R 可能等于－1 的情形中那样，情况又是怎样的呢？今天的计算机和算法寻找这样一种情形的最优解没有任何问题，即使对于大型的问题也是如此。运用一个显式的效用函数，使"风险－收益"分析某些直观的吸引力（第 2 章已经讨论过）也失去了，但这也比一刀切地对未阐明的目标进行近似要好。

效用函数并非处处凹的一个例子，见本章注释 3 中介绍的马科维茨（1952b）的建议。这个效用函数同时包含了凸的和凹的部分。3 个（或更多）桶的方法曾经被认为是近似最大化这样一个并非处处凹的效用函数 $U(R)$ 之期望效用 EU 的一种方法。但近年来，最大化非凹函数的最新方法已经取得了突飞猛进的发展。特别地，选择一个投资组合以最大化非凹效用函数的 $EU(R)$ 的问题，可近似为一个混合的线性－整数规划问题，而后者在不断取得进展。或许现在——在写作本书时，对于有用规模的投资组合选择问题，这类问题已经是可求解的。不管怎样，随着时间推移，这一概率在上升。

因此，可以郑重地说，在 DSS 的设计中，随着技术进步："问题一成不变，答案却每每不同。"

第 12 章

Risk-Return Analysis

未 来 展 望

哈里 M. 马科维茨

引言

MPT 已经 62 岁了。[1] 从现在开始往后 62 年是 2076 年，那时美国 300 岁了，MPT 则是 124 岁。在过去的 62 年中，世界和金融实践已经发生了巨大变化。例如，1952 年见证了 MPT 的诞生，而近期纽约梅隆银行（BNY Mellon）的调查估计，管理着数十万亿美元资产的捐赠基金和养老金计划，绝大多数在日常运营管理中运用 MPT。1952 年，现代计算机还处在其婴儿期。如今，手机的计算能力就是 20 世纪 50 年代科幻小说的素材。最后，使 MPT 可应用的基础设施，包括金融数据库、期望收益模型、协方差模型、自上而下的投资观念，以及期望效用的均值－方差逼近，在那个年代要么还在萌芽期，要么不存在。

最近，我的一位朋友（他才华横溢，我在本书第 1 卷的致谢中对他的帮助和友善表示过感谢）对我说，我们这些老人的优势在于最先进入这个领域，并且到目前为止所有重要的发现都已经做出了。我的看法恰恰相反。我认为，在如下两个方面，我们仅仅做了些肤浅的研究：

- ◆ 金融决策支持系统；
- ◆ 能够回答许多重要政策问题的市场模型。

关于未来的金融模拟程序和决策支持系统，本书前面的章节已经给出了一些重要建议。特别地，第 7 章：

◆ 指出了详尽的市场模拟程序的优点；

◆ 一般性地介绍了用于家庭金融规划，包括其他金融决策中投资组合选择的生命周期博弈模拟程序的思想；

◆ 提出了构建指导参与人做出理性生命周期博弈决策的决策支持系统（DSS）的建议，给出了 GuidedChoice 公司的两个产品作为这个方向的第一步。

第 9 章比较了各种可供选择的滑行路径原理，并在结尾处分析了未来效用函数发展在描述滑行路径策略应服务的目标时所面临的挑战。

第 10 章从有多个利益相关者这一角度讨论了投资组合选择，并分析了有关"社会选择"的原有的和新的建议。

第 11 章包含了如下建议：

◆ 对大型动态规划问题的最优解进行近似的建议，这些问题通常产生于多期金融分析；

◆ 对考虑税收的投资组合分析的建议。

本章不再给出有关金融模拟程序和决策支持系统主要内容的进一步建议。相反，本章关注的是如何能够及时地实施这些建议。本章的核心问题是：应具备什么样的设施，以便金融分析师或金融系统的设计团队能够：

（1）明确指定一个程式化的或详尽的模拟程序，或者一个简单或复杂的 DSS；

（2）有效执行指定的模拟程序或 DSS——在理想的情况下，在指定和执行之间，不会出现执行庞大团队编写的大量代码时会发生的那种无可避免的错误；

（3）随着时间和理论变化，对不断发展中的 DSS 进行修正，包括在不中断运行的情况下转换现有大量数据的格式。

（1）中的"系统指定"可以是程序性的，也可以是非程序性的。这里"程序性"意指编程：编写有关模拟程序或 DSS 怎样运行的一组指令。下面对程序性指定的讨论，接着第 7 章中的相应内容。"非程序性"涉及选择所期望系统的性质，以之作为编写程序的程序生成器的输入。这里介绍的有关非程序性系统指定的观点，是从制造业应用程序特别是构建真实世界作业车间模拟程序演变而来的。我就从作业车间开始讲起。

JSSPG

尽管作业车间模型这一术语反映了它们来源于对制造车间的分析，但作业车间模型的类型相当多样并且具有广泛的适用性。我们首先限定在制造业应用程序上，代表这些程序的模拟程序变化无穷。金斯伯格、马科维茨和奥尔德法瑟（Ginsberg，Markowitz，and Olderfather，GMO，1965）试图使大量这类模型能够方便地由用户自己支配。特别地，图 12-1 显示了 GMO 作业车间模拟程序生成器（job shop simulation program generator，JSSPG）调查问卷的一个图片缩减版。JSSPG 允许用户在各种对作业车间模拟模型的声明中进行选择。为这样做，用户在那些适用于期望模型的声明的空格中输入 X。键控打孔机操作员将这些 X 打孔到打孔卡上，之后这些打孔卡由当时大型计算机的读卡器读取。大型计算机被放置在空调房中，房间地板是活动的，以便于在地板下面进行电缆布线。当时的大型计算机支持略多于 32 000（是的，是千，而非百万）个 36 位字的主存储器，并以磁带为其大容量存储器。基于这些输入，JSSPG 打孔输出一个具有指定特征的 SIMSCRIPT（Ⅰ）程序。如果用户希望修改生成的程序，它也可以将程序打印出来。JSSPG 用户利用 SIMSCRIPT（Ⅰ）编译器来编译生成的（或许还修改了的）程序，最后得到一个具有指定功能，能够使用各种输入数据重复运行的通用模拟程序。

如图 12-1 所示，JSSPG 调查问卷要求用户在各个领域的作业车间特征中进行选择，包括：

A. 资源描述（resource description），例如作业车间只有一种类型的资源（经常称为"服务器"）还是有两种类型的资源（通常称为"机器"和"工人"）；

B. 作业特征（job characteristics）。例如，作业有附带与类型相关的程序的"标准类型"吗，或程序声明会作为到达作业的描述之一部分而被读取吗？

......

F. 概率分布（probability distribution），用于随机生成作业到达时间、每批次的加工时间等，如果适用的话。

G 部分的标题为"初始输入值"（initial input values），它不寻求获取运行时的输入值。它的主要目的是确定"永久实体"类型的最大个体数，例如每天最大班次或每周最多工作天数。SIMSCRIPT（I）在编译时将内存分配给每一种永久实体类型的最大个体数的属性（SIMSCRIPT Ⅱ在运行时分配这些空间）。G 部分还包含了识别特定作业车间模拟程序的信息。

A. Resource description

				cc
Shift change options	No shifts		✗	1
	Every day the same			2
	Every week the same			3
	General			4
Job-resource relationship	One resource			5
	Two resources		✗	6
Resource availability per shift	Secondary resource	Input	✗	7
		Random		8
	Primary resource	Input	✗	9
		Random		10

B. Job characteristics

				cc
There are job types			✗	1
Job arrivals are exogenous				2
Other exoc inputs	Routing & process time			3
	Type & quantity			4
	Type			5
	Random types			6
	Quantity, no types			7
	Arrival only, no types			8
Inter-arrival times	Same form, random types			9
	Same form		✗	10
	Different forms			11
Ending routing	Fixed, not by type			12
	Fixed, by type		✗	13
	Random, not by type			14
	Random, by type			15
Process time/lot	Same form		✗	16
	Different forms			17
Quantities	Same form			18
	Different forms			19
Set-up time/lot	Same form			20
	Different forms			21
Process time/lot	Same form			22
	Different forms			23
Factor/resource	Same form			24
	Different forms			25
Primary-secondary efficiency factor				26

C. Characterstics for decision rules

			cc
Estimated to actual process time	Always the same		1
	Same form/type	✗	2
	Different forms/types		3
	Same form/resources		4
	Different forms/resources		5
Due-date increment	Exogenous		6
	Same form	✗	7
	Different forms		8
Dollar value	Exogenous		9
	Same form	✗	10
	Different forms		11

D. Decision rules

				cc
	General priority rules	First come, first served	✗	1
		Shortest process time		2
		Longest process time		3
		Earliest arrival		4
		Earliest due-date		5
		Largest value		6
		Random		7
		User's function		8
	Fixed routing only	Slack rules	Equal weights	9
			Unequal weights ✗	10
		Look-ahead	Number of jobs	11
			Hours of work	12
		Not final stage first	✗	13
		Final stage first		14
		Not final final not final		15
Resource assignment	Secondary for primary	First available	✗	16
		Most available		17
		Weighted sum		18
	Primary for secondary	First available	✗	19
		Most jobs		20
		Most hours of work		21
		Greatest priority		22
		Weighted sum		23
	Disposal-job completion	Primary first	✗	24
		Secondary first		25
	Disposal-shift	Primary first		26
		Secondary first		27

图 12-1　JSSPG 调查问卷答题卡

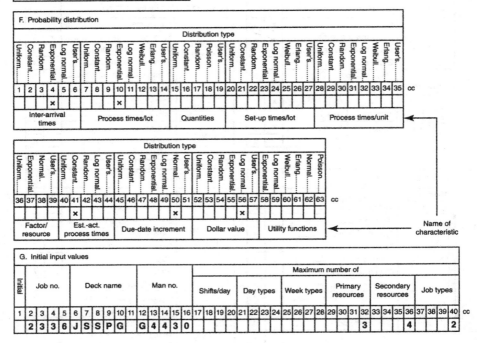

图 12-1　（续）

　　JSSPG 是在兰德公司（Rand Corporation）开发的（那时兰德公司还是美国空军的一家"智库"），但并非主要用于作业车间。如在奥尔德法瑟、金斯伯格和马科维茨（OGM，1966）手册的前言中所解释的：

　　这个概念使用户通过填写一份英文调查问卷来获得一个计算机程序；它最先由 A. S. 金斯伯格、H. M. 马科维茨和 P. M. 奥尔德法瑟在《通过调查问卷编程》（兰德公司，RM-4460-PR，1965 年 4 月）中介绍。尽管这个概念是为作业车间模拟程序而提出的，但它足够一般而可以被应用于编程领域而不仅仅是模拟。

　　本备忘录是问卷调查方法的一份参考手册，它是为那些希望编写程序生成器的程序员准备的。我们基于作业车间模拟程序生成器（JSSPG）来阐述问卷调查方法。JSSPG 是被开发用于检验这个概念可行性和合意性的一个例子。

《通过调查问卷编程》应该能引起所有从事于开拓计算机重要（应用领域）的人的兴趣。

为了利用 OGM 的概念和资源构建程序生成器，开发团队需要开发：

（1）一份调查问卷；

（2）包含所有代码行或某些情况下代码行片段的程序源（program source），程序源可以置于一个生成的程序中；

（3）指定布尔条件（Boolean conditions）的判定表。在布尔条件下，应该采取的行动包括：

a. 将程序源中的代码置入生成的源程序（source program）中；

b. 设定在随后的布尔测试中运用的标记；

c. 将控制权从当前判定表转移到下一个判定表，或终止程序生成过程。

因此，JSSPG 是数据驱动编程的一个例子。程序源和判定表是 JSSPG 的程序数据，这与建模者对 JSSPG 调查问卷的具体应答是有区别的，后者是应用数据。

程序生成器在今天被称为向导程序，它通常使用一个图形用户界面（graphical user interface，GUI）。尽管如此，OGM 的"判定表"方法在那些具有远超 JSSPG 性能的向导程序编程方面，仍然具有重要的价值。特别地，判定表可以控制提供给用户的选项序列。

建议

关于模拟程序和决策支持系统的声明和实现，特别是金融模拟程序和决策支持系统的声明和实现，我有两个重要建议，即

（1）"SIMSCRIPT M"，它包括 SIMSCRIPT Ⅱ 最初计划的第 6 层和第 7 层，并用第 7 章中讨论的方法"现代化"；

（2）OGM 程序生成器，它由 SIMSCRIPT M（或其时通行版本的 SIM-SCRIPT）重新编程，生成 SIMSCRIPT M（或通行的 SIMSCRIPT）程序。

很多特定的决策都是在设计 GuidedChoice 公司的 DSS 时做出的，原本也能做出不同的决策。决策的具体例子包括收益数据统计分析方法的选择、在 GC 公司 DSS 的模拟程序中对收益生成过程做出假定，以及设定效用函数或滑行路径规则。这些也可以是金融 DSS 生成器的选项。类似地，在设计 JLMSim 的过程中不同时点可行的选项，可以是市场模拟程序生成器中的选项。

虽然编写并调试程序源和判定表不是件轻松的事情，但关键的步骤则是在给定的应用领域考虑各种可供选择的可能性，以及怎样对它们进行编程。在我看来，到目前为止，为巨大的应用领域开发一个综合性程序生成器的最佳方法，是逐步对其进行扩展。OGM 程序非常符合这样的演进过程。人们可以逐步增加程序源和判定表，以①在现有的领域中增加一些新的特征，或者②增加一个相关的领域。①的一个例子是将随机发生的机器故障加到制造车间中，②的一个例子是将装配线加到零件来自工厂自有车间或供应商的车间。在市场模拟程序如第 7 章讨论的 JLMSim 的情形中，类型①的一个修正是将估计证券均值、方差和协方差的其他方法包括进来。类型②的一个例子是将真实经济的各个方面加入到市场模拟程序中。

如在第 7 章中指出的，SIMSCRIPT 可以被视为可执行建模语言（executable modeling languages，EML），而程序生成器如 JSSPG 也被用于指定可执行模型。因此，程序生成器和 SIMSCRIPT EML 都是可执行模型说明符（executable model specifiers，EMS）的例子。总之，可以认为，所有 SIMSICRIPT 开发活动的主要目的，是将各种 EMS 置于那些需要指定模型并像指定的那样执行它们的广大用户手中。

最终，构建详尽的模拟程序和 DSS 需要进行编程。特别地，程序生成器如 JSSPG，在其"程序源"中包含了代码行。基于我自己和其他人几十年的模拟程序编程经验，我发现 SIMSCRIPT Ⅱ 显著减少了模拟程序编程时间。先验地，运用直到第 6 层的 SIMSCRIPT Ⅱ 来构建 DSS，预计同样能够显著减少编程时间。关于 IBM EAS-E 的有限经验证实了这一点。特别地，马尔霍特拉、马科维茨和帕泽尔（Malhotra，Markowitz，and Pazel，1983）阐明了 IBM EAS-E 相对当时新开发的 SQL 编码的优越性。这篇文章还指出：

在约克城，EAS-E 已经运行了一段时间。它经受了一个实地检验：改写和扩展托马斯·约翰·沃森（Thomas J. Watson）的中央科学服务部（Central Scientific Services，CSS）的工作负载信息系统。CSS 由大约 100 个工匠组成，他们为托马斯·约翰·沃森的科学家和工程师做出车间、玻璃制品、电子产品等的模型。旧的工作负载信息系统是用 PL/I 和汇编程序编写的，很难修改或扩展。EAS-E 版本复制了旧系统的功能：读取相同的每周输入并生成相同的输出。它实现这一功能只需要旧系统大约 1/5 的源代码。与旧系统相比，在易于修改和扩展方面，它也显示出甚至更大的但难以量化的优势。

IBM EAS-E 也包含了这样的工具，通过它们人们可以交互地浏览一个数据库，而不需要任何编码。马科维茨、马尔霍特拉和帕泽尔（Markowitz，Malhotra，and Pazel，1983）的文章对这个浏览器工具进行了描述。[2]

尽管 CSS 的应用程序规模不大，但指定的系统规模却没有任何限制（例如，在有足够存储空间的条件下，能够创设的既定实体类型的个体数没有限制）。同样，用于实现排序集中项目归档、清除、查找的结构和程序，是为大型（例如 CA DMV）集合设计的。我们没有讨论分布式数据库、因特网、云和黑客攻击等情形，但（如我稍后将简要指出的）对于运用以 SIMSCRIPT Ⅱ 为基础的语言编写的系统，与用其他语言编写的系统相比，这些情形导致的问题不会更大。

当前的实践

事实上，目前已经有复杂的高度并行的 DSS。例子包括大型零售商如沃尔玛的电算化系统，它具有在销售终端记录销售交易、自动订购存货不足的商品，以及生成管理报告等特性。SIMSCRIPT M 和基于 SIMSCRIPT M 的程序生成器的一个主要目标，是使这类企业级系统的生产变得更为容易。

目前，使用最广泛的企业级 DSS 生成器是 SAP。根据冯·阿斯彭（von Aspen，2014）的著作，SAP 企业级 DSS 生成器（我们这样称呼它）很难学习和使用。当然，人们可以基于 JSSPG 的实质，开发一个使用起来要容易一两个数量级的企业级 DSS 生成器。

至于 DSS 的编码，相对于生成 DSS，目前尚不熟悉这通常是如何实现的读者，在使用关系数据库时，应通过互联网浏览器查询有关企业 Java 组件（Enterprise Java Beans，EJB）的介绍，以及这些组件是怎样协调 Java 程序和数据库的，然后将之与这里和之前引用的文献中介绍的 IBM EAS-E 程序及过程进行比较。相比前者，后者更简明易懂，这是显而易见的。

议程

接下来的几节继续第 7 章对 SIMSCRIPT Ⅱ 特性的讨论，包括对计划的第 6 层和第 7 层的讨论。这些也是 SIMSCRIPT M 的特性。然后，我将讨论在第 6 层的 IBM EAS-E 实现中解决的某些细节，包括使大型排序集的处理更为容易，以及修改正在运行的数据库同时又不中断操作的特性。

引言中的第（2）点提到了"有效执行"。在很大程度上，一个大型 DSS（或市场模拟程序）的效率，取决于它利用现有和预计的计算系统并行处理机会的能力。除了一个简短的 parting note 外，最后几节一般性地讨论了并行处理，特别是面向事件的程序对其的运用。

第 6 层

SIMSCRIPT（Ⅰ）的本意是作为一种"模拟语言"。特别地，它的手册名为"SIMSCRIPT：一种模拟编程语言"。随着该语言的细节成形，它使创立者马科维茨、豪斯纳和卡尔感到，它的 EAS 和其他性能，对于各种类型的复杂编程都具有重要价值。因此，他们允许程序员在 SIMSCRIPT（Ⅰ）程序的头部插入"非模拟"指令。这阻止了定时程序的插入，并且抑制了对一个或多个事件程序的需求。

直到 SIMSCRIPT Ⅱ 的规划处于设计阶段，当时大约是在 1962 年，伯尼·豪斯纳正用 FORTRAN 编写完成 SIMSCRIPT（Ⅰ）预处理程序，赫布·卡尔正编写完成 SIMSCRIPT（Ⅰ）编程手册，我才感到，不仅待模拟的世界能够用它的实体、属性、集合和事件来描述，而且数据库中所表现的世界也能够这样描述。特别地，除了少数例外情形（如果有的话），相同的特性对于 DSS 是必不可少的，就像对于模拟程序的开发一样，并且，除了给予执行程序向或不向数据库提交状态变化的选项外，几乎没有其他的编程特性（如果有的话）需要添加到该语言中。

当比如两个用户希望同时更新（或一个希望读取而另一个希望更新）相同的数据时，必须处理一些重要的执行方面而非构建模拟程序时所遇到的注意事项。但这些执行方面的问题，只要有可能，就不应增加应用程序设计员的负担，并且不管使用哪种规约语言，它们都是存在的。

SIMSCRIPT Ⅱ 的第 6 层是 1962 年前后顿悟的结果。这一顿悟的升级版按照如下方式发展：SIMSCRIPT Ⅱ 和它的超集 SIMSCRIPT Ⅱ.5 和Ⅲ，已经证明能够评估对工厂和作战计划等各种系统的系统设计。为实现一个这样设计的工厂，人们需要建造建筑物、购买设备、雇用劳动力，等等。为实现一个 DSS，人们需要编写程序。为什么不运用相同的编程语言来（例如）追踪工厂的实时状态，以模拟其运营呢？当人们这样做的时候，为什么不将工厂模拟程序作为一个决策支持工具而包括在工厂 DSS 中，以预测从当前工厂状态（反映在其数据库中）开始的可能情形？因此，我们更有理由在模拟程序和 DSS 中运用相同的世界观。

SIMSICRIPT 工具

所有版本的 SIMSCRIPT（包括 IBM 的 EAS-E）都有两个部分：

◆ 第一部分描述模拟程序、DSS 或其他有待编译的程序的 EAS 结构。
◆ 第二部分描述程序的例程，包括主例程、事件例程（如果是模拟程序或 DSS 的话）及子例程和函数要采取的行动。

SIMSCRIPT（Ⅰ）使用了一个定义表作为第一部分。SIMSCRIPT（Ⅰ）程序员在恰当标记的字段中填写程序的实体、属性和集合名称，并提供其他的信息，如一个实体类型是永久性的还是暂时性的。键控打孔机操作员根据定义表在卡片上打孔。在程序员在 FORTRAN Ⅱ 编程表上编写 FORTRAN Ⅱ 语句并将它们打孔记录的环境下，这是行得通的。

SIMSCRIPT Ⅱ 去掉了定义表，而包含了一个 PREAMBLE 段。PREAMBLE 段开头的单词"PREAMBLE"和结尾处的单词"END"将其与其他段区分开。PREAMBLE 段各分段的标题为：

暂时性实体……
永久性实体……
数据库实体……

这些分段的内容包括如下的语句：

每个机组都有一个 Nr_Free_Machines，并且拥有一个 Queue

定义 Queue 为一个根据 Due_date 排序的集合

系统具有……，拥有……

现代化的 SIMSCRIPT M 必须允许存在一个 PREAMBLE 段，以与已有的 SIMSCRIPT Ⅱ程序兼容，但也应该包含一个描述程序 EAS 结构的 GUI 工具。本质上，它将允许用户以类似于表 7-1 和表 7-3 的表格形式输入 EAS 结构，包括可选择的额外信息〔SIMSCRIPT（Ⅰ）的定义表实质上就是当时的 GUI 界面〕。无论程序员是使用 PREAMBLE 段还是使用 EAS GUI，SIMSCRIPT M 的例程工具都应该在 EAS 表中展示 EAS 结构。通过这种方式，系统的 EAS 表将会在程序发生修改时自动更新。在理想的情况下，这一文档记录和稍后将要描述的第二部分的编码应该具有版本控制，以便授权的用户能够看到谁在何时做了哪些修改。

SIMSCRIPT（Ⅰ）和Ⅱ的第二部分将模拟程序和（按计划对于 SIMSCRIPT Ⅱ）DSS 的各种开发命令交由用户支配。这些命令包括人们对实体、属性和集合所采取的基本操作，包含了指示计算机（例如）创设或删除一个实体、计算或读取属性值、将一个实体归入某个集合或从集合中移除（首个、最后一个或某个特定）实体的命令。我们试着使如下命令的句法是可读的：

CREATE A JOB

FILE JOB IN QUEUE（MG）

其中，第二个语句末尾的表达式应理解为"MG 的 Queue"。撇开其他不谈，SIMSCRIPT 英语式的句法使检查（或许由一个包括非程序员在内的团队来执行）系统是否像预期那样得以实施更为容易。

除了指定基本操作的命令之外，SIMSCRIPT 的其他命令和特性域（feature-areas）包括生成具有不同概率分布的随机数，生成所见即所得（what you see is what you get，WYSIWYG）报告，以及循环子例程和函数。[3]其他编程语言同样提供随机数生成器和报告生成器工具，并且具有循环子例程和函数。但据我所知，没有一种语言具有与第 7 章介绍的用于获取系统统计量的 SIMSCRIPT Ⅱ ACCUMULATE 和 TALLY 命令、本章介绍的 COMPUTE 和 FIND 命令，或 SIMSCRIPT 既能自文档化所需编码又显著少于那些不那么强大的语言的功能同样方便的工具。

例子

为说明 SIMSCRIPT 的本领，本节介绍一个求解例如在优化运算中遇到的非常大型的稀疏线性方程组的算法，下一节则展示可以用于这一目的的 SIMSCRIPT Ⅱ 代码的一个片段。

我们区分两种线性方程组和与它们相关的矩阵，即稠密矩阵（dense matrix）和稀疏矩阵（sparse matrix）。稀疏矩阵的绝大多数系数为 0，而稠密矩阵的绝大多数系数都不为 0。无论是稠密还是稀疏线性系统，都既有"正定"的，也有不是正定的。对于正定系统，会用到"Cholesky 分解"。在其余的稀疏矩阵中，一些矩阵的非零元素布局是可利用的模式。这些矩阵足够重要，需要开发特殊的程序来利用这一模式。夏普（Sharp，1963）文章中的单因子模型就是一个例子。对于非零元素的一个随意布局，或者没有可用的代码来利用非零元素布局的可利用模式时，就用马科维茨（1957）文章中修正版的稀疏矩阵方法。

作为一个例子，假设某个系统的 10^6 个方程（行）中有 10^6 个变量（列），在每一行或列中，平均有 10 个非零系数。因此，整个系统共有 10^7 个非零系数。回忆一下高中的代数学，怎样求解例如有 3 个未知数的 3 方程组。在高中碰到的例子不复杂的情况下，你可以：

（1）求解第一个方程式，用 X_2 和 X_3 表示 X_1，X_2 和 X_3 的值待定。

（2）利用"等式相加仍为等式"的事实消去第二个和第三个方程式中的 X_1。

现在你就有了含有两个未消去未知数的两个未消去方程。对这两个未消去的含有两个未知数的方程重复相同的过程，用 X_3 表示 X_2，就得到一个含有一个未知数 X_3 的方程。求解这个方程得到 X_3，利用 X_3 和第二个消去的方程求解得到 X_2，然后利用 X_3 和 X_2 求解 X_1。问题得解！

相同的高斯消元法（Gaussian elimination）原则上可用于求解有 10^6 个未知数的 10^6 个方程。求解第一个方程，用其余 10^6-1 个变量来表示 X_1，消去其余 10^6-1 个方程中的 X_1，然后连续重复这一过程，直到剩下一个含有一个未知数的方程。求解这个单一方程，利用第 10^6 个变量的值求解第 10^6-1 个变量的值，然后利用这两个值求解第 10^6-2 个变量的值，依此类推。

运用这一方法求解大型的稀疏矩阵存在两个问题。首先，由于矩阵是稀疏的，有可能 a_{11} 等于零，或者"太接近于"零，影响数值的稳定性。在这种情况下，不允许将 a_{11} 作为主元（pivot），也即不允许用第一个方程消去 X_1，因为这会涉及除以零或"几乎为零的数"。即使 a_{11} 不太接近于零，也许后来某个未消去方程的 a_{ii} 为（或几乎为）零。假定 a_{ii} 不为零或不是几乎为零，总是以 a_{ii} 为主元的第二个问题，是主元消去过程会"填充"未消去的矩阵，从而使一个稀疏矩阵很快变成稠密矩阵。例如，如果一个矩阵是中等程度稀疏的，但恰好第一行包含了每个变量，并且 X_1 出现在每个方程中，那么以 a_{11} 为主元，一步就将稀疏矩阵转变为稠密矩阵。

设 m_i 和 n_j 分别是未消去方程组第 i 行和第 j 列的非零元素的个数。马科维茨规则（Markowitz rule）选择具有最小

$$MR = (m_i - 1)(n_j - 1) \tag{12-1}$$

的非零 a_{ij} 作为下一个主元。这一选择使最大可能的填充个数最小化。特别地，如果 $m_i = 1$ 或 $n_j = 1$（一个"单元素集"），那么就不会出现填充的情况。如果有两个（或更多）单元素集，那么它们可以按任意顺序作为接下来的两个（或多个）主元。作为当前商业稀疏矩阵程序中标准步骤的修正的马科维茨规则（modified Markowitz rule，MMR），在那些绝对值不"太小"的 a_{ij} 中选择使式（12-1）中 MR 最小者作为主元。

代码示例

图 12-2 包含了人们可能编写的用于在稀疏矩阵求解程序中实施 MMR 主元选择规则的 SIMSCRIPT Ⅱ 代码。这个例子假设程序的 EAS 结构包含 ROW、COLUMN 和 ENTRY 等实体类型，THE SYSTEM 拥有一个集合 UNELIMINATED ROWS，以及每一行都拥有一个非零元素集。ROW 和 COLUMN 的属性 ROW-COUNT 和 COLUMN-COUNT 分别表示各自的非零元素个数。

```
FOR EACH I inUneliminated_Rows,
    FOR EACH Entry in Non_Zero_Entries (I)
    WITH ABS. F(Value(Entry))＞Epsilon
    COMPUTE iStar＝Min (I),
        jStar＝Min (Column_Nr (entry)) of
        (Row_Count(I)－1) * (Column_Count(Column_Nr(entry))－1)
```

图 12-2　选择一个主元的 SIMSCRIPT Ⅱ代码

这些代码差不多是自文档化的，但在理解它们时有些需要注意的地方，包括一些已经在第 7 章中指出的点。SIMSCRIPT Ⅱ 不"区分大小写"，即对大写字母和小写字母同样处理。而且，换行符被作为空格处理，多余的空格则被忽略（除了某些 SIMSCRIPT Ⅱ 所见即所得报告生成器工具中"格式行"的空格外）。SIMSCRIPT Ⅱ 的"FOR 语句"，例如：

FOR EACH I in UNELIMINATED_ROWS

指示 SIMSCRIPT Ⅱ 编译器编写遍历某个集合中实体的代码。FOR 语句也能够用于指示 SIMSCRIPT 遍历一个整数序列，比如：

FOR I=1 to N

FOR 语句可能被一个或多个语句所限定。这些语句以 WITH、UNLESS、WHILE、UNTIL 等单词开头，其后则是一个逻辑表达式。逻辑表达式可能是：

- 一个基本表达式，比如检验一个算术关系的表达式，如 DUE_DATE（JOB）<TODAY；
- 一个包含 AND、OR 和/或 NOT 运算符，或许还有括号的复合表达式。

在一个逻辑表达式中，逻辑或算术运算符能够出现的个数没有限制。这种一般性的目的不是为了鼓励写出令人费解的多层次算术和逻辑表达式，而是为了在需要一点额外的一般性时不用记住或碰到任意边界。

FOR、WITH、WHILE 等语句在逻辑上有意义的组合，被称为控制语句。控制语句可能附属于一个单一的命令，如图 12-2 中的 COMPUTE 命令，或附属于一个 DO 语句。紧随 DO 语句的是任意数目的语句，最后是匹配的 LOOP 语句，用于结束 DO…LOOP 命令。一个程序可以有任意复杂的嵌套循环。ALSO DO 命令表示，考虑中的 DO…LOOP 命令将在与前面的（最内层）DO…LOOP 命令中相同的 LOOP 语句处结束。在对复杂的决策规则或算法进行编码时，这是一个相当美好的特性。

COMPUTE 命令可以独立存在，如图 12-2 中那样，也可以（或许和其他 COMPUTE 命令一起）在一个或多个 DO…LOOP 命令中。无论哪种情形，COMPUTE 命令都能够计算与循环中碰到的实体序列有关的多个统计量，包括均值、方差、标准差、某个表达式的最小或最大值，以及当后者取得最小或最大值时一个或多个表达式的值。例如，在图 12-2 中，声明：

$$iStar = Min(I)$$

$$jStar = Min(Column\_Nr(entry))$$

指示 SIMSCRIPT Ⅱ 在以下表达式：

$$(Row\_Count(I)-1) * (Column\_Count(Column\_Nr(entry))-1)$$

取得最小值时，将 I 和 Column_Nr(entry) 的值存储到 iStar 和 jStar 中。[4]

　　SIMSCRIPT Ⅱ 也有 FIND 命令，它找出满足特定逻辑条件的情形，转移与否取决于是否找到了这样一种情形。不用说（但为了强调，我再说一次），最初设计 SIMSCRIPT Ⅱ 的目的，就是要使 SIMSCRIPT Ⅱ 的所有工具，包括 COMPUTE 和 FIND 命令，既能处理数据库实体又能处理主存储器实体。

IBM EAS-E 的特性

　　IBM EAS-E 提供了一个非常宝贵的机会，来证明 SIMSCRIPT M 概念的可行性和合意性，以及获得实施的经验。这一经验在设计怎样实现 SIM-SCRIPT M 时可能有重要价值。关于我们的实施方法，参见帕泽尔、马尔霍特拉和马科维茨（Pazel，Malhotra，and Markowitz，1983）的文章；进一步的信息，特别是关于排序集的实现，参见马尔霍特拉、马科维茨和帕泽尔（Malhotra，Markowitz，and Pazel，1983）的文章。帕泽尔等和马尔霍特拉等的文章对怎样实施的描述透彻而简明，这里没有必要对其做进一步的全面总结。本节仅简述一些旨在提高灵活性和性能的 IBM EAS-E 解决方案，以及对更深层可选方案的思考。

　　每一个 IBM EAS-E 数据库（包含了任意数目的实体类型，以及这些实体类型的属性和集合关系）都由自己的监管程序副本来监管。有了纽约州约克敦海茨的托马斯·约翰·沃森研究中心（T. J. Watson Research Center）正在使用的虚拟机操作系统（the VM operating system），用户（每一个都在各自的虚拟机上）可同时向其虚拟机中的监管程序传递他们的请求，包括最新的资料。IBM EAS-E 不处理分布式数据库，但为分布式数据库或数据库之间的数据请求增加监管程序间通信功能，并非一个特别大的挑战。IBM EAS-E 锁定了个别实体层面的信息（"READ-WRITE" 或 "READ-ONLY"），这与一些数据库系统在页或表的层面锁定信息相区别。后一种方法锁定了那些能够被其他用户安全使用的信息。与其他数据库系统一样，崩溃保护功能确保一旦电脑发生崩溃，程序对数据库所做的更改要么全部要么都不成为数据库的"正式内容"。例如，如果计算机的操作系统在执行

CREATE A JOB

和

FILE JOB IN QUEUE (MG)

期间崩溃，或是在所有有关更改都能被恰当记录之前崩溃，那么数据库就不会显示这些更改。这是通过在构建新的数据库状态描述时保留旧的数据库状态，然后用一个基本操作（即记录一个新的版本号）将正式版本从旧的切换到新的而实现的。这种"全部或都不"数据库更新也适用于程序开始执行后或程序最后一个 RECORD 命令执行后的更改。

监管程序能够识别"死锁"的情形。在这种情形中，用户 1 有实体 A，需要 B，而用户 2 已经有实体 B，现在对实体 A 有相冲突的需要（如果至少有一个是 WRITE 请求，那么针对给定实体的两个锁定请求就是相互冲突的）。监管程序退出用户 2 的请求，用户 2 等待用户 1 完成并释放它所有的锁定。IBM EAS-E 也提供备份功能，以防存储器出现物理损坏。

我现在认为，在 READ-ONLY 和 READ-WRITE 访问外，我们还应该提供一致副本访问。它将报告一个或多个数据库实体截至某个时点的状态，但不保证信息传输时该状态仍然是准确的。在准备直到某个时点的系统状态的汇总统计量时，这可能是有用的。为了解效率方面的考量是否会对这种形式的访问施加限制，需要弄清楚其实施的细节（最好是通过与一两个同事进行交流的方法）。

IBM EAS-E 允许对一个或多个实体类型的 EAS 结构做出更改，而不要求立即将更改了 EAS 结构的实体类型的所有现存实体转换为新的格式。如果一个旧格式的个体被读入主存储器，那么它在主存储器中将被保存为"双重形式"，即新旧两种版本都得以体现，之后以新格式写回数据库中。尽管在主存储器中被保存为双重形式，执行程序可以将旧格式属性和新格式属性称作例如 O. ＜attribute name＞和 N. ＜attribute name＞。对于集合，情形是类似的。如果没有具体的修改，那么属性值和集合内容将以新格式重写并保持不变。将数据库实体从旧格式转换为新格式的例程，在被调用时（如在转换该类型所有现存实体的批处理运行中），或者在需要尚未转换格式之个体的例程

遇到旧格式的实体时，就会被激活（invoked）。

IBM EAS-E 设计的目的是有效处理大型排序集——比我们在一生的应用中所碰到的那些集合要大得多。这通过将足够大的集合划分为多个子集来实现。对于更大的集合，可以将子集进一步划分为任何层面的子集之子集。通过将这一结构存储为平衡树，可实现快速访问存储和检索（详细内容参见 Malhotra 等的文章）。尽管这一结构的目的在于快速存储和检索，但我们将会看到，该结构也能促进并行处理在非常大型的 SIMSCRIPT M 应用程序中的使用。在编译规定对满足某个"WITH＜logical expression＞"条件的集合所有元素采取行动的代码时，用户虚拟机中编译了的程序需要与监管程序相协调，以有效利用可用的排序集，而非机械地从一个可能的大型集中获取每一个元素来检验该条件。

CSS 应用程序的用户，是 IBM 研究部使用研究部虚拟机系统的员工。当时还没有互联网。与用户同监管程序的交流相比，受信任的监管程序之间的交流并非特别大的挑战。接入互联网后，防范黑客攻击，无论是大规模的还是单独的攻击，成为巨大的挑战。不过，不管使用哪种编程语言，这一挑战总是存在的。

凤凰涅槃

直到第 6 层的 SIMSCRIPT Ⅱ 只短暂地作为 IBM EAS-E 而出现过，之后就不复存在了。[5] 然而，会有人再次构建它，如果不在下一个 10 年，那么就在下下个或者再下一个 10 年，我对此保持乐观态度。基于两个原因，这在商业上是行得通的。首先，由于具备适于构建详尽的模拟程序和 DSS 的特性，直到第 6 层的 SIMSCRIPT Ⅱ 在竞争性软件市场上将是一个突破。特别地，我之前已经对比了基于 EAS 的 DSS 程序生成器和 SAP，前者使用起来很容易，而后者的使用非常困难。其次，与 IBM 或微软公司的语言实现相比，直到第 6 层的 SIMSCRIPT Ⅱ 的构建，所耗费的工时微不足道。直到第 5 层的兰德公司版本耗费了一两个程序员外加一个手册编写者大约 4 年的时间。IBM 的 EAS-E 版本，由于加上了第 6 层，耗费的工作量更多。如果大型的软件开发商忽视了它，那么仅仅启动工作就会使之成为他们的一项大工程。基于近期我与安娜·马里杨斯基在午餐会上的交谈，CACI 公司可能自己承担第 6 层

的开发任务。不过在写作本书时，这还不确定。要想经济地开发 SIM-
SCRIPT Ⅱ，必须运用下一节简要介绍的 SIMSCRIPT Ⅱ 的语言编辑语言。

第 7 层

第 7 层的目的是使 SIMSCRIPT Ⅱ 的语言编写语言（language writing
language，LWL）可为应用程序员使用，或许是为特定的库（类似于 C 语言
的库）开发命令或数据类型。例如，使用矩阵代数库的程序，可能被允许有
如下的涉及矩阵的算术或逻辑表达式：

$$\text{IF } AX>0$$

其中，A 是一个矩阵，X 是一个向量，0 可根据上下文理解为 0 向量。

一般性地说到 SIMSCRIPT Ⅱ 的 LWL，或许我的 LWL 解决方案——针
对因我希望 SIMSCRIPT Ⅱ 所具备功能而产生的实现问题，借用了 20 世纪
60 年代初可用的计算机科学解决方案。但我的专业背景是运筹学（OR），而
非计算机科学，并且那时我在兰德公司的经济学部工作，而不是在 IBM 研究
院的计算机科学部工作（20 年后我才在这里工作）。在 1962 年的时候，对我
而言，解决我的实现问题，比起研究这些问题是否已经得到解决，要更为容
易些。

为 SIMSCRIPT Ⅱ 构建编译器，要比为一种语言例如 C 语言构建编译器
要求更高。这至少有两个原因：一个是由于 SIMSCRIPT Ⅱ 具有高阶命令，
如 COMPUTE、FIND、ACCUMULATE 和 TALLY 命令。另一个则与语言
设计的选择有关，这些选择涉及需要记住的易读性规则。

例如，C 语言的关键字是保留字。特别地，C89 有 32 个关键字，包括
"auto" "break" "case" "char" "const" 等。程序员不能将这些关键字用于
其他任何目的，而只能用作关键字。因此，程序员必须记住不能将一个变
量命名为 "case"，或将一个函数命名为 "float" 或其他 30 个保留字。在
SIMSCRIPT 语言的情形中，这一点将会特别麻烦，因为该语言十分丰富。
例如，SIMSCRIPT Ⅱ 的报告生成工具包含了一个语句 PAGE IS FIRST（虽
非标准的英语，但它的含义应该是清楚的）。通用格式是包含如下形式的
语句：

$$<\text{set. name}> \text{ IS EMPTY or}$$

$$<\text{set. name}> \text{ IS NOT EMPTY.}$$

因此，SIMSCRIPT Ⅱ程序员需要记住不将"page"，或许还有"is""not"
"empty"和许多其他的字用作变量、子例程、函数或存储单元的名称。不管
怎样，SIMSCRIPT Ⅱ的确有大量的变量和函数名（例如 TIME. V 或 N. $<$
set name$>$）是程序员必须避开的。这很容易做到，因为所有这样的名称都
是字母．名称或名称．字母的形式（或偶尔两种形式都有）。

便利编译器编写者的第二种规则，是在英语文本中不需要并且通常不会
出现括号的地方，要求用到括号。这一规则并非 SIMSCRIPT Ⅱ 所必需的。
例如，如下的声明：

$$\text{IF } y>0$$

在 C 语言中要求逻辑表达式有一个括号（$y>0$），而在 SIMSCRIPT Ⅱ中括
号则是可选的。

旨在减少编译器编写者而非程序员的麻烦，但对非程序员阅读程序确定
没有任何益处的 C 语言声明的第三个例子如下：命令

$$X = 5$$

指示计算机设定 X 等于 5，而

$$X == 5$$

则指示执行程序检查 X 是否等于 5。在两种情形中，SIMSCRIPT Ⅱ 都使用
$X=5$，就像在书面英语中那样。从上下文中总是可以清楚地看出究竟是要赋
值还是要进行检验。

在 SIMSCRIPT Ⅱ中，赋值命令以一个关键字开始，如在

$$\text{LET } X = 5$$

中这样。SIMSCRIPT Ⅱ.5 也允许

$$X = 5$$

以方便那些熟悉这样的赋值命令的程序员。SIMSCRIPT Ⅱ.5（运用 SIM-
SCRIPT Ⅱ LWL）识别这两种形式没有任何问题。

所有这种灵活性都使编译过程变慢。但即使到了 1962 年，建模成本依然
高于编译成本太多，以至于是否值得为灵活性和清晰的优点花上更长的编译
时间不成为一个问题（至少在我看来是如此）。

SIMSCRIPT Ⅱ是用 SIMSCRIPT Ⅱ编写的。首先，该语言的基本"内
核"需要用一种不同的语言 SIMSCRIPT（Ⅰ）编写，但一旦这个内核在

SIMSCRIPT（Ⅰ）中运行，内核本身以及该语言的其余部分，就可以用 SIMSCRIPT Ⅱ进行编程和编译。

SIMSCRIPT Ⅱ编译器的很多方面都是数据驱动的。特别地，数据表包含了那些有待 SIMSCRIPT Ⅱ编译器写出的"代码"。最初，使用的是针对特定电脑的汇编语言代码。现在，SIMSCRIPT Ⅱ.5 和Ⅲ生成 C 语言代码，这有赖于针对特定机器的 C 编译器为该机器编写汇编语言。

马科维茨（1979）的文章中有 SIMSCRIPT Ⅱ语言编辑语言的详细描述，本章注释 6 对其进行了简要总结。[6]

SIMSCRIPT M 的增强功能

SIMSCRIPT 并非如下规则的例外：一种有生命力的编程语言，必须随着使用该语言的经验、竞争性产品开发商的洞察力，以及环境的变化而发展。例如，SIMSCRIPT（Ⅰ）中的 Accumulate 和 Tally 命令是（第二部分的）"可执行"命令，而非（第一部分的）全局声明。对兰德公司物流部编写的首批"用于真实用途"的 SIMSCRIPT（Ⅰ）程序进行检查，结果表明它们第二部分的大量编程是由这些 Accumulate 和 Tally 命令组成的。特别地，这些"用于真实用途"的程序，可通过使 Accumulate 和 Tally "自动运行"，也即在程序（第一部分）的 PREAMBLE 中对它们进行指定，而得到极大的简化。我告诉我的同事伯尼·豪斯纳（Bernie Hausner）和赫布·卡尔（Herb Karr）要"放下包袱"；SIMSCRIPT 有一个"自动的"Accumulate 和 Tally 是至关重要的。我的两位同事指出，程序手册和预处理程序相距甚远。在自动的 Accumulate 应是"SIMSCRIPT Ⅱ的首个新特性"的指示下，伯尼·豪斯纳解决了这个问题。

如在第 7 章"不同版本的 SIMSCRIPT"小节中指出的，赫布·卡尔拥有 CACI 公司 47.5％的股份，吉姆·伯克森（Jim Berkson）拥有公司 5％的股份，他们两人开除了我，而我也拥有 47.5％的公司股份。几年之后，我们的关系缓和，包括赫布和我，以及特别是与技术部的同事。我时不时担任 CACI 的顾问，在这里我可以及时了解 CACI 在其专有的 SIMSCRIPT Ⅱ.5 产品中增加的特性，以及该语言所面临的未预料到的挑战。如在第 7 章结尾讨论的，像最初设计的那样，CACI 加到 SIMSCRIPT Ⅱ中的最重要特性是：

①进程；②图形；③SIMSCRIPT Ⅲ中的子系统、多态性和强数据类型。尽管 CACI 实现这些特性的方法是专有的，但这些特性本身不受专利权的限制，并且应该是 SIMSCRIPT M 的一部分。

SIMSCRIPT Ⅲ引入了"继承性"，但只是针对"对象"的，而不是针对"实体"的。"实体"和"对象"的含义应该是相同的，并且两者应该都是（或都不是）可继承的。

在 IBM EAS-E 方案实施期间，产生的两个想法是关于第 7 章中讨论的附属实体和本章前面讨论的"一致副本"的。

最后，展望未来，一种有生命力的语言需要接入新的输入/输出设备，例如：

- ◆ 3D 打印机；
- ◆ 全息输出，这样就可以以 3D 模式而非在平面屏幕上查看例如车间或军事演习选定部分的进展；
- ◆ 自动操作装置的光线、声音、触觉和（最终）气味输入设备；
- ◆ 这样一个自动操作装置的行动响应。

就最后两项而言，EAS-E 视角擅长于描绘各种"世界"，例如为 SIM-SCRIPT（Ⅰ）开发的模拟世界、为 SIMSCRIPT Ⅱ第 6 层构想的在数据库中表现的世界，以及自动操作装置内部体现的世界。在这方面，SIMSCRIPT M 需要包含连续模拟和离散模拟，就像 SIMSCRIPT Ⅱ.5 那样（但并不一定要有与 SIMSCRIPT Ⅱ.5 相同的平滑规则）。同步和异步离散事件模拟都是金融模拟如本卷讨论的 6 个金融模拟应用程序（在第 7 章首节列出）的理想选择。特别地，同步离散事件模拟适宜于对退休财富的概率分布进行预测。雅各布斯、利维和马科维茨（Jacobs，Levy，and Markowitz，2004）指出，异步离散事件模拟比连续时间模型更可能预测投资、交易或管制政策的影响。但假如模拟分析的目的是协助自动操作装置使飞机在甲板上着陆，或只是在流水线上拾捡安排不当的零部件，那么就需要连续模拟。

计算：过去、现在和未来

摩尔（Moore，1965）曾做出如下异想天开的预测：

在（半导体）技术的演进中，在任意给定时刻，都有一个最低成本。目前，当每个电路都使用 50 个元件时，就达到了最低成本……

如果我们展望未来 5 年，成本变化的轨迹表明，每个元件的最低成本，预计可在每个电路使用大约 1000 个元件时达到……

在更长的时期，增长率更加不确定，尽管没有理由认为，至少在 10 年的时间里，它不会保持基本不变。这意味着到 1975 年，每一个具有最低成本的集成电路上的元件数将达到 65 000 个。

这个大胆的预测演变为摩尔定律。粗略地讲，该定律指出，计算机的性能（比如时钟频率）大约每两年就翻一番（"两年"这个估计值来自摩尔在 2006 年的回顾中对之前估计值的修正）。摩尔定律经久不衰。有关终将减慢计算机性能增长率的终极物理障碍是否存在及其何时生效的争论年复一年。

快进到富勒和米利特报告（Fuller and Millett，2011）。这是由美国国家研究院（National Academies）国家研究委员会（National Research Council）组成的一个委员会撰写的报告。国家研究院是"国家科学、工程和医学方面的顾问"，由美国国家科学院（National Academy of Sciences）、美国国家工程院（National Academy of Engineering）和美国医学研究所（Institute of Medicine）组成。委员会的任务是研究计算性能的未来：穷途末路还是更上一层楼？委员会的成员由大约 12 个来自学术界和行业的代表组成，包括来自美国超微半导体公司（Advanced Micro Devices，AMD）、亚德诺半导体技术有限公司（Analog Devices Inc.，ADI）、英伟达公司（NVIDIA Corporation）、英特尔公司（Intel Corp.）、威斯康星大学麦迪逊分校（University of Wisconsin-Madison）、斯坦福大学（Stanford University）、得克萨斯大学奥斯汀分校（University of Texas at Austin）和加州大学伯克利分校（University of California，Berkeley）等机构的代表。其他向委员会汇报的专家来自例如卡内基梅隆大学（Carnegie Mellon University）、谷歌有限公司（Google Inc.）、美国国家科学基金会（National Science Foundation）、德州仪器（Texas Instruments）、伊利诺伊大学厄巴纳－香槟分校（University of Illinois at Urbana-Champaign）、马里兰大学（University of Maryland）、微软（Microsoft）、麻省理工学院（MIT）、密歇根大学（University of Michigan）和弗吉尼亚大学（the University of Virginia）。还有 12 个左右来自类似机构的专家是评审人。这种第三层专业知识的目的是"提供坦诚和批评性的评论，帮助委员会撰写出尽可能可靠的公开报告，以确保报告符合机构客观、清楚和物有所值的标准"。委员会的结论和建议在报告第 1～3 页的摘要中给出，包括：

唯一可预见的持续提升性能的方法，是将并行的硬件与并行的软件相匹配，并确保新的软件在不同代的并行硬件上是可移植的。在特定领域，比如某些科学应用程序、商业搜索和交易应用程序，在软件方面取得了切实的进展。勇敢的程序员可以利用大量并行结构、特定领域语言的发展和有力的抽象来隐藏复杂性。然而，这些发展无一能够起到全面支持并行硬件编程的作用，而后者对于确保下一个 20 年并行硬件对社会的影响与过去半个世纪一样好是必不可少的。

如在前面已经部分指出并且稍后将进一步指出的，我的观点是，至少就模拟程序或决策支持系统而言，委员会所寻求的"对并行硬件编程的全面支持"，可由如下的发展来提供：

- ◆ SIMSCRIPT M；
- ◆ 相关的非程序性可执行模型说明符；
- ◆ 不断增加的特殊数据结构如树（trees）、网络（networks）和稀疏矩阵的库，加上处理这些库的例行程序和命令；
- ◆ 现代优化程序编译器的依存关系分析。

在介绍这些工具怎样实现期望目标的详情之前，先对世界上最成功的并行计算机的某些特征进行回顾。

冯·诺依曼（1958）：《计算机与人脑》

计算机时代开启不久，冯·诺依曼就出版了著作《计算机与人脑》（*The Computer and the Brain*，von Neumann，1958）。在众多有影响力的创造中，除了是例如之前引用过的《博弈论与经济行为》（*Theory of Games and Economic Behavior*）的主要作者外，冯·诺依曼还发明了现代计算机。特别地，在该书第 3 版（von Neumann，2012）的前言中，科兹维尔（Kurzweil）解释了早期的计算机理论和实践，并指出：

正是在这些基础上，约翰·冯·诺依曼创造了现代计算机——冯·诺依曼机的架构。在过去的 60 年里，它一直是几乎每一台计算机（从洗衣机中的微控制器到最大型的超级计算机）的核心结构……在 1945 年 6 月 30 日一篇

题为 "EDVAC 报告的初稿" 的论文中，冯·诺依曼提出了自那以后支配计算领域的概念。冯·诺依曼的模型中包含了一个中央处理器，负责执行算术和逻辑运算；一个存储器，用来保存程序和数据；大容量存储器；一个程序计数器；输入/输出系统……尽管冯·诺依曼的论文原本是一个内部项目文件，但它却成了 20 世纪四五十年代计算机设计者的 "圣经"，并且事实上影响了自那之后的每一台计算机的构建。

在某种意义上，有关冯·诺依曼著作（von Nuemann，1958）的一切都是过时的。在另一种意义上，这本书的观察是永恒的。特别地，冯·诺依曼描述了到当时为止人们所理解的大脑。但自 1956～1957 年以来，神经科学已取得了长足的进展（例如一个详细的考察，可参见 Kandel，Schwartz，and Jessell，2000）。冯·诺依曼既描述了数字计算机，也描述了模拟计算机，两者在 20 世纪 50 年代是重要的竞争对手。自那以后，摩尔定律的盛行导致在实践中模拟电脑（包括一度无处不在的计算尺）消失了。它们已经让位于古老的手提式数字计算机——算盘在今天的衍生物。

基于当时的计算机和那时人们所理解的大脑，冯·诺依曼得出结论认为：

将所有这些归纳起来，看起来在大小方面，人工元件是天然元件的大约 $10^8 \sim 10^9$ 倍……与此相对，在速度方面，人工元件比天然元件快大约 $10^4 \sim 10^5$ 倍。

基于这些数量上的评价，可以得出一些结论……首先，以相同大小（用体积或能量消耗来定义）的活跃机体在相同时间内执行的行动数衡量，天然元件超出人工元件 10^4 倍……其次，这些倍率表明，天然元件偏好具有更多但较慢的机体的自动装置，而人工元件偏好较少但更快的机体的安排。因此，可以预料到，一个有效组织的大型天然自动装置（类似于人的神经系统）将倾向于同时收集尽可能多的逻辑（或信息）项，并且同时处理它们，而一个有效组织的大型人工自动装置（类似于大型的现代计算机）更有可能连贯地工作——一次做一件事情，或至少一次不做太多件事情……

最后，然而，应该注意到，并行和串行操作并非可以无限制地彼此替代。

那时和现在的主要区别在于，摩尔定律的盛行，使得即使单线程计算进一步提速，也难以跟上人类预测和欲望的步伐，而对计算服务的需求（仅通过互联网，加上其他途径）则使得有必要降低每一次运算的功率。

计算机与人脑再探

考虑到 20 世纪 50 年代以来计算机、金融和运筹学领域发生的所有变化，并且考虑到我有自己的"目的"，我大胆地给出自己对"计算机与人脑"的观察。我不会试着去总结过去半个世纪神经科学的进展，也不会试着去进一步总结电脑的过去、现在和未来，就像富勒和米利特一样。相反，我将指出人类神经系统所实现的惊人并行性的一些日常例子，然后询问我们的模拟程序和 DSS 如何能够模仿它们。

我喜欢与朋友、客户、现在或之前的学生，以及其他有趣的人共进午餐。我们在距离我办公室 1 英里⊖左右的几个临近的餐厅就餐。我们边走边谈，边吃边谈，边往回走边接着谈，然后我就去工作，例如撰写本书。相当简单。但考虑一下，在我们从我的办公室走向餐厅期间，我和我的访客的神经系统完成了什么。

我说过我们是"边走边谈"。行走是一项非常复杂的活动。它是一个不断保持平衡的过程，即使站立也不是很容易的平衡行为。但我们"不用思考"就能行走，除了我例外：当我走到路边时，我会仔细考虑马路牙子的高度，并决定是应该直接走下去还是应借助运动轮椅或拐杖。

谈话也不是一项简单的任务。人们已经尝试着训练让各种大猩猩说话，但它们没有足够的声带。它们只能在其心理过程所允许的范围内用"手语"来表达自己。截至目前，没有一只大猩猩能够写出可与海伦·凯勒（Helen Keller）的小说相比肩的文学作品。

孩童从父母那里学习语言，包括词汇和语法。想想看！两千年前的罗马小孩子讲拉丁语，包括那些无法理解的语法。我讲英语。来自英格兰、苏格兰、威尔士、南非、澳大利亚、牙买加和"美国南部各州"（down south）的人讲英语，那些希望环游世界或参与以英语为通用语言的国际商业往来的每一个人也讲英语。他们都有口音，除了像我这样在美国中西部出生和长大的人之外。我能理解，如果一个人的母语不区分"R"和"L"的话，那么他就无法听出它们的区别。反过来，区分 R-L 的讲话者不能够区分 R-L 区别较小

⊖　1 英里＝1609 米。——译者注

的语言中的某些音素。这显然是"教养"的结果而非"天生的",因为所有第三代"峡谷女孩"(valley girls)的发音都是相同的,而不管她们的祖父母讲什么语言。

行走和谈话在我看来是再平常不过了,即使同时做这两件事也是如此。对我而言,不寻常的是观赏和聆听伊扎克·帕尔曼(Itzhak Perlman)演奏约翰·塞巴斯蒂安·巴赫(J. S. Bach)的"恰空"(Chaconne)。这是一首无伴奏的小提琴曲子,很多人(包括我)认为它是曾经写出的最伟大乐曲之一。如同布拉姆斯(Brahms)写给克拉拉·舒曼(Clara Schumann)的信中所说的那样〔这封信的日期为 1877 年 6 月,它被复制在 Avins(1997)著作的第 166 页〕:

对我来说,恰空是最精彩、最不可思议的音乐作品之一。在单一的五线谱上,为一个小型乐器,他谱出了最深邃思索和最强烈情感的整个世界。如果当时是我来想象要怎样做,怎样构思这首曲子,那么我可以肯定,压倒性的兴奋和恐惧会把我逼疯。

通过复杂的拉弓和难以置信的指法,巴赫在一个无伴奏的小提琴上实现了(或启发了)二重、三重间或四重对位。但最让我着迷的是在我观赏伊扎克·帕尔曼演奏这首曲子时。他一定熟记并反复操练了这首曲子,因为在音乐厅他没有时间去视读曲子,但他的面部表情看起来就像他左手的手指和右(弓)臂是独立的一样,而他只是在静静地聆听它们的演奏。

当我边走边谈时,我的神经系统完成了那些我甚至都没有察觉到的任务。有时当我行走在乡间小道上时,沙砾进入了我的鞋子,我很快就察觉到它。我敢肯定,如果在行走时我被蜜蜂蜇了一下,那么我立即就会注意到这一点。不知何故,我全身的疼痛感觉器官(在皮肤、肌肉、胃部和我能感觉到疼痛的任何地方)的状态被持续地关注着,并且仅在某个有害或有威胁的事件发生时我的意识才会对它们的状态保持警觉。

午餐时间的一位访问者使我注意到一个更复杂的自动过程。他问我为什么走向右侧的小路时朝右看,而走向左侧的小路时却不向左看?我并没有意识到我正在这样做,也没有意识到我已经这样做了。原因很简单:我的右眼失明了。如果小路在我左侧,那么向左的余光或快速一瞥,就使我瞬间有一个关于小路状态的印象。如果我朝右匆匆一撇,我的左眼只能看到一点镜框和鼻尖。我需要转头到右边,观察是否有自行车或普锐斯会撞到我。显然,在我走向每一条我右侧的小路时，这通常都会发生。

看起来似乎所有潜意识神经系统过程都比有意识的过程要低级，就像行走比之于思考一样，但事实并非如此。人们解决问题，例如证明一个推测的定理或找出其反例，或找出计算机程序中棘手的漏洞，通常在睡觉时问题还未解决，而醒来时问题却巧妙地解决了。就好像夜里某个心理过程像小精灵一样仍在工作，给出了意识层面的解决方案——在意识层面准备好接纳它时。

意识层面不仅不是唯一的大脑过程，它甚至不是最高级的大脑过程。例如，当我独自安静地坐着时，或自己一人去吃午饭时，一些题目进入我的脑海。这些题目的次序通常反映了需要关注的题目完全合理的优先序。是谁设定了这个议程呢？

在近期与午餐会一位客人的交谈中，我需要一个例子来支持我简要提出的假设。如下的例子立刻进入我的脑海：我与其他青少年在我亲戚的食品杂货店附近一块空地上打棒球。当轮到我当接球手时，挥舞的球棒击中了我的头部。其他孩子帮助了头部流血的我，把我送到亲戚的店里。

人们可能会把这个例子瞬间闪现归因于一个超级高效的心理存储和检索系统。但如果我的脑海里包含了这样一个超级高效的心理存储和检索系统，为什么我记不住巴鲁克学院（Baruch College）那些二三十年前我经常与之谈话的同事姓名呢？

在修改本节的过程中，我的秘书从附近一个熟食店给我买了份三明治，以便我能准时奔赴迫在眉睫的医疗预约。我让她给我买一份火鸡三明治并加肉。三明治包装上的标签写着"双份火鸡"（double turkey）。尽管我正专注于修改这些段落，但我的脑海中很快就闪现出警句"不惮辛劳不惮烦"（double，double，toil and trouble），而它来自我很难想到的莎士比亚的《麦克白》（*Macbeth*）。自从我第一次阅读或观看《麦克白》以来的几十年中，我已经无数次听见"double"这个单词，包括有关双杀（double play）的表述"双倍或赔光"（double or nothing），以及绿箭口香糖（Doublemint gum），但这是第一次在我脑海中将"double"与"trouble"联系起来。在陈述我关于所有这些事件的假设之前，我要提醒读者的是人类记忆的一个突出特征：它的主要存储机制并非静态的。你可以拔掉电脑的电源插头，使它断电，但当你重新开机时，你的文件仍然在那里。而如果人的身体"关机"，是没有重启按钮的。神经系统的基本单元是名为神经元的专门细胞，神经元的输入单元称为树突，相对长的延伸部分称为神经元的轴突。神经元终止于几个轴突末梢，后者利用名为神经递质的化学物质与其他神经元的树突在微小距离进行信息交流。轴突要么处于激发状态，要么处于休眠状态。它是一个 either/or 命题。

从上述对神经活动的描述可以得到如下的推论：对棒球事故的记忆必定涉及神经元周期性地重复放电，这并不必然意味着所有神经元都致力于实现这一目标。情形可能类似于一个 VM 计算系统，在这个系统中，很多用户都拥有"虚拟机"，这些虚拟机是由共同的物理计算资源支持的。（问题：VM 计算系统具有调度和优先级规则，以在同时使用系统的用户之间动态分配资源。对于心理资源，实现这一点的过程是怎样的呢？）

棒球意外事件引发了一个心理过程，后者使记忆保持鲜活。我认为它还做了一件事情：实际上，它为记忆设置了一个"代理人"，或将记忆指定为现有代理人的"客户"。代理人的职责之一是监视意识层面正在发生什么。如同在一个大型的宾果游戏中一样，基本信息被"播送"给所有的参与者。如果代理人听到（和/或看到、嗅到或感觉到）与他所代表的记忆有关的某件事情，就大声地说出来。然而，与宾果游戏不同，代理人的声音在意识层面并不自动被听到。由于可能有很多这样的声音在争夺注意力，必须有一个本级委员会来决定何者值得传递给更高级的过程，并且必须有一个或多个"高级委员会"来决定何者进入意识过程。因此，我思维之心理管理的所有层面，都需要同负责记忆《麦克白》中女巫一幕的代理人的建议相一致。

仿真，而非复制

在我看来，能够处理大型详尽模拟程序和 DSS 的并行计算系统，应该尝试对大脑的功能进行仿真，但不必尝试复制大脑借以实现这一功能的物理机制。例如，在断电导致无法备份的情况下也不会消失的静态存储，明显要比复制自然界的存储解决方案更安全。同样，经常有信息需要向多个代理人广而告之。例如，未来 JLMSim 式的模拟程序，在其中数百万模拟投资者和它们的交易员被指派给几百或几千个代理人，可能需要连续不断地"播报"证券价格。为什么不通过无线电以光速来准确播报信息呢（有朝一日当纳米无线电技术允许这样做时，如果现在还不允许的话）？这并非大脑运作方式的事实，不意味着这或其他偏离大脑物理方法的方案，不是满足我们需要的一个更好解决方案。

第三种类型的事件调用

如在第 7 章中回顾的，SIMSCRIPT（Ⅰ）和 Ⅱ 提供了两种类型的事件调用：外生事件调用和内生事件调用。特别地，内生事件（在模拟程序开始运行之前，或在前一个事件发生时）被安排在特定的时间发生。但我们已经看到，思维过程是由某个状态变化所激发的，例如谈话过程中正好响起一首歌曲时，或一种熟悉的气味飘过时。类似地，我建议提供第三种类型的事件调用，即"条件式事件调用"。它是内生事件的一种形式，其发生由 CAUSE 或 SCHEDULE 命令指定（就像现在这样）。但它不是在指定时间发生，而是在一个逻辑条件成立时发生。特别地，CAUSE 或 SCHEDULE 命令以如下两个可选语句之一结尾：

AT $<$real valued expression$>$

或者

WHEN $<$logical expression$>$

由于括号中的逻辑表达式可以是如下形式：

TIME. V $>$=$<$real valued expression$>$

因而 WHEN 语句能够实现 AT 语句的功能。但 AT 语句被保留，既是为了向后兼容性，也是因为当一个已知的延时是事件调用的唯一条件时，它读起来更自然。在一个 JLMSim 式的环境中，使用 WHEN 语句的一个例子可能是：

SCHEDULE order. review（order. slip）

WHEN TIME. V＝TIME. V＋1 HOUR or

Price（stock（order. slip））$<$= limit（order. slip）

上述命令出现的 JLMSim 式环境，可能是一个模拟交易系统，也可能是一个实时交易系统。出于性能方面的考虑，可能需要限制 WHEN 语句所允许的逻辑表达式的一般性。[7]

进程处理进程

讨论怎样在并行计算系统中执行面向事件的程序时，一个潜在的混乱之

源是这样一个事实：讨论涉及不同类别的进程，包括

（1）计算机进程，例如算术运算或存取数据；

（2）算法进程，例如求解方程组或执行统计分析；

（3）进程程序，例如在 SIMSCRIPT Ⅱ.5 中引入的和第 7 章中介绍的；

（4）生产进程、股票交易进程，或其他由我们的模拟程序和 DSS 表示或控制的终端用户进程。

按照这一术语，异步模拟程序中定时例程的功能，是代表计算机上序贯地执行计算机进程的并行用户进程。SIMSCRIPT M 需要对有效表示并行计算机处理器中并行用户进程的代码进行编译。

易于并行化的进程

计算系统是一个任务资源系统（task resource system，TRS），后者在本质上是一个大型的作业车间。在任务资源系统中，执行程序生成任务，计算系统提供资源来完成这些任务。就像传统上用 PERT 网络（计划评审技术网络）来表示一样，一些任务可并行实现，而一些任务则必须串行实现。计算机科学的一个主要挑战，就是决定什么任务由哪种方式实现。

易于并行化的进程（easily parallelized process，EPP）通常被称为高度并行的进程［例如参见 Wilkerson and Allen（2005）著作第 3 章的标题］。我不认为人们应该为利用自己主题的自然并行性而感到尴尬，我对 EPP 这个首字母缩略词的理解也是如此。根据上一节确定的术语和观点，本节讨论的 EPP 是计算机任务的集合，这些任务是由表现、跟踪或控制真实或模拟实体状态变化的程序所生成的。对这些集合，很容易设计并行的实现方法。例如，在蒙特卡罗分析中，以不同的随机种子开始的多次运行可以并行地处理。DSS 的外生事件，例如投资者打电话查看他们在 GC DSS 中的账户，调用可并行处理的进程。

如已经指出的，异步模拟事件代表并行的用户进程。例如在 JLMSim 中，投资者对投资组合进行重新优化被视为是异步的，因为大量 JLMSim 投资者和他们的交易员的行为，只有在市场上才会与其他投资者及其交易员的行为相互影响。每一个投资者的重新优化运算和投资组合选择都能够独立于其他投资者而进行。

同步事件也包含了大量的并行用户处理。例如，在一个作业车间换班时，很多机器上的工作要么需要移交给下一班，要么需要停下来直到之后的某次换班。这些针对不同机器的进程能够并行地处理。在 JLMSim 中，类似的并行性出现在日终事件（end-of-day event）中。在其中，例如，必须检查每一个保证金账户以查看是否需要追加保证金。这种并行性既能出现在真实的经纪人交易结算室的 DSS 中，也能够出现在模拟的经纪人交易清算室的 DSS 中。

在制造业中，一个特定的车间可能是工厂的一部分。这个工厂除了包括部件组装车间、组装车间和油漆车间外，还包含其他制造车间。对每个车间的事件进行模拟或实时追踪，可以在不同车间交流有限的情况下并行地处理。一地之工厂可能是一家多工厂企业的一部分。在这个企业，仓储和运输进程都是并行地进行的。制造、运输和仓储系统可能是包含采购（利用企业自己的供应链）、营销、策划、会计和财务（包括公司预算）等子系统的企业之一部分。每一个子系统都必须与其他子系统相协调，但很大程度上它们是独立运行的。

本地资源组

刚才所讨论的是已经在很大程度上做了并行化处理的用户进程例子。也有用户进程没有经过并行化处理，但它们无疑是可并行化的。

假设有人希望计算大约 10^9 个数的各种统计量，比如极小值、极大值、和、平均值和标准差。一个可能的例子是某种证券逐笔交易数据的长序列（显然，如果一种证券的统计量计算可以并行化，那么作为推论，任意数量证券的统计量计算也可并行化）。进一步假设有关的计算系统像大脑一样能够将它的资源组织成许多我所谓的本地资源组（local resource groups，LRG）。在大脑的情形中，一个例子是神经资源，后者以某种方式记住了青少年棒球赛事件，并指定一个"代理人"在相关的时候为之发声。对于一个容易并行化的计算系统，可以设想一个（在容量上，而不一定是在空间上）巨大的由记忆、计算和通信元素组成的数组，并设想这些元素的一个本地资源组能够基于某个目的（在逻辑上）进行划分。该 LRG 具有强大的计算、存储和通信能力，或许堪比今天廉价的个人电脑。（划分后）就可得到大量的 LRG。

将多少这样的 LRG 指定给某个重大任务这一问题的最优解取决于各种成本，但为了举例，假设一个合理的解是让 10^4 个 LRG 充当代理人，它们中的每一个都负责 10^5 个数字。为求和，每个代理人都会被要求加总其 10^5 个数字，并将这些部分和传递给更高层计算总和。平均数（算术平均数）通过求和以及对所涉及数字的个数进行计数而得到。几何平均数通过计算对数平均数，然后取反对数而得到；方差通过计算平方的平均数，然后利用公式

$$\text{Variance} = (\text{Avg. square}) - (\text{Squared avg.})$$

计算得到。标准差为方差的平方根。

一般而言，这一方法适用于任何"结合律运算"。例如，总和是对部分和求和。类似地，整个集合的最大值，是极大值中的最大值。一组矩阵的乘积，等于它的子集的乘积。最后一个例子与前面的例子的区别在于，矩阵相乘满足结合律，但不一定满足交换律。因此，更高层次的代理人必须知道所报告的矩阵乘积是矩阵以怎样的顺序相乘得到的。

利用排序集通常可以迅速地组织数据。IBM EAS-E 通过将大型排序集分解为多个子集，并可能将这些子集进一步分解为子集的子集，来有效存取它们。这种集合/子集结构的各个部分很自然地被指派给不同的 LRG。这有助于前述的统计量计算和实现快速存取。

微观和宏观并行化

按照我的设想，一个典型的 LRG 应包含两个或更多相互协作的处理器，以及它们的本地（快速）存储器，再加上通信设施和大容量存储器。LRG 将充当它们的管理人，像 IBM EAS-E 的管理人一样，除了管理人之间可进行信息交流外。

我区分微观和宏观并行化的依据，是任务能够被分配给不同的 LRG 还是最好在同一 LRG 内部完成。在"易于并行化的进程"小节中讨论的任务和子任务，可由宏观并行化来处理。例如，有关怎样快速地计算 10^9 个数的统计量的讨论，假设这个主任务被分解为多个子任务，并被分配给多个 LGR，因而是宏观并行化的一个例子。

一项基本的计算机操作，例如将两个数相加，涉及多个步骤：两个运算对象都必须从内存移动到寄存器，然后在寄存器中执行相加指令。它们

可能首先移动到待操作队列中运算对象的"高速缓存"，然后在寄存器中执行相加指令，并存储结果。之后，这一结果必须被移动到存储器中。然而，也可能有一个运算对象已经在或两个运算对象都已在寄存器中，负责执行运算的运算器（arithmetic logical unit，ALU）可以直接访问寄存器。此外，也可能不需要存储结果，因为它是一个部分和，很快就会再次与其他数相加。

考虑运算对象从内存提取且运算结果又被存储到内存中的情形。如果串行计算机上只有这一任务在运行，那么访问和存储数据时 ALU 是闲置的。现代高性能并行计算机的功能之一，是接下来运算的数据提取，或之前运算的数据存储，可以与当前的算术运算同时进行。

这产生了一个问题：由谁或什么来决定何者与何者在宏观层面并行处理？阿伦和肯尼迪（Allen and Kennedy，2002）的著作介绍了当前计算机向用户提供并行处理的 6 种不同方式，并给出了适于这些硬件类型的编码。他们从试验中得出结论认为：

在源语言中显式地表示并行性，并不足以保证最佳地利用并行的硬件。所介绍的 6 种机器类型中的每一种，都要求对并行性有一个不同的表示——在一些情形中是完全不同的表示。并且，得到对一个特定机器而言最佳的表示形式，要求对机器的架构有详细的了解。这一观察表明，需要对显式的并行程序进行修改，以适应不同的个体架构；当它们从一台机器移植到另一台机器的时候，效率会下降。

……

考虑到软件的使用期越来越长，而硬件的寿命越来越短，这些经验教训表明，修改代码使之适应特定的机器架构，最好留待编译器来完成。

因此，在微观层面将计算机资源分配给计算任务，应该留待适于特定计算机架构的优化编译器。然而，SIMSCRIPT M 执行程序会将主计算任务分派给可用的 LRG。这样的宏观并行化是一个经典的作业车间问题，可以借鉴作业车间研究的悠久传统。

一些 LRG 可能有专门的用途。例如，也许有一个或多个 LRG 具备检索档案信息的专长。它们可能较难或无法与终端用户进行交流，因为它们的主要功能是对管理人之间有关大量极少用到之数据的请求做出响应。如果所有的 LRG 都是相同的，那么任务分配进程，就是一个有很多同一种服务器的作业车间的进程。如果 LRG 是不同的，那么宏观并行性就被当作一个经典的多服务器作业车间来实现。

目前，SIMSCRIPT Ⅲ 像它之前的 SIMSCRIPT Ⅱ.5 一样，对 C 代码进行编译，并让 C 来做（微观）代码优化。在理想的情况下，如果代码优化过程以 SIMSCRIPT（例如 SIMSCRIPT M）开始，最终可能会更好。例如，我们看到 SIMSCRIPT Ⅱ 的 COMPUTE 命令指定了一个要计算其各种统计量的实体集。如果 SIMSCRIPT 编译器编写了线性码来完成这一任务，那么 C 编译器也许能也许不能辨别出某些中间结果是不需要存储的。

从程序员的视角来看，COMPUTE 命令仍然是 COMPUTE 命令。取决于从其中获取主题实体的集合大小，以及计算机硬件的具体情况，人们希望 SIMSCRIPT 编译器和实时操作系统将会利用"最先进的"宏观和微观并行性。一般而言，对于一个优化编译器，基于模拟程序或 DSS 建模者意图的 SIMSCRIPT Ⅱ 式声明来辨别何者可以并行化处理，何者必须串行处理，不会比基于实现这一意图的线性码来做决定更困难。[8]

结语

本章的一个主要目的，是展示详尽的金融模拟程序和 DSS 怎样才能被指定，然后被自动生成或编译，以利用当前和未来计算系统的大规模并行性。之前章节考虑的则是这些金融模拟程序和 DSS 应包含什么，因为就像所有与计算机有关的事物一样，规则是：输入的是垃圾，输出的必也是垃圾。

注　释

第 6 章

1. 在马科维茨（Markowitz，1959）对 HDM 和 RDM 进行区分之前，西蒙（Simon，1947）做了基本相同的区分，他将前者描绘为具有"有限理性"。在西蒙（1947）和马科维茨（1959）之间的一个假设性、柏拉图式的对话中，马科维茨会说：

> 我同意人类是有限理性的。但总有一些人寻求在一个或另一个领域做出改进，这一点可通过存在大量的"指南"类书籍和杂志来证明。我希望帮助那些寻求更好投资方式的人们。我的假设是，在实践上向理性决策逼近，有助于实现这一目标。

我们希望西蒙（1947）的回应是支持我的观点的。

2. 本注释说明了严格地理解连续时间金融模型所需的数学知识，与阅读本书所需的预备知识差距有多大。关于这些数学知识的一个易于阅读同时又严谨的介绍，参见哈尔莫斯（Halmos，1974）的著作或柯尔莫哥洛夫和福明（Kolmogorov and Fomin，1957）的著作。具体而言，我们将给出两个例子，说明读者对诸如"连续函数"等概念的典型直觉，并不足以应对连续数学世界中出现的奇怪而奇妙的事物。在两个例子中，我们都考虑如下函数

$$y = f(x)$$

函数定义于单位区间 $0 \leqslant x \leqslant 1$ 上，并且有

$$f(0) = 0 \quad f(1) = 1$$

两个例子都展示出与直觉相悖的性质。

例 1。点 $(x, f(x))$（x 从 0 变化到 1）描绘出的连续路径的长度 L，通常能够由①将"X 轴"上的单位区间 $[0, 1]$ 划分为 n 个长度为 $1/n$ 的子区间；②测量在这 n 个点处曲线上相继点之间的距离；③将这些距离相加来逼

近。通常，如果 n 足够大，那么该有限和将接近于当 x 从 0 变化到 1 时所描绘出的连续路径的长度。但也有可能当 $n \to \infty$ 时，这些线段的和无限增加。特别地，当路径是由像布莱克和斯科尔斯（Black and Scholes, 1973）文章中假设的那样遵循布朗运动的价格对数描绘时，包括那些从 $f(0) = 0$ 出发并且恰好有 $f(1) = 1$ 的路径，这一点几乎必然成立。我们猜想只有很少的（如果有的话）非数学背景的读者能从直觉上理解当一条连续的曲线从（0，0）游历到（0，1）时，它怎样能够经过无限的距离。

例 2，康托函数。我们的第二个例子运用了"零测度集"的概念。通过举例说明的方式，回忆一下，一个均匀地分布在 0 和 1 之间的随机变量 r 恰好等于 0.5 的概率为 0，因为这一概率必定低于随机变量落在 $0.5 - 1/n$ 和 $0.5 + 1/n$ 之间的概率。通过选择足够大的 n，可以使后者小于任意的正数。这样就说区间 $[0, 1]$ 中的单独一个点 $\{0.5\}$ 是一个"零测度集"。类似地，r 等于有限个预先指定的值如 $\{0.01, 0.02, \cdots, 0.99, 1.00\}$ 中任意一个的概率为 0。这也是一个零测度集。不那么明显但是（如柯尔莫哥洛夫和福明的著作中证明的）是概率论中标准结论的是，r 是一个有理数的概率为 0。在单位区间上，所有有理数是一个零测度集，因而所有无理数是测度为 1 的集合。

康托函数：

$$y = f(x)$$

定义于区间 $0 \leqslant x \leqslant 1$ 上。在这个区间，它"几乎处处"有导数。具体而言，除了在一个零测度集上，都有

$$\frac{\mathrm{d}y}{\mathrm{d}x} = 0$$

尽管如此，从 $f(0) = 0$ 到 $f(1) = 1$，康托函数仍然是一个连续函数，从而随着 x 从 0 变化到 1，$f(x)$ 取到 $[0, 1]$ 中的每一个值（参见哈尔莫斯对康托函数的描述）。

3. 有了现代高频股票交易技术，看起来似乎能够忽略"高频"和"连续"交易之间的区别。但恰恰相反，两者之间的区别至少仍像过去一样重要。例如，在撰写本章时，《华尔街日报》上报道了如下一则新闻：

高速交易员利用芝加哥商业交易所（Chicago Mercantile Exchange）电脑系统不为人知的一面，在其他投资者获得相同的信息之前在期货市场顺势

而为进行交易……根据《华尔街日报》采访的那些熟悉交易和交易记录的人士，这一优势通常仅为 1～10 毫秒。但对于利用电脑技术进行交易的交易员而言，这是足够的时间了。他们说他们能够（在这样短的时间）对订单进行结构化安排，这样交易确认文件就透露出原油、棉花和其他大宗商品价格的变动方向。

2013 年 5 月 1 日，C1 版

在一个更加从容的时间尺度上，《华尔街日报》在 2013 年 6 月 13 日一期的头版，题为"交易员为之前偷看关键数据付出代价"的报道称：

3 月 15 日的早晨，受消费者信心的一个关键数据出乎意料的低影响，股票市场下挫。一群投资者已经知道了这一点。他们比公众提前两秒钟获得了密歇根大学的消费者报告。

在真实世界，几毫秒明显要比瞬间长许多。

连续时间模型经常假设：①连续的价格变动；②连续交易；③完全流动的市场。这种假设组合不仅极不现实，甚至可能是有害的。例如，1987 年年中，价值 900 亿美元的机构资金运用"投资组合保险"（不要与投资组合理论相混淆）进行管理。投资组合保险是一个数学公式，它复制了标准普尔 500 指数的一个看涨期权。根据布莱克－斯科尔斯期权定价模型，看涨期权是多余的，因为人们可以通过在时间上连续反复地调整现金股票比而达到同样的效果。投资组合保险规定了每天的投资组合调整，这与布莱克－斯科尔斯的连续时间调整是接近的。运用一种与标准普尔 500 指数看涨期权等价的数学方法，而非实际的看涨期权本身，优点是投资机构并不需要真的购买 900 亿美元的标准普尔 500 指数看涨期权。对于投资组合保险的卖方和买方而言，这么多甚至更多的资金是能够按照一个基于布莱克－斯科尔斯的公式进行管理的。

这个公式确保当市场上升时，投资者的收益会和按照布莱克－斯科尔斯价格购买等值看涨期权时所能获得的利润一样多，而当市场下挫时，投资者大体上只会损失复制的看涨期权价格。这通过在市场上升时买入而在市场下挫时卖出来实现。特别地，投资组合保险公式能够足够快速地确定卖出，这样如果市场大幅下跌，投资者很快就会清空股票，足以确保损失不会超过复制的看涨期权价格。

但很多大型基金在市场上升时买入，意在进一步推动市场上涨；反过来，很多大型基金会在市场下挫时卖出，意在进一步打压市场。在 1987 年 10 月 19 日"黑色星期一"之前的周五，市场已经大幅下跌。这意味着投资组合保险者需要抛售。大型的经纪公司知道这一点，它们最先抛售。投资组合保险者经常利用标准普尔 500 指数期货市场而非实际的（现货）市场，因为前者具有巨大的流动性。但在黑色星期一的骚动中，期货市场与现货市场脱节，此时抛售标准普尔 500 指数股票篮子，需要通过现货市场来进行。根据《总统特别小组关于市场机制的报告》（*Report of the Presidential Task Force on Market Mechanisms*）（Brady，Cotting，Kirby，Opel，and Stein，1988）第 41 页：

投资组合保险者运用的公式决定了在很短的时间内抛售 200～300 亿美元的股权。在这样的压力下，股票价格必定大幅下跌。交易系统，如订单转送及成交回报系统（designated order turnaround，DOT），或市场稳定机制，如纽约证券交易所（NYSE）的经纪人，必定会被这样的抛压所击垮，而无论它们是怎样设计的或资本金有多么雄厚。

这与第 36 页注释 5 中"估计星期一开盘时经纪人的买盘力量不超过 30 亿美元"形成了对比。

问题在于投资组合保险是基于布莱克－斯科尔斯模型，后者假设在一个完全流动性的市场中连续交易。这个模型本身无所谓对与错，它是一组具有有趣的数学含义的前提条件。当模型开出的处方被管理着 900 亿美元的机构投资者所运用时，模型是适用的假设比错误还要糟糕，变成灾难性的。

黑色星期一后不久，在巴鲁克学院举办的一次圆桌会议上，马科维茨首先发言，他断定，股市崩溃之所以十分严重，是因为广泛运用了投资组合保险。费雪·布莱克（Fisher Black）第二个发言，他认为只要调整投资组合的投资者的资产管理规模（assets under management，AUM），等于或超过投资组合保险者的资产管理规模，那么投资组合保险者的存在就是有益的，因为投资组合调整者会在价格上升时卖出，在价格下跌时买入，从而总是在与投资组合保险者相对的市场另一边。

金姆和马科维茨（Kim and Markowitz，1989）专门编写了一个模拟程序，用以检验布莱克的观点。金姆和马科维茨的模拟程序（KM 模拟程序）运用了投资组合保险的固定比例投资组合保险（constant proportion portfolio insurance，CPPI）版本，它由布莱克和琼斯（Black and Jones，1987）提出。

这种处理简化了必要的投资组合保险购买或出售的计算，但具有与合成期权投资组合保险非常相似的一般性质。类似于第 7 章描述的 JLMSim，KM 模型（用 SIMSCRIPT Ⅱ.5 编写）中的价格和数量是内生的，是由遵循机械规则的投资者下单产生的生产和需求交叉的结果。JLMSim 和 KM 模型的主要区别是，在前者中投资者是 MV 优化者，而在后者中则要么是投资组合调整者，要么是投资组合保险者。每一种类型的投资者数量都是 KM 模拟程序的参数。金姆和马科维茨的一般结论是："因此，在这个由 1/3 的 CPPI 投资者和 2/3 的投资组合调整者组成的试管世界（test tube world）中，1987 年 10 月 19 日量级的崩盘，几乎每个季度都会发生。"

第 7 章

1. 此处和本卷中，我们忽略"联立方程"模型。在联立方程模型中，两个或更多状态变量的值是作为一组同时成立的方程的解而确定的。

2. 罗宾逊（Robinson，1974）的著作对"无穷小量"做了严格处理。莱布尼茨（Leibnitz）曾试图在他的微积分中运用这种处理，但由于当时形式逻辑尚未得到充分发展而未能成功。在罗宾逊的"非标准分析"小节，无穷小量 ε 是一个比 0 大但比任意正实数都要小的"超实数"。它结合了实数和 ε 的幂，就像莱布尼茨所期望的那样。例如

$$4.000 < 5.0 - 1000\varepsilon < 5.0 < 5 + 1000\varepsilon^2$$
$$< 5.0 + 0.001\varepsilon < 1/\varepsilon < 1/\varepsilon^2 \tag{N1}$$

SIMSCRIPT Ⅱ 包含了预先定义的常数，例如 PI.C，它接近于 pi(π)。它也包含了常数 RINF.C，表示无穷大。特别地，语句"RINF.C$>R$"对于任意实数 R 都是成立的。SIMSCRIPT Ⅱ 本也可以包含常数 EPSILON.C，使得

$$0 < \text{EPSILON.C} < R \tag{N2}$$

对于任意的 $R>0$ 总是成立的。像式（N1）那样更一般的表达式同样是成立的。

EPSILON.C 能够被证明在异步模拟程序编程中非常有用。在正文中，我们指出无论是在同步还是异步模拟程序中，一个单独的事件事实上可能是一系列时间上极为接近的相继事件。目前，在异步模拟程序中，如果两个事件被安排在同一模拟时间发生，那么这两个事件的行动是无法交错执行的。一个事件例程首先获取控制权，并在另一个事件例程获取控制权之前执行所

有的行动。通过引进 EPSILON. C，就可以简洁和一般地引入交错行动执行。例如，一个进程可以安排行动在当前时刻加上等于式（N1）中任意正超实数之时间增量的时刻发生。这些行动将按照指明的顺序执行，并且能够在"真实"时钟停止时与其他进程的行动交错执行。同样，在所有模拟事件之后执行的各种分析例程可以安排在

$$\text{SimTime.} V = i/\varepsilon,\ i = 1, \cdots, n$$

时执行。

3. 马科维茨的"生命周期博弈"与加里·贝克尔（Gary Becker）的"生活中的经济学"之间的区别，是注意力主要集中在哪里。生命周期博弈聚焦于不确定性下的金融规划，而贝克尔的工作则趋向于强调重要的生活方式决策，例如是否走上犯罪的道路。参见贝克尔和贝克尔（Becker and Becker, 1997）的著作。

第 8 章

1. 在这一点上，我们认为一个策略类似于一个可伸缩的卷尺。它的标准型是收缩的，当使用时则是展开的。这样的卷尺应用广泛。

2. 这里介绍的动态规划方法，出现在完全信息博弈的 vNM 解中。贝尔曼（Bellman, 1957）拓展了这一方法，他将大量注意力放在各种离散和连续博弈长期解的存在性和唯一性上。

3. 这与如下情形形成对比：对任意的行动 α，都存在一个更好的行动 β，因为 EU 是无界的，或约束集不是"紧集"的。

4. 对于动态模型优化问题，随机线性规划（stochastic linear programming, SLP）是动态规划的一种替代性方法。一般而言，任何线性规划（LP）问题（Danzig, 1951, 1963）都是寻求线性函数

$$f(X) = \sum_{j=1}^{n} c_j X_j$$

在线性等式约束条件

$$\sum_{j=1}^{n} a_{ij} X_j = b_i,\ i = 1, \cdots, m$$

以及非负变量约束

$$X_j \geqslant 0,\ j = 1, \cdots, n$$

下的极小值或极大值。

在一个多时期的非随机线性规划（Dantzig，1955b）中，在时期 $t=1,\cdots,$ T，约束方程可以划分为与可用资源或所生产产品有关的约束集 $P_1,\cdots,P_T$。一项给定的"行动" X_j 可能使"输入"和"输出"（$a_{ij}\neq0$）只限于 1 个时期或延续多个时期。如果我们加入随机性（Dantzig，1955a），那么约束方程可以根据时期 $t=1,\cdots,T$ 和情景 $s=1,\cdots,S$ 来划分。一项给定行动可能使其非零 a_{ij} 限于一种（情景和时期）组合，也可能使之散布于多种组合。SLP 包含了协助这类 LP 问题求解的方法。在那些状态空间的维数 n 对于确切的 DP 优化问题非常大但 T 却较小的模型中，这一方法表现突出。当 n 和 T 都很大时，DP 和 SLP 都是不可行的。

韦茨和津巴（Wets and Ziemba，1999）编辑了一期专门探讨随机规划，并包含大量参考文献的《运筹学年刊》（*Annals of Operations Research*）。里面的一些应用性文章被重新收录在津巴和马尔维（Ziemba and Mulvey，1998）编纂的论文集《全球资产和负债管理建模》（*Worldwide Asset and Liability Modeling*）中。在导论章中，津巴和马尔维将当时最新的发展情况总结为：

计算上的困难由随机规划框架中情景树（scenario tree）的性质引起。决策变量的个数呈指数式增长。在大多数情形中，我们可以通过减少从节点特别是那些接近规划区间末尾的节点散发出来的分权来修剪情景树。同样，我们可以应用方差减小方法和其他统计方法，如重点抽样（Infanger，1994）和完全信息期望值（Dempster，1997）。

求解随机规划的主要算法可以分为 3 类：直接求解，特别是内点法……基于本德斯分解（Bender's decomposition）的分解法……以及基于增广的拉格朗日乘数法的分解法……这些算法在利用情景树的结构上非常高效。现在，我们已能够求解有超过 10 000 个情景的非线性随机规划问题。随着计算机运算速度每年提高 $40\%\sim50\%$，我们能够求解规模以相似速度增长的随机规划问题。

我们聚焦在 DP 而非 SLP 上，不是因为它们在求解大型动态问题时相对能力有别，而是因为我们将 DP 原理应用于对诸如第 11 章中阐明的最优动态策略进行显式或隐式 MV 近似。例如，第 11 章中描述的马科维茨和范戴克试探法，基于对（未知的）导出效用函数的二次近似，处理了这一情形。

津巴（2015）考察了求解多时期投资组合选择问题的其他方法。具体而言，津巴指出：

模拟法：输出结果太多而难以理解，但它是一种非常有用的检查方法。

均值方差法：这种方法求解单时期问题还行，但很难应用于多时期问题，并且还有缺陷。它假设均值和方差是已知的。

期望对数效用法：……

随机控制法：……

随机规划/随机控制法：……

随机规划法：这是我使用的方法。

连续时间建模尽管在学术界非常流行，但在真实世界中似乎是不可行的。

一点也不奇怪，我们的观点在某些方面与津巴不同。例如津巴将均值－方差分析描述为"适用于单时期的"，这与马科维茨（1959）著作第 11 章以及本卷的观点不同。对于"已知的"均值和方差，均值－方差分析的一个优点是只需要估计均值、方差和协方差，而不需要估计整个联合分布。

第 9 章

1. 参见第 8 章的尾注 3。

2. 这里我们说"谨慎的"投资者而不是"风险规避的"投资者，是因为按照已经确定的术语，当且仅当投资者具有严格凹的效用函数时，才说其是"风险规避的"。因此，根据这里所用的术语，一个风险规避的投资者有可能不是谨慎的。

3. 2014 年 1 月 6 日，马科维茨给罗杰·伊博森（Roger Ibbotson）和其他人发送了如下的电子邮件：

亲爱的朋友们，

《伊博森股票、债券、票据和通胀年鉴（2013）》（*Ibbotson SBBI Classic Yearbook for* 2013）第 176 页指出，总体上，伊博森估计典型投资者的人力资本更像债券而非股票。伊博森将平均人力资本构建为 30% 的股票和 70% 的债券。这一决策是 1998 年 6 月由当时的伊博森公司咨询委员会（Ibbotson's Advisory Board）做出的。委员会成员包括哈里 M. 马科维茨、丹尼尔·卡尼曼（Daniel Kahneman）、杰夫·杰斐（Jeff Jaffe）、什洛莫·贝纳茨（Shlomo Benartzi）、约翰·卡罗尔（John Carroll）和理查德·泰勒（Richard Thaler）。

我不记得有这样一个会议。我的记忆力算不上很好，但我通常记得我曾经在谁的咨询委员会服务过。例如，我记得我和上面列出的一些或全部成员曾经在 TCW 集团谢利·格拉波特（Sherrie Grabot）主管部门的咨询委员会服务过，但我不记得（在那样的环境下或任何其他环境下）就人力资本特征是债券型的还是股票型的表决过。

有谁记得这次会议吗，或者能够予以澄清吗？

祝好，哈里

只有罗杰·伊博森在 2014 年 1 月 8 日回复了我，内容如下：

亲爱的哈里：

2008 年 6 月 11 日，伊博森咨询委员会（Ibbotson Advisory Board）在 TCW 集团位于洛杉矶的办公室召开了一次会议。会议是关于 TCW 集团 Guided Choice 项目的。根据会议记录，所有我之前提到的参与人都参加了会议，伊博森公司（Ibbotson Associates）的员工也在场。我没有与会，因为当时我正在芝加哥参加伊博森公司举办的讨论会。我参加了咨询委员会随后在芝加哥伊博森公司办公室召开的会议，你和其他几位参与人也参加了这次会议。你可能是代表 TCW 集团参加这些会议，因为当时伊博森公司与 TCW 集团合作开展了一些业务。

我会建议晨星/伊博森公司（Morningstar/IA）修改新的 2014 年 SBBI 年鉴中的措辞，以仔细地反映发生了些什么。目前新的 2014 年 SBBI 年鉴正在编写中。

2014 年的 SBBI 年鉴在第 188 页指出：

1998 年伊博森公司咨询委员会成员包括哈里 M. 马科维茨、丹尼尔·卡尼曼、杰夫·杰斐、什洛莫·贝纳茨、约翰·卡罗尔和理查德·泰勒。咨询委员会在多个生命周期建议的主题上给予了指导。这些会议的成果之一是典型投资者的人力资本类似于一种垃圾债券的观点。在"正常"时期，垃圾债的交易更像债券，但在经济动荡时期，则更像股票。最终，伊博森决定将典型投资者的人力资本构建为 30％的股票和 70％的债券。

这与马科维茨的记忆是一致的，马科维茨是作为 TCW 集团的代表参加这些联合会议的。后来 TCW 集团剥离出了 GuidedChoice 公司，谢利·格拉波特担任其 CEO。一段时间后，格拉波特邀请马科维茨组建 GuidedChoice 公司的研发团队，如第 7 章中描述的那样。

4. 无论是运用阿罗或普拉特的分析，还是运用本书第 2 章式（2-2）中的二次近似，都可以证明对本章式（9-1c）中效用函数的均值−方差逼近，将选择有效边界上的一个投资组合。当 $a<0$ 时，这个投资组合在有效前沿上的位置比对数效用函数选择的投资组合要低，而当 $a>0$ 时，它在有效边界上的位置比对数效用函数选择的投资组合要高。萨缪尔森将式（9-1c）中的 $U(W_T)$ 写为

$$U = W^a/\alpha, \quad \alpha \neq 0 \tag{N1}$$

莫辛则使用另一个等价的公式。由于将效用函数乘以一个正的常数不改变投资组合选择，因此式（N1）意味着与式（9-1c）及其特殊情形式（9-1d）和式（9-1e）相同的选择。同样

$$U = \alpha W^a \tag{N2}$$

也是如此。之所以文献中使用式（N1）或等价的式子，是因为式（9-1b）所隐含的选择是 $\alpha \to 0$ 时式（N1）的极限情形。正文中运用式（9-1c）避免了这一讨论。

分界点财富 $\widetilde{W}$ 可通过多种方式确定，例如：

（1）询问投资者的目标水平。

（2）选择一个足以确保收入流是当前收入的一个给定百分比的目标财富。

（3）设 $\widetilde{W}$ 为投资者以现金等价物持有财富时所拥有的退休财富水平。

第 9 章式（9-16）中的效用函数是一个分段的不变相对风险规避（CRRA）效用函数，它包含两段。一个人也可能拥有包含三个或更多 CRRA 段的类似效用函数，例如具有两个界点的函数，分界点取决于诸如 Guided-Spending 的 C_L 和 C_U 消费水平之类的信息。

5. 设

$$s = \sqrt{T} \tag{N1}$$

则有

$$\hat{w} - \tilde{w} = k\sigma s - ms^2 = s(k\sigma - ms) \tag{N2}$$

我们立即看出，当 $s=0$ 和

$$s = \frac{k\sigma}{m} = K \tag{N3}$$

时，$\hat{w}=\tilde{w}$。令式（N2）右侧的一阶导数为零，可以看出当

$$\hat{s} = \frac{k\sigma}{2m} = K/2 \tag{N4}$$

时，$\hat{w} - \tilde{w}$ 取得最大值。在这一点，两者的差等于

$$\hat{w} - \tilde{w} = \frac{k^2\sigma^2}{2m} - \frac{mk^2\sigma^2}{4m^2} = \frac{k^2\sigma^2}{4m} \tag{N5}$$

由于 $T = s^2$，当 $T = 0$ 和 $T = K^2$ 时，我们有 $\hat{w} - \tilde{w} = 0$。两者的差在

$$T = \frac{k^2\sigma^2}{4m^2} = K^2/4 \tag{N6}$$

时取最大值。由于 s 和 T 不进入最终结果，因而最大差值仍与式（N5）中相同。

6. "Archaeology of Computers: Reminiscences, 1945-1947," *Communications of the ACM*, 15 (7): 694, July 1972, special issue: "Twenty-Fifth Anniversary of the Association for Computing Machinery."

第 10 章

1. 伊安库和特里查基斯（Iancu and Trichakis，2014）的文章"多投资组合优化中的公平与效率"（Fairness and Efficiency in Multiportfolio Optimization）在本章写作基本完成（仅剩一些小的修改）之后才发表。伊安库和特里查基斯提醒我们注意悠久的"公平"文献。根据阿特金森（Atkinson，1970）的文章：

> 正如道尔顿……在他的开创性文章（Dalton，1920）中指出的，任何这样的（收入不平等）测量，都是基于社会福利的某个概念，只有这个概念是我们应该关心的。他指出，我们应该通过直接考虑将要采用的社会福利函数的形式来处理该问题。如果我们遵照他的建议，假设社会福利函数是个体收入的一个加性可分的（additively separable）且对称的函数，那么我们将根据
>
> $$W \equiv \int_0^{\bar{y}} U(y) f(y) \mathrm{d}y$$
>
> 对分布排序。在本文中，我主要关注的是探究采取这一方法的含义，以及它与传统的不平等概括性测量的关系。

根据伯特西马斯、法里亚斯和特里查基斯（Bertsimas，Farias，and Trichakis，2012）的文章："萨缪尔森（Samuelson，1947）给出了首个公式化表述，其中规划者的相关约束集是可行效用分配的集合……这一思想成为

该领域的核心思想。"关于当前的实践，伯特西马斯等告诉我们：

幸运的是，我们可以用一种公理化的方法来处理对待不平等的态度。这种公理化的处理深深扎根于早期的基本原理。在过去的 50 年里，它使用最多的是如下的社会福利函数族。这个社会福利函数簇由衡量系统设计者对待不平等态度的单一系数参数化，其形式为

$$\sum_{j=1}^{n} \frac{u_j^{1-\alpha}}{1-\alpha}$$

参数 $\alpha \geqslant 0$ 衡量对不平等的厌恶程度（在原文中为粗体）。

更一般地，在文章"网络资源分配公平性的公理论"（An Axiomatic Theory of Fairness in Networks Resources Allocation）中，Lan、Kao、蒋和萨巴瓦尔（Lan，Kao，Chiang，and Sabharwal，2010）告诉我们，当前的实践要么是运用前面描述的 α 公平性测量，要么是运用某种统计测量。其中，杰恩、赵和霍（Jain，Chiu，and Hawe，1984）提出的"杰恩指数"（Jain's index）是最为常用的统计测量之一。杰恩测量是

$$J = \frac{(E(u))^2}{Eu^2}$$

其中，E 表示算术平均值或期望值，它取决于所描绘的是一个给定的 u_i 集，还是 u 的一个概率分布。由于

$$V(u) = Eu^2 - (Eu)^2$$

对于给定的 E，使 J 取最大值的分布使 V 取最小值。在我们看来

$$\sigma(u) = \sqrt{V(u)}$$

是（不平等而非公平的）一个更为直观的测量。杰恩等人拒绝 V（从而 σ）的理由，是它不是有界的，或它与选择的量纲无关。这种拒绝理由看起来并不适用于他们文中的情形，因为效用经过了标准化位于 $[0, 1]$ 区间中。

最近的一个替代性方案出现于贾格巴苏拉和沙阿（Jagabathula and Shah，2011）的文章"通过选择数据包实现网络公平调度"（Fair Scheduling in Networks Through Packet Election）中，它与 α 公平性或杰恩测量截然不同。如在摘要中所总结的，他们：

通过与排序选举的问题类比：数据包相当于选民，待办事项相当于候选人，数据包基于优先顺序对待办事项进行排序，而描述了基于数据包的公平性概念。然后，我们利用古德曼和马科维茨（Goodman and Markowitz，1952）的

研讨会论文，得到了一个实现所描述的公平性概念的调度算法。

第 11 章

1. 道富集团（State Street Associates）旗下道富环球交易公司（State Street Global Exchange）投资组合和风险管理小组总裁、高级执行董事和注册金融分析师（CFA）威尔·金劳（Will Kinlaw）友好地提供了如下声明：

马克·克里兹曼刚刚提醒我，你正在寻求电子邮件回复，以确认在你书中提到道富集团使用过 MvD 方法是没有问题的。这绝对是没有问题的。我们隶属于道富环球交易公司的顾问业务代表几十个客户已经在广泛地运用 MvD 方法。特别地，我们将它用作投资组合调整最优解决方案中"次优"成本的一个近似。它是很好的近似。

2. 贝尔曼（Bellman，1957）讨论了时间无关（time-independent）的动态情形，它与时间依赖（time-dependent）情形截然相反。在时间依赖情形中，直到结束的时间是一个状态变量。而在时间无关的情形中，它不是一个状态变量。例如，假设在每一个时点 t，投资者都将他或她的财富在消费 C_t 和下一个时期的投资 I_t 之间进行划分，也即

$$W_t = C_t + I_t \tag{N1}$$

下一个时期的财富取决于投资收益

$$W_{t+1} = I_t(1 + R_t) \tag{N2}$$

假设在这个例子中收益 R_t 是独立同分布的。目标是最大化消费效用贴现

$$U = \sum_{t=1}^{\infty} u(C_t) / (1+d)^t \tag{N3}$$

的期望值。在任何特定的时点 t，到当时为止的得分是

$$U_t = \sum_{i=1}^{t} u(C_i) / (1+d)^i \tag{N4}$$

总得分是两部分的和

$$U = U_t + \sum_{i=t+1}^{\infty} u(C_i) / (1+d)^i$$

$$= U_t + (1+d)^{-t} \sum_{i=1}^{\infty} u(C_{t+i}) / (1+d)^i \tag{N5}$$

由于到时点 t，U_t 已经是确定的，并且收益是独立同分布的，因此除了博弈

效用函数中不重要的常数外，剩余博弈与初始博弈是相同的，从而最优决策与 t 和 U_t 无关。于是，该情形是"时间无关的"。

而在第 9 章分析的那些情形中，效用取决于退休时的财富 W_t，投资组合的最优选择通常都与距离退休的时间长短有关，因而决策是时间依赖的。时间无关的情形有时也称为"递归的"，因为本质上相同的博弈可以重复地"再现"。

3. 作为隐含的或明显的家庭预算中的一项，购买彩票在我们看来更可能被认为是一种娱乐形式而非投资。这表明了一种与弗里德曼和萨维奇（Friedman and Savage，1948）或马科维茨（1952）的文章中有根本区别的赌博观。我们先回顾后者，然后介绍我们的替代性方案。

弗里德曼和萨维奇（FS）假设家庭最大化财富效用函数的期望值 $EU(W_t)$，其中 U 有一个凸区域和两个凹区域。马科维茨证明了 FS 行为人的行为取决于他的财富 W 落入三个区间中的哪一个：对某个 $W_L < W_H$，

（1）$W \leqslant W_L$

（2）$W \geqslant W_H$

（3）$W \in (W_L, W_H)$

马科维茨考虑财富水平处于 W_L 和 W_H 正中间，也即 $W = (W_L + W_H)/2$ 的两个行为人，并证明不存在这样一个公平的赌局，每个行为人都偏好它甚于有 50-50 的概率一个行为人财富水平上升为 W_H 而另一个行为人财富水平下降至 W_L 的赌局。因此，如果抛掷一次硬币，一个行为人将变富而另一个行为人变穷，那么相比保持现状，两个行为人都更愿意参加这个赌局。并且，一个接近富裕（财富略少于 W_H）的行为人不会通过保险以防其财富因损失下降至 W_L。相反，他最偏好的公平赌局是其财富上升至 W_H 的概率很高而下降至 W_L 的概率非常低的赌局。最后，FS 的假设意味着穷人（财富水平低于 W_L）不会买彩票。

马科维茨（1952b）指出，FS 假设的这些重要含义与一般经验相矛盾。他假设效用是财富变化量 ΔW 的函数，ΔW 是相对"通常"财富水平的变化量。除了近期有意外收益或损失的情形外，"通常的"财富等于当前财富。$\Delta W = 0$（"没有变化"）位于效用曲线的一个拐点上，就像 FS 的文章中那样，在这个拐点的左侧是凹的曲线段，右侧是凸的曲线段。因此，马科维茨（1952b）文章中的行为人对收入下降是谨慎的（购买保险以避免损失），对收入上升则是风险偏好的（购买彩票）。然而，无论对收入下降保持谨慎还是对

收入上升愿意冒险，在程度上都是有限的，因为马科维茨假设 $U(\Delta W)$ 是有上下界的。特别地，在收入上升时，行为人偏好确定性地获得一个较大的（改变生活的）收益，要甚于接受一个要么翻倍要么一无所有的提议。在收入下降时，如果行为人已经陷入无可救药的债务中，那么要么翻倍要么一无所有的提议就可能是最后一根稻草。于是，不需要采用 FS 可疑的含义，马科维茨（1952b）就能够解释为何赌博和保险会同时存在。

购买彩票可能是预算中一个娱乐项目的想法，为看待这个事情提供了一个新的视野。购买保险是为了避免大的损失。大额损失的影响会因为家庭可能需要变卖非流动性资产（在极端情形下例如房子）来对其进行弥补，而变得更加严重。在任何情形中，家庭都可能需要将支出调整至一个全新的水平。

购买彩票则不同。购买彩票的人完全知道这是一个零和博弈，国家还会在总收入中拿走一笔。但某个人将会赢得奖金，并且"如果你不参与，赢得奖金的那个人不会是你"。开奖的日期公布了，个人会思考或家庭会讨论如果赢得大奖将干点什么；开奖后，个人或家庭检查自己的彩票号码，或许发现中了小奖，然后必须走流程领奖，或者注意到距离中某个大奖仅咫尺之遥，然后考虑预算是允许他重新投入下周的买彩票中，还是在再次试手气之前等待一段时间。

我们没有探究与马科维茨（1952b）的假设相比，这一假设的哪些含义（如果有的话）是可以证实的。

第 12 章

1. 2014 年写作本章初稿时。

2. 我非常感谢约翰·吉尔维（John Gilvey），他现在已经去世了，那时是中心中央科学服务部（Center's Central Scientific Services）的负责人，是他给了我"真正"检验 SIMSICRIPT Ⅱ 第 6 层的实现的机会。

3. 如果一个函数或子程序能够直接或间接地调用自己，就说这个函数或子程序是递归的（recursive）。SIMSICRIPT Ⅱ 编译器是用 SIMSICRIPT Ⅱ 编写的，它用到了如下事实：当编译算术表达式时，它的子程序是递归的。编写代码以求出算术表达式值的子程序，通常会调用编译代码以求出变量值的程序。但如果变量有下标，它的一个或多个下标可能是算术表达式。在这种情形中，求表达式值的程序调用求变量值的程序，后者又调用求表达式值的程序，这个程序又可能再次调用求表达式值的程序，等等。因此，变量和表达式程序可以递归任意多次。

4. 人们可以编写一个效率更高的修正的马科维茨规则（MMR）主元选择算法，以更好地利用 SIMSCRIPT Ⅱ 工具，但这需要做更多的解释说明。例如，人们可根据非零元素的个数，从最少循环到最多，利用未经处理的极小 m_i 或 n_j 来计算最小可能的剩余 MMR 得分，并在所建议的下一个主元的 MR 得分等于这一最小可能的下一个 MR 值时停止搜索，就可以整理未消去行和列的集合。使集合中的元素同时为行和列所有，也能简化高斯消元法的步骤。

5. 我删去了兰德公司版本的 SIMSCRIPT Ⅱ 的第 5 层及其模拟功能，以免 CACI 公司因感觉受到威胁而起诉 IBM。尽管诉讼不可能有什么结果，但我担心 IBM 高层会选择 "简便方法"，放弃这一项目。

尽管我们命名的 "EAS-E"（这里我称为 IBM EAS-E）足以证明 SIM-SCRIPT Ⅱ 第 6 层的可行性，但即使编写不利用模拟分析来预测状态的 DSS，它也是不太理想的，因为按照规划，SIMSCRIPT Ⅱ 允许数据库实体和实时事件利用（显然是需要的）第 5 层的工具如（内生）实时事件调度和系统性能积累。

6. SIMSCRIPT Ⅱ LWL 的首要任务是将输入的字符串拆分为令牌（tokens），也即

- "字"，例如 "A" 或 "Machine_Group" 或 "B47"；
- 整数或分数，例如 12 或 12.345；
- 算术运算符，例如＋、－、＊、/、＊＊，这里两个星号表示幂；
- 另一个特殊字符，例如括号或逗号。

如在下一段中介绍的，同样的方法可以用于处理明显不同的符号系统，例如中文打字机的笔画，数学符号如 $\forall$、$\exists$、$\in$、$\neg$ 或语音音素。

将字符串拆分为令牌序列的 SIMSCRIPT Ⅱ LWL 程序用到了一个表。这个表的行表示当前 "正在工作" 的可能令牌，如 "整数"（如 47）、"实数"（如 47.8）、"字"（如 CREA、so far）或 "nothing"（在一个空格之后，或新的一行的开头）。表的列表示输入的字符串中下一个字符不同的可能类型（如字母、数字、空格或换行符等）。表的内容指定接下来将要 "工作" 的令牌。例如，如果一个整数（比如 "3"）正在工作，而下一个字符是字母（例如

"S"），那么下一个工作令牌的值是一个"字"（即"3S"）。哪个令牌刚在工作，以及接下来哪个令牌在工作，表明一个令牌是否完成并能够被移动到令牌流（token stream）中。

如马科维茨（1979）文章中所描述的，SIMSCRIPT Ⅱ LWL 的一个面向 EAS、数据驱动的方面是将令牌转变成命令。这里我们必须再一次区分编译器数据和应用程序数据。编译器数据由描述 SIMSCRIPT Ⅱ 命令语法的模式组成。应用程序数据最初是一串字符，现在则是一个令牌流。针对特定语句（一个命令或是一个定义）的编译器模式将该语句视为拥有一个片段集（a set of parts），其中每个片段都拥有一个选项集（a set of alternatives）。一个选项可以指定：

◆ 一个文本字符串，如 C R E A T E；

◆ 一个基元（primitive），如一个整数或一个"字"；

◆ 另一种模式，如"变量"模式。

这另一种模式又能够拥有多个片段，这些片段具有能够引用其他模式的选项，等等（这是一种 EAS 描述，类似于巴科斯－诺尔范式描述。参见 Knuth，1964）。STRUCT 程序尝试将一种模式与到来的令牌流相匹配，并依次追溯该语句模式所引用的任何模式。如果成功了，STRUCT 就将控制权返回给一个更高层级的程序，表明成功实现了结构化。接下来，编译器调用知道怎样处理特定命令如结构化 CREATE 语句的程序。更为复杂的命令，如 COMPUTE，可以根据较基础的命令来编码。SCRIPT 数据表描述了怎样将复杂命令脚本化为更加原始的命令。这一脚本化过程与 OGM 程序生产过程有很多共通的地方。关于 SIMSCTIPT LWL 进一步的细节，参见马科维茨（1979）的文章。

7. 只要可能就应避免的实现，需要在每一个（内生或外生）事件执行之后和在调用程序处理下一个事件之前检查所有未完成的 WHEN 条件。在理想的情况下，人们希望仅检查那些因为状态发生改变而被激发的 WHEN 条件，如果这样的条件存在的话。在这一点上，SIMSCRIPT Ⅱ 现有的监测功能可能是有帮助的。（实体 THE SYSTEM 或另一个实体的）任何属性都能被定义为左侧（或右侧）监测的变量［VARIABLE MONITORED ON THE LEFT (or RIGHT)］。在当前的讨论中，左侧监测的可能性才是有意义的。对于一个有待左侧监测的属性，SIMSCRIPT Ⅱ 程序员提供了一个程序。这个程序接收将被存储在该属性中的值，采取编程时已经设定的任何行动，并且将某个值（也许是它接收的值，但并不必然如此）存储在用于存储所讨论之属性的空间中。SIMSCRIPT M 编译程序可将 WHEN 语句中使用的任何属性定义为左侧监测变量。对这个变量而言必不可少的监测程序，能够创建一个具有哪个个体的什么属性已被改变的重要信息的说明，并将这个说明归入一个合适的集合中，以及用标记表明至少有一个相关状态已发生变化。在一个事件的发生结束之后和调用另一个事件之前，模拟程序的定时程序或 DSS 的控制器程序能够检查有关的事件是否已经发生，并相应地采取行动。

逻辑表达式能够包含语句"＜set＞是空集"（或非空集）。在这一点上，SIMSCRIPT Ⅱ 允许程序员指定在归档特定集合元素之前或删除特定集合元素之后调用的程序的工具，对集合状态的改变能够发挥与变量监测对属性状态改变所发挥的相同功能。

8. 卡尼曼（Kahneman, 2011）基于两个系统分析了人类的思维：系统 1 是第一响应器；懒散的系统 2 推翻或补充系统 1 的响应，如果它认为有必要的话。在这一点上，对这里介绍的认知模型和卡尼曼书中模型做些比较看来是必需的。

用两种替代性理论解释同一观察结果是可能的。一个例子是牛顿的万有引力理论与广义相对论。对于很多实践中的问题，这两个理论的含义难以区分。这一点对于卡尼曼的双重认知模型和这里介绍的多重认知模型同样是成立的。即便如此，仍然有必要简述一下我的模型是怎样包含卡尼曼所关注的现象的。

我将神经系统看作是一个任务/资源系统（TRS）。无数的任务同时被完成：一个（或几个）是有意识地完成的，绝大多数是无意识地完成的。这些任务包括监测感官输入，如一个人的视野、声音、气味、触觉（皮肤），以及身体内部状态如胃酸度。（除感觉监测之外）另一种类型的任务是记住近期的或更早以前的所有种类的"记忆"，例如可能并非即刻关注焦点的当前计划，过去的事件如你向妻子求婚的日期，以及类似系鞋带、背诵乘法表等技能。由于大脑没有静态存储器，这些"记忆"必须被主动地记住，并准备在相关的时候做出响应。

上述所有任务以及更多的任务都需要消耗心智资源。必须有某种（或某些）进程将资源分配给不同的任务。特别地，必须有一个进程决定当前的意识所关注的领域。例如，如果你正在驾车，并且一切顺利，那么多数时候可以让驾驶自动进行，而你的心思可以神游到一个当前计划上，比如因为一个特定目的打电话给某人，并考虑在什么时候和以怎样的方式做这件事。然后一种想法进入大脑中："那是遥远的警笛声。"由于汽车驾驶多数时候仍是在自动进行，你当前的意识关注的是有关警笛距离和方位的问题，以及你是否需要靠边停车。

卡尼曼将有意识地执行的一些任务的完成归于系统1，而将其他的归于系统2。我假定识别出一种声音模式为警笛声是系统1的本领，而仔细考虑当天接下来的活动是系统2的任务。在我看来，估计一种声音的距离和方位的任务有时是系统1的任务，有时则是系统2的任务，这取决于答案"是显而易见的"，还是需要花思考时间（无论多少）来区分系统1和系统2的任务。卡尼曼指出：

任何时候在你有意识时，甚至也许在你无意识时，你脑海中都在进行着多种计算。这些计算支持和更新一些关键问题的现时答案：出现什么新的情况？是否存在威胁？事情进展顺利吗？我应该转移注意力吗？完成这一任务是否需要更多的努力？你可以想象一个驾驶舱。它具有一系列的刻度盘，这些刻度盘指示每一个重要变量的当前值。系统1自动地对各变量值进行评估，这些评估的目的之一是确定是否需要系统2的额外支持。(p.59)

我会补充一点，那就是无论你是有意识的还是无意识的，你的大脑都在进行"多种计算"，以帮助系统1完成延迟的或暂停的系统2类型的任务。

参 考 文 献

Allen, R., and K. Kennedy. 2002. *Optimizing Compilers for Modern Architectures: A Dependence-based Approach*. San Diego, CA: Academic Press.

Arrow, K. 1951. *Social Choice and Individual Values*. 3rd ed. (2012). New York: John Wiley & Sons.

———. 1965. "Aspects of the Theory of Risk Bearing." Yrjo Jahnsson Saatio, Lecture 2, Helsinki. Reprinted in *Collected Papers of Kenneth J. Arrow*, Vol. 3 (1984).

Atkinson, A. B. 1970. "On the Measurement of Inequality." *Journal of Economic Theory* 2(3): 244–263.

Avins, S. 1997. *Johannes Brahms: Life and Letters*. New York: Oxford University Press.

The Bank of New York. 2005. New Frontiers of Risk: The 360° Risk Manager for Pensions and Nonprofits. New York.

The Bank of New York Mellon Corporation. 2014. New Frontiers of Risk: Revisiting the 360° Manager. New York.

Becker, G. S., and G. N. Becker. 1997. *The Economics of Life: From Baseball to Affirmative Action to Immigration, How Real-World Issues Affect Our Everyday Life*. New York: McGraw-Hill.

Bellman, R. E. 1957. *Dynamic Programming*. Princeton, NJ: Princeton University Press.

Bernoulli, D. 1954. Translated from the Latin as "Exposition of a New Theory on the Measurement of Risk." *Econometrica* 22: 23–36. (First published in 1738.)

Bertsimas, D., V. F. Farias, and N. Trichakis. 2012. "On the Efficiency-Fairness Trade-Off." *Management Science* 58(12): 2234–2250.

Bierman, H., Jr., and S. Smidt. 2007. *The Capital Budgeting Decision: Economic Analysis of Investment Projects*. 9th ed. New York: Routledge.

Black, F., and R. W. Jones. 1987. "Simplifying Portfolio Insurance." *Journal of Portfolio Management* 14(1): 48–51.

Black, F., and M. Scholes. 1973. "The Pricing of Options and Corporate Liabilities." *Journal of Political Economy* 81(3): 637–654.

Blay, K. A., and H. M. Markowitz. 2016. "Tax-Cognizant Portfolio Analysis: A Methodology for Maximizing After-Tax Wealth." *Journal of Investment Management*. 14(1): 26–64.

Brady, N. F., J. C. Cotting, R. G. Kirby, J. R. Opel, and H. M. Stein. 1988. The Presidential Task Force on Market Mechanisms. Washington, DC: U.S. Government.

Brealey, R. A., S. C. Myers, and F. Allen. 2008. *Principles of Corporate Finance*. 9th ed. New York: McGraw-Hill.

Breiman, L. 1961. "Optimal Gambling Systems for Favorable Games." Fourth Berkeley Symposium on Probability and Statistics.

Campbell, J. Y., and L. M. Viceira. 2002. *Strategic Asset Allocation: Portfolio Choice for Long-Term Investors*. New York: Oxford University Press.

Censor, Y., and S. Zenios. 1997. *Parallel Optimization: Theory, Algorithms, and Applications*. New York: Oxford University Press.

Chhabra, A. B. 2005. "Beyond Markowitz: A Comprehensive Wealth Allocation Framework for Individual Investors." *Journal of Wealth Management* 7(4): 8–34.

Cramér, H. 1946. *Mathematical Methods of Statistics*. Princeton, NJ: Princeton University Press.

Dahl, O. J., and K. Nygaard. 1966. "SIMULA: An ALGOL-Based Simulation Language." *Communications of the ACM* 9(9): 671–678.

Dalton, H. 1920. "The Measurement of the Inequality of Incomes." *The Economic Journal* 30 (119): 348–361.

Dantzig, G. B. 1951. "Maximization of a Linear Function of Variables Subject to Linear Inequalities." In *Activity Analysis of Production and Allocation*, ed. T. C. Koopmans, 339–347. New York: John Wiley & Sons.

———. 1955a. "Linear Programming Under Uncertainty." *Management Science* 1(3 and 4): 197–206.

———. 1955b. "Notes on Linear Programming: Part VIII, IX, X— Upper Bounds, Secondary Constraints, and Block Triangularity in Linear Programming." *Econometrica* 23(2): 174–183.

———. 1963. *Linear Programming and Extensions*. Princeton, NJ: Princeton University Press.

Das, S., H. M. Markowitz, J. Scheid, and M. Statman. 2010. "Portfolio Optimization with Mental Accounts." *Journal of Financial and Quantitative Analysis* 45(2): 311–334.

Dempster, M. A. H. 1997. Parallel Solution of Large Scale Dynamic

Stochastic Programmers. University of Cambridge Report.

Dimson, E., P. Marsh, and M. Staunton. 2002. *Triumph of the Optimists*. Princeton, NJ: Princeton University Press.

Evensky, H. 2006. "Withdrawal Strategies: A Cash Flow Solution." In *Retirement Income Redesigned: Master Plans for Distribution*, ed. H. Evensky and D. B. Katz, 185–201. New York: Bloomberg Press.

Evensky, H., S. M. Horan, and T. R. Robinson. 2011. *The New Wealth Management: The Financial Advisor's Guide to Managing and Investing Client Assets*. Hoboken, NJ: John Wiley & Sons.

Evensky, H., and D. B. Katz. 2006. *Retirement Income Redesigned: Master Plans for Distribution*. New York: Bloomberg Press.

Fisher, L., and R. L. Weil. 1971. "Coping with the Risk of Interest-Rate Fluctuations: Returns to Bondholders from Naive and Optimal Strategies." *Journal of Business* 44(4): 403–431.

Friedman, M., and L. J. Savage. 1948. "The Utility Analysis of Choices Involving Risk." *Journal of Political Economy* 56: 279–304.

Fuller, S. H., and L. I. Millett. 2011. *The Future of Computing Performance: Game Over or Next Level?* Washington, DC: National Academies Press.

Ginsberg, A. S., H. M. Markowitz, and P. M. Oldfather. 1965. Programming by Questionnaire. Santa Monica, CA: The RAND Corporation Memorandum RM-4460-PR.

Goodman, L. A., and H. M. Markowitz. 1952. "Social Welfare Functions Based on Individual Rankings." *American Journal of Sociology* 58(3): 257–262.

Guerard, J. B., H. M. Markowitz, and G. L. Xu. 2013. "Global Stock Selection Modeling and Efficient Portfolio Construction and Management." *Journal of Investing* 22: 121–128.

Hakansson, N. H. 1971. "On Optimal Myopic Portfolio Policies, With and Without Serial Correlation of Yields." *Journal of Business* 44(3): 324–334.

Halmos, P. R. 1974. *Measure Theory*. New York: Springer-Verlag.

Hildreth, C. 1953. "Alternative Conditions for Social Orderings." *Econometrica* 21(1): 81–94.

Hume, D. 1962. *A Treatise of Human Nature Book I: Of the Understanding*. Cleveland, OH: World Publishing Company. (First published in 1739.)

Iancu, D. A., and N. Trichakis. 2014. "Fairness and Efficiency in Multiportfolio Optimization." *Operations Research* 62(6): 1283–1301.

Ibbotson, R. G. 2013. *Ibbotson SBBI Classic Yearbook 2013: Market Results for Stocks, Bonds, Bills, and Inflation 1926–2012*. Chicago: Morningstar.

———. 2014. *Ibbotson SBBI 2014 Classic Yearbook: Market Results for Stocks, Bonds, Bills, and Inflation 1926–2013*. Chicago: Morningstar.

Infanger, G. 1994. *Planning Under Uncertainty: Solving Large-Scale Stochastic Linear Programs*. Danvers, MA: Scientific Press.

Jacobs, B., K. Levy, and H. M. Markowitz. 2004. "Financial Market Simulation." *Journal of Portfolio Management* 30(5): 142–152. Reproduced in Markowitz (2010b).

Jagabathula, S., and D. Shah. 2011. "Fair Scheduling in Networks Through Packet Election." *IEEE Transactions on Information Theory* 57(3): 1368–1381.

Jagpal, S. 1999. *Marketing Strategy and Uncertainty*. New York: Oxford University Press.

Jain, R., D. W. Chiu, and W. Hawe. 1984. A Quantitative Measure of Fairness and Discrimination for Resource Allocation in Shared Computer Systems. Digital Equipment Corporation. Technical Report TR-301.

Kahneman, D. 2011. *Thinking, Fast and Slow*. New York: Farrar, Straus and Giroux.

Kandel, E. R., J. H. Schwartz, and T. M. Jessell. 2000. *Principles of Neural Science*. 4th ed. New York: McGraw-Hill.

Kelly, J. L., Jr. 1956. "A New Interpretation of Information Rate." *Bell System Technical Journal* 35: 917–926.

Kim, G., and H. M. Markowitz. 1989. "Investment Rules, Margin, and Market Volatility." *Journal of Portfolio Management* 16(1): 45–52. Reproduced in Markowitz (2010b).

Kiviat, P. J., R. Villanueva, and H. M. Markowitz. 1968. The SIMSCRIPT II Programming Language. Santa Monica, CA: The RAND Corporation Memorandum R-460-PR.

Kleene, S. C. 1971. *Introduction to Metamathematics*. Groningen, Netherlands: Wolters-Noordhoff Publishing.

Knuth, D. E. 1964. "Backus Normal Form vs. Backus Naur Form." *Communications of the ACM* 7(12): 735–736.

Kolmogorov, A. N., and S. V. Fomin. 1957. *Elements of the Theory of Functions and Functional Analysis*. Rochester, NY: Graylock Press.

Kritzman, M., S. Myrgren, and S. Page. 2009. "Optimal

Rebalancing: A Scalable Solution." *Journal of Investment Management* 7(1): 9–19.

Kuhn, H. W., and S. Nasar, eds. 2002. *The Essential John Nash*. Princeton, NJ: Princeton University Press.

Lan, T., D. Kao, M. Chiang, and A. Sabharwal. 2010. "An Axiomatic Theory of Fairness in Network Resource Allocation." 2010 Proceedings IEEE INFOCOM, San Diego, CA.

Latané, H. A. 1957. "Rational Decision Making in Portfolio Management." PhD Dissertation, University of North Carolina.

———. 1959. "Criteria for Choice Among Risky Ventures." *Journal of Political Economy* 67(2): 144–155.

Levy, H. "Aging Population, Retirement and Risk Taking." *Management Science*: (forthcoming).

Levy, M., H. Levy, and S. Solomon. 2000. *Microscopic Simulation of Financial Markets: From Investor Behavior to Market Phenomena*. San Diego, CA: Academic Press.

Luce, R. D., and H. Raiffa. 1957. *Games and Decisions: Introduction and Critical Survey*. New York: Dover Publications.

Macaulay, F. R. 1938. *Some Theoretical Problems Suggested by the Movements of Interest Rates, Bond Yields and Stock Prices in the United States Since 1856*. New York: Columbia University Press.

MacLean, L. C., E. O. Thorp, and W. T. Ziemba, eds. 2011. *The Kelly Capital Growth Investment Criterion: Theory and Practice*. Hackensack, NJ: World Scientific Publishing Co.

Malhotra, A., H. M. Markowitz, and D. P. Pazel. 1983. "EAS-E: An Integrated Approach to Application Development." *ACM Transactions on Database Systems (TODS)* 8(4): 515–542. Reproduced in Markowitz (2010b).

Markowitz, H. M. 1952a. "Portfolio Selection." *Journal of Finance* 7(1): 77–91. Reproduced in Markowitz (2010b).

———. 1952b. "The Utility of Wealth." *Journal of Political Economy* 7(1): 151. Reproduced in Markowitz (2010b).

———. 1957. "The Elimination Form of the Inverse and Its Application to Linear Programming." *Management Science* 3(3): 255–269.

———. 1959. *Portfolio Selection: Efficient Diversification of Investments*. 2nd ed. (1991). New York: John Wiley & Sons.

———. 1976. "Investments for the Long Run: New Evidence for an Old Rule." *Journal of Finance* 31(3): 1273–1286. Reproduced in Markowitz (2010b).

———. 1979. SIMSCRIPT. In *Encyclopedia of Computer Science and Technology*, ed. J. Belzer, A. G. Holzman, and A. Kent. New York: Marcel Dekker. Reproduced in Markowitz (2010b).

———. 1987. *Mean-Variance Analysis in Portfolio Choice and Capital Markets*. Cambridge, MA: Basil Blackwell.

———. 1991. "Individual Versus Institutional Investing." *Financial Services Review* 1(1): 1–8. Reproduced in Markowitz (2010b).

———. 2006. "Samuelson and Investment for the Long Run." In *Samuelsonian Economics and the Twenty-First Century*, ed. M. Szenberg, L. Ramrattan, and A. A. Gottesman, 252–261. Oxford: Oxford University Press.

———. 2010a. "Portfolio Theory: As I Still See It." In *Annual Review of Financial Economics*, ed. A. W. Lo and R. C. Merton, 1–23. Palo Alto, CA: Annual Reviews.

———. 2010b. *Selected Works*. Hackensack, NJ: World Scientific Publishing Co.

———. 2015. "Consumption, Investment and Insurance in the Game of Life." *Journal of Investment Management* 13(1): 1–19.

Markowitz, H. M., B. Hausner, and H. W. Karr. 1962. SIMSCRIPT: A Simulation Programming Language. Santa Monica, CA: The RAND Corporation Memorandum 3310-PR.

———. 1963. *SIMSCRIPT: A Simulation Programming Language*. New Jersey: Prentice-Hall.

Markowitz, H. M., A. Malhotra, and D. P. Pazel. 1983. "The ER and EAS Formalisms for System Modeling, and the EAS-E Language." In *Entity-Relationship Approach to Information Modeling and Analysis*, ed. P. P. Chen, 29–47. (North Holland) ER Institute: Elsevier Science Publishers B. V. Reproduced in Markowitz (2010b).

Markowitz, H. M., and G. P. Todd. 2000. *Mean-Variance Analysis in Portfolio Choice and Capital Markets*. Hoboken, NJ: Wiley.

Markowitz, H. M., and N. Usmen. 1996a. "The Likelihood of Various Stock Market Return Distributions, Part 1: Principles of Inference." *Journal of Risk and Uncertainty* 13: 207–219. Reproduced in Markowitz (2010b).

———. 1996b. "The Likelihood of Various Stock Market Return Distributions, Part 2: Empirical Results." *Journal of Risk and Uncertainty* 13: 221–247. Reproduced in Markowitz (2010b).

Markowitz, H. M., and E. L. van Dijk. 2003. "Single-Period Mean-Variance Analysis in a Changing World." *Financial Analysts Journal* 59(2): 30–44. Reproduced in Markowitz (2010b).

Merton, R. C. 1990. *Continuous-Time Finance*. Cambridge, MA: Blackwell Publishers. Reprint, 1993.

Michaud, R. O. 1998. *Efficient Asset Management: A Practical Guide to Stock Portfolio Optimization and Asset Allocation*. Boston: Harvard Business School Press.

Moore, G. E. 1965. "Cramming More Components onto Integrated Circuits." *Electronics Magazine*, 114–117.

———. 2006. "Moore's Law at 40." In *Understanding Moore's Law: Four Decades of Innovation*, ed. D. Brock. Philadelphia: Chemical Heritage Foundation.

Mossin, J. 1968. "Optimal Multiperiod Portfolio Policies." *Journal of Business* 41(2): 215–229.

Nash, J. 1950a. "The Bargaining Problem." *Econometrica* 18(2): 155–162.

———. 1950b. "Equilibrium Points in n-Person Games." *Proceedings of the National Academy of Sciences* 36(1): 48–49.

———. 1951. "Non-Cooperative Games." *Annals of Mathematics* 54(2): 286–295. Reproduced in Kuhn and Nasar (2002).

Oldfather, P. M., A. S. Ginsberg, and H. M. Markowitz. 1966. Programming by Questionnaire: How to Construct a Program Generator. Santa Monica, CA: The RAND Corporation Memorandum RM-5129-PR.

Pazel, D. P., A. Malhotra, and H. M. Markowitz. 1983. "The System Architecture of EAS-E: An Integrated Programming and Data Base Language." *IBM Systems Journal* 22(3): 188–198. Reproduced in Markowitz (2010b).

Pratt, J. W. 1964. "Risk Aversion in the Small and in the Large." *Econometrica* 32(1–2): 122–136.

Reid, D. W., and B. V. Tew. 1987. "An Evaluation of Expected Value and Expected Value-Variance Criteria in Achieving Risk Efficiency in Crop Selection." *Northeastern Journal of Agricultural and Resource Economics* 16(2).

Rice, S. V., H. M. Markowitz, A. Marjanski, and S. M. Bailey. 2005. "The SIMSCRIPT III Programming Language for Modular Object-Oriented Simulation." Proceedings of the 37th Conference on Winter Simulation.

Robinson, A. 1974. *Non-Standard Analysis*. New York: American Elsevier Publishing Co.

Roy, A. D. 1952. "Safety First and the Holding of Assets." *Econometrica* 20(3): 431–449.

Russell, E. C. 1975. *Simulating with Processes and Resources in SIMSCRIPT II.5*. Los Angeles: CACI, Inc.

Samuelson, P. A. 1969. "Lifetime Portfolio Selection by Dynamic Stochastic Programming." *Review of Economics and Statistics* 51(3).

———. 1979. "Why We Should Not Make Mean Log of Wealth Big Though Years to Act Are Long." *Journal of Banking & Finance* 3(4): 305–307.

Savage, L. J. 1954. *The Foundations of Statistics*. 2nd revised ed. (1972). Dover, NY: John Wiley & Sons.

Savage, S. L. 2009. *The Flaw of Averages: Why We Underestimate Risk in the Face of Uncertainty*. Hoboken, NJ: John Wiley & Sons.

Sharpe, W. F. 1963. "A Simplified Model for Portfolio Analysis." *Management Science* 9(2): 277–293.

Sharpe, W. F., and L. G. Tint. 1990. "Liabilities—A New Approach." *Journal of Portfolio Management* 16(2): 5–10.

Shefrin, H., and M. Statman. 2000. "Behavioral Portfolio Theory." *Journal of Financial and Quantitative Analysis* 35(2): 127–151.

Simon, H. A. 1947. *Administrative Behavior: A Study of Decision-Making Processes in Administrative Organizations*. 4th ed. (1997). New York: Free Press.

Sun, W., A. Fan, L. W. Chen, T. Schouwenaars, and M. A. Albota. 2006a. "Optimal Rebalancing for Institutional Portfolios." *Journal of Portfolio Management* 32(2): 33–43.

———. 2006b. "Using Dynamic Programming to Optimally Rebalance Portfolios." *Journal of Trading* 1(2): 16–27.

Towler, G., and R. Sinnott. 2013. *Chemical Engineering Design: Principles, Practice and Economics of Plant and Process Design*: Amsterdam: Elsevier.

Turing, A. M. 1936–1937. "On Computable Numbers, with an Application to the Entscheidungs Problem." *Proceedings of the London Mathematical Society* 42: 230–265. *A correction*, ibid., Vol. 43 (1937), pp. 544–546.

Valentas, K., L. Levine, and J. P. Clark. 1991. *Food Processing Operations and Scale-Up*. New York: Marcel Dekker.

von Aspen, J. 2014. *Getting Started in SAP: How to Transform Your Career and Become a Highly Paid SAP Expert*. CreateSpace Independent Publishing Platform.

von Neumann, J. 1958. *The Computer and the Brain*. 3rd ed. (2012). New Haven, CT: Yale University Press.

von Neumann, J., and O. Morgenstern. 1944. *Theory of Games and Economic Behavior.* 3rd ed. (1953). Princeton, NJ: Princeton University Press.

Wets, R. J.-B., and W. T. Ziemba, eds. 1999. *Annals of Operations Research.* Vol. 85. Amsterdam: Baltzer Science Publishers.

Wilkerson, B., and M. Allen. 2005. *Parallel Programming: Techniques and Applications Using Networked Workstations and Parallel Computers.* 2nd ed. Upper Saddle River, NJ: Pearson Education.

Ziemba, W. T. 2015. "Portfolio Optimization: Theory and Practice." In *Quantitative Financial Risk Management: Theory and Practice,* ed. C. Zopounidis and E. Galariotis, 155–211. Hoboken, NJ: Wiley.

Ziemba, W. T., and J. M. Mulvey, eds. 1998. *Worldwide Asset and Liability Modeling.* Cambridge, UK: Cambridge University Press.

出版说明

经济学作为一门社会科学，本质是用来解释社会经济现象的一套逻辑体系，社会科学理论贡献的大小取决于被解释现象的重要性。因此，研究世界上最大、最强国家的经济现象，从而总结成理论的经济学家，也就容易被认为是世界级的经济学家。

随着中国经济在世界地位的提升，中国经济在世界经济学研究中的重要性随之提高，当中国的经济成为全世界最大、最强的经济时，我们也将迎来中国籍世界级经济学大师辈出的时代。

诺贝尔经济学奖被视为经济学的最高奖项，诺贝尔经济学奖的历史本身就是一个绵延不断的故事，每位获奖经济学家的建树都代表了20世纪经济学取得的一个重要进展。这些散落在历史长河中的作品陈述的观点与模型，如今也许随便抽一本现行的经济学教材，读者就可以找到，但是一本好的教材可以让你迅速了解经济学家的贡献，却无法告诉你他们是如何做出这些贡献的。

"诺贝尔经济学奖经典文库"精选了从1970年至今的历届诺贝尔经济学奖获得者的代表性成果和最新成果，力求翔实反映世界经济学界对当时经济问题的关注、认识和思辨。其中不少作品反映和分析了当时存在于世界中的政治、经济以及社会发展等方面的现实问题，书中不乏作者对许多问题的激烈观点和尖锐看法，我们需特别注意这些观点仅代表作者本人当时对这些问题的认识和态度，并不代表我们可以全部认同作者的观点，我们需用客观辩证的态度来阅读这些经济学家的作品，知道这些著名的经济理论原创者最初的思想轨迹，当时他们是如何引入问题、分析问题并得到结论的，从而更为客观地了解这些理论演进和产生的状况。

这套书旨在帮助广大读者掌握分析和观察、论述经济问题的科学方法，为广大读者提供一个攀登经济学知识殿堂的阶梯。希望能得到您对本书的点评，也欢迎您推荐相关图书出版，反馈信箱 hzjg@hzbook.com。

机械工业出版社华章公司经管出版中心
2015 年 1 月

诺贝尔经济学奖经典文库

全套精装

站在巨人的肩头
眺望21世纪经济学的雄伟殿堂
厉以宁 何帆 专文推荐
经济学领域必备必读之书

序号	书号	书名	定价	主要作者	特点
1	978-7-111-47930-7	为什么我也不是保守派：古典自由主义的典型看法	45	（美）詹姆斯 M. 布坎南（James M. Buchanan）	理解西方国家制度本源的必备基础读物
2	978-7-111-48773-9	生活水平	55	（印度）阿马蒂亚·森（Amartya Sen）	福利经济学和发展经济学的一个重要里程碑
3	978-7-111-49091-3	经济增长黄金律	55	（美）埃德蒙德·菲尔普斯（Edmund S. Phelps）	现代宏观经济学的缔造者"和"影响经济学进程最重要的人物"，因提出"经济增长黄金律"而著名
4	978-7-111-49213-9	效率、平等和财产所有权	40	（英）詹姆斯 E.米德（James E. Meade）	如何保护我们的财产，有关人口、教育、智商、遗产税、房产税
5	978-7-111-49228-3	聪明激进派的经济政策：混合经济	55	（英）詹姆斯 E.米德（James E. Meade）	西方国际经济宏观理论和国际经济政策领域的开拓者作品
6	978-7-111-49233-7	政治算术：西蒙·库兹涅茨与经济学的实证传统	50	（美）罗伯特·威廉·福格尔（Robert William Fogel）	美国GNP之父故事，生动演绎经济学如何成为宏观经济政策的幕后操纵者
7	978-7-111-49567-3	预见相关性：风险管理新范例	55	（美）罗伯特·恩格尔（Robert Engle）	在剧烈变动的投资环境下如何仍然具备有效风险估计和稳定性的能力
8	978-7-111-49657-1	宏观经济思想七学派	45	（美）埃德蒙德·菲尔普斯（Edmund S.Phelps）	介绍和评价宏观经济七大学派的研究进展和前景。
9	978-7-111-50184-8	经济增长理论	80	（英）阿瑟.刘易斯（W. Arthur Lewis）	现代宏观经济学缔造者代表作
10	978-7-111-50195-4	计量经济学的问题与方法	65	（挪）拉格纳·弗里希（Ragnar Frisch）	作为计量经济学的创始人之一，作者从体制角度和科学角度诠释了计量经济学的概念和面临的问题
11	978-7-111-51417-6	价值理论：对经济均衡的公理分析	40	（美）吉拉德·德布鲁（Gerard Debreu）	现代数理经济学划时代的名作，充分体现了价格理论在经济理论中占据的地位
12	978-7-111-51545-6	充分就业与价格稳定	60	（美）威廉 S. 维克里（William S. Vickrey）	维克里宏观经济学思想的核心内容

诺贝尔经济学奖经典文库

序号	书号	书名	定价	主要作者	特点
13	978-7-111-51639-2	选择与后果	70	（美）托马斯 C.谢林 （Thomas C. Schelling）	非数理博弈的重要作品
14	978-7-111-51854-9	两个幸运的人： 弗里德曼回忆录	100	（美）米尔顿·弗里德曼 （Milton Friedman）	一部反思20世纪经济的恢宏巨著，清晰地勾勒出弗里德曼经济学思想的发展脉络
15	978-7-111-52295-9	苦难的时代： 美国奴隶制经济学	55	（美）罗伯特·威廉·福格尔 （Robert William Fogel）	经济计量史学上的革命性作品，改写了美国经济史
16	978-7-111-52745-9	治理机制	95	（美）奥利弗 E.威廉姆森 （Oliver E. Williamson）	威廉姆森新制度经济学三部曲的收官之作
17	978-7-111-52836-4	人力资本（原书第3版）	90	（美）加里·贝克尔 （Gary S. Becker）	人力资本理论创始人贝克尔的代表作
18	978-7-111-53557-7	资产组合选择和资本 市场的均值-方差分析	90	（美）哈里 M.马科维茨 （Harry M. Markowitz）	现代投资组合理论之父马科维茨作品
19	978-7-111-53704-5	策略理性模型	90	（德）莱茵哈德·泽尔腾 （Reinhard Selten）	体现非合作博弈的杰出贡献及博弈论的发展历程，也预示着博弈论今后的发展方向
20	978-7-111-53881-3	施蒂格勒自传：一个自由主义经济学家的自白	60	（美）乔治 J.施蒂格勒 （George J. Stigler）	信息经济学和管制经济学的创始人 真实反映了美国经济学家生态圈和生存方式
21	978-7-111-54183-7	风险—收益分析：理性投资的理论与实践（第1卷）	69	（美）哈里·马科维茨 （Harry M. Markowitz）	"现代投资组合理论之父马科维茨最新作品，长达半个世纪的研究和调查
22	978-7-111-54219-3	就业选配、工资 差距与失业	65	（美）戴尔·莫滕森 （Dale T. Mortensen）	对劳动力市场进行微观和宏观经济分析的主导性工具
23	978-7-111-54629-0	投资组合理论与资本市场	80	（美）威廉 F.夏普 （William F. Sharpe）	奠定了夏普博士作为金融思想巨人的地位。
24	978-7-111-54873-7	寡头垄断的动态模型：理论与应用经济学基础	59	（法）让·梯若尔 （Jean Tirole）	了解寡头垄断动态博弈分析历史渊源和研究路径的非常好的切入点。
25	978-7-111-55263-5	稳健性	90	（美）拉尔斯·彼得·汉森 （Lars Peter Hansen）	怎样才能设计出好的决策系统？本书就决策的过程与结果之间的关系进行了建模研究
26	978-7-111-55345-8	结构性衰退：失业、利息和资产的现代均衡理论	75	（美）埃德蒙德·菲尔普斯 （Edmund S. Phelps）	探讨需求和供给冲击（资本存量、技术进步、税收结构和关税、利率、汇率等）对经济的影响
27	978-7-111-54496-8	博弈的公理化模型	50	（美）埃尔文 E.罗斯 （Alvin E. Roth）	详细而全面地讨论了博弈中所有参与者如何取得一致的问题，包括两人博弈和多人博弈
28	978-7-111-55767-8	银行审慎监管	65	（法）让·梯若尔 （Jean Tirole）	讲述金融中介机构包括银行、共同基金、保险公司、财务公司、证券公司或养老基金等的监管问题
29	978-7-111-56523-9	动态线性经济的递归模型	85	（美）拉尔斯·彼得·汉森 （Lars Peter Hansen）	长达24年写成的一部关于运用竞争性均衡来构建完全市场线性动态经济模型的书
30	978-7-111-57063-9	非线性经济关系的建模	69	（芬）蒂莫·泰雷斯维尔塔 （Timo Teräsvirta）	计量经济学文献中关于非线性时间序列计量经济学首部专著
31	978-7-111-57656-3	非线性经济时间序列建模	99	（芬）蒂莫·泰雷斯维尔塔 （Timo Teräsvirta）	计量经济学领域享有盛名的三位国际专家 历经三十载完成的一部巨著
32	978-7-111-58851-1	选择、价值与决策	259	（美）丹尼尔·卡尼曼 （Daniel Kahneman）	一本书概览行为经济学，行为经济学选择与决策理论精选集

全套精装，更多精品，陆续出版中